TERRA

Erdkunde Niedersachsen 11

Von
Hans-Ulrich Bender
Ulrich Brameier
Wilfried Korby
Ulrich Kümmerle
Norbert von der Ruhren
Christoph Stein
Waldemar Viehof

mit Beiträgen von
Wolfgang Fettköter
Manfred Thierer

KLETT-PERTHES
Gotha und Stuttgart

**Terra Erdkunde
Niedersachsen 11**

Von
StD Hans-Ulrich Bender, Köln
StD Ulrich Brameier, Halstenbek
StD Dr. Wilfried Korby, Korb
Prof. Ulrich Kümmerle, Saulgau
StD Norbert von der Ruhren, Aachen
StD Dr. Christoph Stein, Wolfsburg
OStR Dr. Waldemar Viehof, Niederkassel

mit Beiträgen von
StD Wolfgang Fettköter, Göttingen
StD Dr. Manfred Thierer, Leutkirch

Gedruckt auf Papier aus
chlorfrei gebleichtem Zellstoff,
säurefrei.

1. Auflage   A 1   7   6   5   4   3 | 2005   2004   2003   2002   2001

Alle Drucke dieser Auflage können im Unterricht nebeneinander benutzt werden, sie
sind untereinander unverändert. Die letzte Zahl bezeichnet das Jahr dieses Druckes.
© Justus Perthes Verlag Gotha GmbH, Gotha 1996. Alle Rechte vorbehalten.
Internetadresse: http://www.klett-verlag.de/klett-perthes

Redaktion und Produktion: Ingeborg Philipp, Andrea Somogyi, Achim Hutt

Einband: Erwin Poell, Heidelberg
Satz: Lihs, Satz und Repro, Ludwigsburg
Druck: B. Kühlen, Mönchengladbach
Karten: Klett-Perthes/Walter Scivos, Ingolf Meier; Peter Blank, Bielefeld;
Heike Carrle, Schorndorf; ComCart, Leonberg; Dietlof Reiche, Hamburg
Zeichnungen: R. Hungreder, W. Schaar, U. Wipfler
ISBN 3-12-409430-1

Inhalt

Die Erde – ein gefährdetes Ökosystem 4

Die Atmosphäre 6

Böden 20

Vegetation 32

Landschaftszonen 38

Tropen 38
Tropischer Regenwald: Gefährdung komplexer Ökosysteme 44
Zerstörung des Tropischen Regenwaldes durch Holznutzung 54
Erschließungsprojekte in Amazonien 62
Sahel: Problemraum in den Wechselfeuchten Tropen 64
Beispiel: Landnutzung und Desertifikation in der Butana (Südsudan) 76

Subtropen 78

Gemäßigte Zone 80

Kalte Zone 84
Erschließung der Erdöl- und Erdgasprovinz Westsibirien 90
Hydroenergie aus der Waldtundra Kanadas 98

Ökosystem Nordsee 100

Stadtökologie 108
Die Stadt – ein Ökosystem? 110
Energieversorgung der Städte 114
Kommunale Energiepolitik niedersächsischer Städte 118
Wasserversorgung niedersächsischer Großstädte 122
Abwasserentsorgung 126
Abfallwirtschaft in Deutschland 128
Abfallwirtschaft in Niedersachsen 134
Stadtklima und Lufthygiene am Beispiel von Hannover 140
Innerstädtischer Verkehr: „Dicke Luft" 146
Verkehrsprobleme und ihre Lösungen in niedersächsischen Städten 152
Ökologische Stadtplanung 158
Flächennutzungskonflikt und Bauleitplanung 166

Gefährdung der Erdatmosphäre 170

Anhang 179
Weiterführende Literatur 179
Register 182

Die Erde – ein gefährdetes Ökosystem

Das **„Prinzip Verantwortung"** hat der Philosoph Hans Jonas formuliert und in seinem 1979 unter diesem Titel erschienenen Buch auch ausführlich begründet. Für dieses Werk wurde er mit dem Friedenspreis des Deutschen Buchhandels ausgezeichnet. Gleichsam als erweiterten kategorischen Imperativ hat er an jeden von uns die Forderung gerichtet: „Handle so, dass die Wirkungen deines Handelns verträglich sind mit der Fortdauer menschlichen Lebens und der Erhaltung der Vielfalt der Natur auf der Erde."

Dasselbe Anliegen hat bereits in der Mitte des letzten Jahrhunderts ein Indianer Nordamerikas – zwar in den Worten und Bildern seiner Kultur, aber doch in gleicher Eindringlichkeit und mit beeindruckender Weitsicht – so ausgedrückt:

„Der große Häuptling in Washington sendet Nachricht, dass er unser Land zu kaufen wünscht. Wie kann man den Himmel kaufen oder verkaufen – oder die Wärme der Erde? Diese Vorstellung ist uns fremd. Wenn wir die Frische der Luft und das Glitzern des Wassers nicht besitzen – wie könnt ihr sie von uns kaufen? Jeder Teil dieser Erde ist meinem Volk heilig, jede glitzernde Tannennadel, jeder sandige Strand, jeder Nebel in den dunklen Wäldern, jede Lichtung, jedes summende Insekt.

Wir sind ein Teil der Erde und sie ist ein Teil von uns. Die duftenden Blumen sind unsere Schwestern, die Rehe, das Pferd, der große Adler – sind unsere Brüder. Die felsigen Höhen, die saftigen Wiesen, sie alle gehören zur gleichen Familie. Wenn wir euch Land verkaufen, müsst ihr wissen, dass es heilig ist. Das Murmeln des Wassers ist die Stimme meiner Vorväter. Die Flüsse sind unsere Brüder – sie stillen unseren Durst. Die Flüsse tragen unsere Kanus und nähren unsere Kinder. Wenn wir euch Land verkaufen, so müsst ihr euch daran erinnern und eure Kinder lehren: Die Flüsse sind unsere Brüder – und eure.

Die Luft ist kostbar für den roten Mann – denn alle Dinge teilen denselben Atem, das Tier, der Baum, der Mensch, sie alle teilen denselben Atem. Der Wind gab unseren Vätern den ersten Atem und empfängt den letzten.

Der weiße Mann muss die Tiere des Landes behandeln wie seine Brüder. Was ist der Mensch ohne Tiere? Wären alle Tiere fort, so stürbe der Mensch an großer Einsamkeit des Geistes. Was immer den Tieren geschieht, geschieht bald auch den Menschen. Alle Dinge sind miteinander verbunden. Was die Erde befällt, befällt auch die Söhne der Erde. Lehrt eure Kinder, was wir unsere Kinder lehren: Die Erde ist eure Mutter. Wenn Menschen auf die Erde spucken, bespeien sie sich selbst. Denn das wissen wir, die Erde gehört nicht den Menschen, der Mensch gehört der Erde. Der Mensch schuf nicht das Gewebe des Lebens, er ist darin nur eine Faser. Was immer ihr dem Gewebe antut, das tut ihr euch selber an."

Erzählung nach einer Rede des Häuptlings Seattle vom Stamme der Duwamish im Gebiet Washington, 1855; gekürzt

„Die einzige Hoffnung besteht darin, dass der Mensch zumindest ein wenig von seiner Habgier und Verantwortungslosigkeit abrückt, um nicht nur an sich zu denken, sondern auch an die Mitmenschen und an die Umwelt.

Die Verantwortung der Menschheit besteht also darin, die Welt ein wenig besser zurückzulassen, als sie sie vorgefunden hat. Das wäre schon der entscheidende Schritt zur Zukunftssicherung. Angesichts zunehmender ökologischer Probleme – Treibhauseffekt, saure Böden, vergiftetes Wasser, unreine Luft – flüchten sich viele Menschen in die verantwortungslose Haltung: ‚Ich kann ja doch nichts ändern!' Wer aber soll etwas ändern, wer ist verantwortlich für den Zustand unseres Planeten, wenn sich nicht jeder Einzelne angesprochen fühlt?"

Gedanken des Oberstufenschülers Oliver Maier, 1996

Der verantwortliche Umgang mit dem Planeten Erde setzt Antworten auf zwei Fragen voraus: Was für eine Erde wollen wir haben, und was für eine Erde können wir haben?
Die Menschheit muss also die globalen ökologischen Auswirkungen ihres Handelns erkennen und sich für bestimmte Entwicklungsstrategien entscheiden.
Ein lokales Element einer möglichen globalen Strategie symbolisiert diese junge Nepalesin, die im Rahmen eines Wiederaufforstungsprojekts einen Baum pflanzt.

Die Atmosphäre

Das Wort „Wetter" gehört mit zu den am häufigsten verwendeten Worten in unserer Sprache und wird trotzdem oft nicht ganz richtig gebraucht. Unter *Wetter* versteht man kurzfristige Veränderungen der Atmosphäre bzw. ihren augenblicklichen Zustand an einem bestimmten Ort der Erde. Länger andauernde sowie sich jahreszeitlich wiederholende Wetterlagen nennt man *Witterung*. *Klima* bezeichnet im Gegensatz dazu die Gesamtheit der für einen Raum typischen, sich über einen längeren Zeitraum erstreckenden Witterungsabläufe. Um Klimadaten zu ermitteln, bedarf es langjähriger Messungen und Mittelwertsberechnungen der *Klimaelemente*. Die Wichtigsten sind die Lufttemperatur, der Luftdruck, der Wind, die Luftfeuchtigkeit, die Bewölkung und der Niederschlag.

Klima und Wetter werden aber auch durch die sogenannten *Klimafaktoren* (klimawirksame Raumeigenschaften) beeinflusst, wie Höhenlage, Exposition, Hangneigung, Bodenbedeckung, Land-Meer-Verteilung. Auch der Transport von Wärme bzw. Kälte durch Winde und Meeresströmungen spielt eine wichtige Rolle.

Der Aufbau der Atmosphäre

Die *Troposphäre* (griechisch: tropos = Wechsel), die unterste Schicht der Atmosphäre, reicht an den Polen in Höhen von 8 bis 9 km, in äquatorialen Breiten bis in 17 bis 18 km Höhe. In ihr spielt sich im Wesentlichen das Wetter und Klimageschehen ab.

M 1 Der Aufbau der Atmosphäre [1]

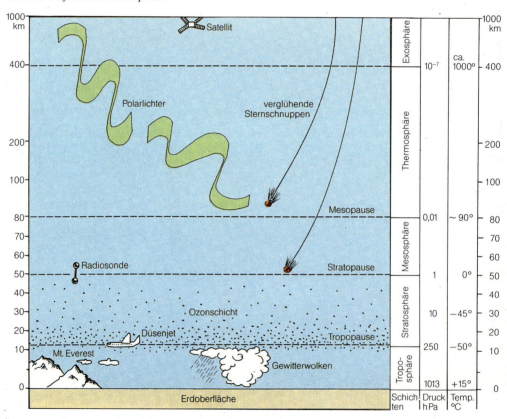

[1] Angaben zur Untergrenze der Exosphäre unterschiedlich, z. T. bis 1000 km

M 2 Zusammensetzung der Atmosphäre (Vol.-% in Meeresniveau)

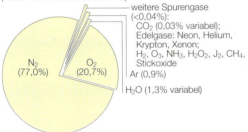

Die Zusammensetzung des Gasgemisches Luft ist bis in etwa 20 km Höhe, trotz der unterschiedlichen Dichte der Einzelgase, relativ konstant. Neben dem Stickstoff und dem Sauerstoff spielen die Spurengase eine wichtige Rolle, auch wenn sie nur geringe Volumenanteile einnehmen. Ihre Anreicherung – verstärkt durch das Wirken des Menschen – kann zu Veränderungen des Weltklimas führen. Die Luft enthält außerdem räumlich und zeitlich wechselnde Mengen von Wasserdampf, der sich ganz auf die Troposphäre konzentriert. Moderne Jets können die „Wetterküche Troposphäre" verlassen und bei überwiegend wolkenfreier Sicht fliegen.

In der Stratosphäre konzentriert sich das Spurengas Ozon, das den schädlichen Anteil der kosmischen UV-Strahlung absorbiert. Die noch höheren Schichten sind für das Klimageschehen der Erde weniger wichtig.

Sonnenstrahlung, Lufttemperatur

Alle atmosphärischen Vorgänge werden durch die Sonne, die Licht- und Wärmespenderin, angetrieben. In der Sonne herrscht eine Temperatur von 16 000 000 °C, an ihrer Oberfläche sind es etwa 6000 °C. Ein verschwindend geringer Teil der ausgesandten Energie gelangt in die Atmosphäre und auf die Erde. An der Obergrenze der Erdatmosphäre trifft auf eine zu den Sonnenstrahlen senkrecht stehende Fläche eine Energiemenge von etwa 33,5 kWh je m^2 und Tag auf. Man nennt diese Menge *Solarkonstante*. Ihre größten Energiebeträge entfallen auf den Bereich des „sichtbaren" Lichtes.

M 3 Globale Jahresmittel der Energiebilanz in Prozent der einfallenden extraterrestrischen Strahlung

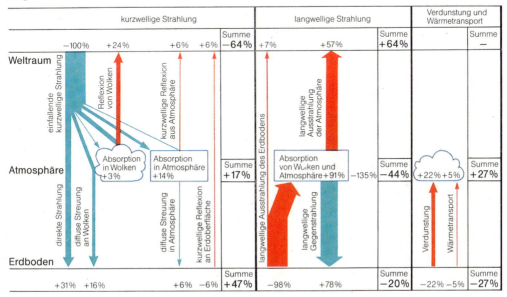

In jeder Ebene ergeben die Summen der Werte Null; es herrscht also ein energetisches Gleichgewicht.
Nach Heinz Fortak: Meteorologie. Berlin: Reimer 1982, S. 21

Die von der Sonne ausgehende Strahlung ist kurzwellig. An der Erdoberfläche wird sie in langwellige Wärmestrahlung umgewandelt. Diese wiederum erwärmt die Luft an der Erdoberfläche, weshalb ihre Temperatur mit zunehmender Höhe abnimmt – pro 100 m Höhenunterschied zwischen 0,5 ° und 1,0 °C. M 4 zeigt, dass nur ein Teil der solaren Strahlung an die Erdoberfläche gelangt. Es verdeutlicht andererseits auch, dass die von der Erde ausgehende langwellige Strahlung (*terrestrische Strahlung*) größtenteils von der Atmosphäre absorbiert wird, vor allem von Wasserdampf, CO_2 und anderen Spurengasen. Als *Gegenstrahlung* kommt sie zu beträchtlichen Teilen wieder an die Erdoberfläche zurück, sodass der Ausstrahlungsverlust der Erde weitgehend kompensiert wird. Man spricht vom *natürlichen Treibhauseffekt*.
Ohne ihn läge die Durchschnittstemperatur der Erde bei –18 °C, so sind es 15 °C.

Die Lufttemperatur ist von der Temperatur der Erdoberfläche abhängig, letztlich also von der Menge der absorbierten Sonnenstrahlung. Diese richtet sich nach der Dauer und Intensität der Einstrahlung sowie der Oberflächenbeschaffenheit. Die Intensität ist besonders vom Einfallswinkel der Sonnenstrahlen abhängig.
Das bedeutet, dass
– die Energiezufuhr der Sonne vom Äquator zu den Polen abnimmt;
– die durch die Schiefstellung der Erdachse bedingte jahreszeitlich unterschiedliche Sonnenhöhe einen bestimmten Jahresgang der Temperatur nach sich zieht;
– die tagsüber wechselnde Sonnenhöhe einen bestimmten Tagesgang der Temperatur bedingt.

***M 4** Mittagshöhe der Sonne, Tageslängen, Durchschnittstemperaturen (Nordhalbkugel)*

		Mittagshöhe der Sonne			Tageslänge in Stunden		Jahresdurchschnittstemperatur
		21.6.	21.3. 23.9.	21.12.	längster Tag	kürzester Tag	
90°N	Nordpol	23,5°	0°	–	24,0	0	–23°C
66½°	Nördlicher Polarkreis	47,0°	23,5°	0°	24,0	0	–7°C
23½°	Nördlicher Wendekreis	90,0°	66,5°	43,0°	13,5	10,5	+24°C
0°	Äquator	66,5°	90,0°	66,5°	12,0	12,0	+26°C

***M 5** Abhängigkeit der Erwärmung vom Einfallswinkel der Sonnenstrahlen*

***M 6** Teil der Wetterstation Stuttgart*

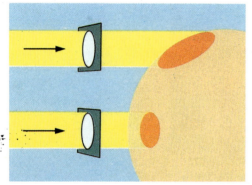

Eckardt Jungfer: *Einführung in die Klimatologie.* Stuttgart: Klett 1985, S. 54

Globaler Wasserhaushalt

M 7 Schema des globalen Wasserkreislaufs

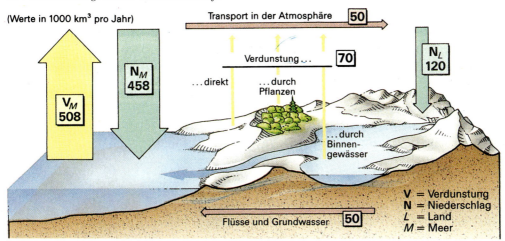

Das Wasser der Erde befindet sich nur zu 0,001 % (13 000 km³) als Wasserdampf in der Atmosphäre. Bezogen auf die jährliche Niederschlagsmenge (516 Mio. km³) bedeutet das im globalen Wasserkreislauf, dass der atmosphärische Wasserdampf im Mittel 34-mal im Jahr umgesetzt wird. In globaler Sicht entspricht die mittlere Verdunstung (V) den mittleren Niederschlägen (N). Für das Festland oder Teilgebiete lässt sich der Wasserhaushalt mit folgender Formel erfassen:

$$N = V + A + (R - B)$$

(N = Niederschlag, V = Verdunstung, A = Abfluss, R = Rücklage, z. B. Bodenfeuchte, Eis, stehende Gewässer, B = Aufbrauch (Entnahme aus der Rücklage durch Abfluss oder Verdunstung)

Niederschlag und Verdunstung. Die Verteilung der Niederschläge auf der Erde ist sehr unterschiedlich, beispielsweise sind sie über dem Meer erheblich höher (1120 mm/Jahr) als über dem Festland (720 mm/Jahr), in Teilen der Sahara fallen im Mittel weniger als 1 mm, auf den Hawaii-Inseln können bis zu 15 000 mm erreicht werden. Ökologisch besonders wichtig ist das Verhältnis der Niederschläge zur Verdunstung, Letztere ist wieder in starkem Maße von der herrschenden Temperatur abhängig. Auf diese Weise lässt sich die Erde klimageographisch in humide, nivale und aride Gebiete gliedern (lat. humidus = feucht, nivalis = schneeig, aridus = trocken).

In den humiden Klimaten (z. B. tropischer Regenwald, ozeanisch geprägte Teile der gemäßigten Zone) sind die jährlichen Niederschläge größer als die Verdunstung (N>V). Der nicht verdunstende Anteil der Niederschläge fließt oberflächlich oder auch unterirdisch ab. Wasserüberschuss, dauernd fließende Flüsse und abwärts gerichteter Bodenwasserstrom sind kennzeichnend. In vollhumiden Gebieten fallen in allen oder nahezu allen Monaten ausreichende Niederschläge. Semihumide Gebiete haben Monate, in denen die Verdunstung größer ist als der Niederschlag, ganzjährig gemittelt gilt aber N>V.

Im nivalen Klima (z. B. Polkappen, Gletscherregion der Hochgebirge) fällt mehr Schnee als abschmilzt oder verdunstet – Gletscherbildung ist die Folge.

Gebiete mit aridem Klima (N<V) zeigen Wassermangel, Kennzeichen sind z. B. nur zeitweilig Wasser führende Flüsse und aufwärts gerichteter Wasserstrom, der zur Salzkrustenbildung führen kann. Vollaride Gebiete, z. B. Wüsten, weisen keinen humiden Monat auf, in semiariden Gebieten, z. B. Steppen und trockenen Savannen, übersteigt die Jahresverdunstung zwar den Niederschlag, aber bis zu sechs Monate sind humid.

Luftdruck und Winde

Die atmosphärische Luft übt durch ihr Gewicht einen Druck aus, den *Luftdruck;* Maßeinheit ist das Hektopascal (1 hPa ≙ 1 Millibar (mb)). In Meeresniveau lasten auf 1 cm^2 unter Normalbedingungen 1033 g Luft, was 1013 hPa entspricht (Normaldruck). Mit wachsender Höhe sinkt der Luftdruck ab, weil die Mächtigkeit der Luftsäule zurückgeht und außerdem die Luftdichte abnimmt. Darauf beruht die Möglichkeit, Höhen mit dem Barometer zu bestimmen.

Gebiete hohen Luftdrucks werden als *Hochdruckgebiete (Antizyklonen),* solche mit niedrigem Luftdruck als *Tiefdruckgebiete (Zyklonen)* bezeichnet. Aus dem Gefälle zwischen beiden resultiert die sogenannte *Gradientkraft,* und als Druckausgleich entstehen Winde (*Gradientwinde*), denn die Luft versucht Druckunterschiede auszugleichen. Je stärker das Luftdruckgefälle, desto größer ist die Windgeschwindigkeit.

Orte gleichen Luftdrucks werden in Wetterkarten und anderen Darstellungen durch *Isobaren,* Linien gleichen Drucks (griech. isos = gleich, baros = Druck), verbunden.

Temperaturunterschiede führen über Luftdruckunterschiede zu Winden. Das lässt sich besonders deutlich in Küstengebieten zeigen, wo es zur Ausbildung des *Land-Seewind-Phänomens* kommt.

Wer Urlaub am Meer macht, spürt an sonnigen Tagen nach Mittag das Aufkommen angenehm abkühlender Winde, die vom Wasser aufs Land wehen. Im Sommer erwärmt sich die Luft über dem Land stärker als über der See und dehnt sich daher in größere Höhen aus. Über dem Land entsteht so in der Höhe ein Luftmassenüberschuss (Höhenhoch), über dem Wasser ein Defizit (Höhentief). Als Folge strömt Luft vom Höhenhoch zum Höhentief. Über dem Meer steigt daher der Druck an, und es entsteht dort ein Bodenhoch, über dem Land ein Bodentief. Daraus resultiert am Boden der Seewind. Bei Nacht (und auch im Winter) liegen umgekehrte Druck- und Windverhältnisse vor.

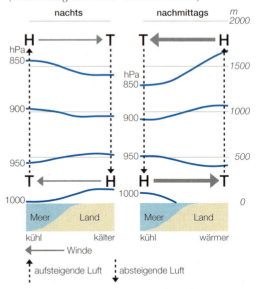

M 8 Schema zur Entstehung thermisch bedingter horizontaler Luftdruckunterschiede (Entstehung des Land- und Seewindes)

1. Definieren Sie die folgenden Begriffe: Klima, Wetter, Klimaelemente, Klimafaktoren.
2. Nennen Sie Beispiele für die Beeinflussung der Lufttemperatur durch Klimafaktoren.
3. Warum kühlen Wüsten nachts stark ab, nicht aber die feuchten Innertropen?
4. Begründen Sie, warum Expositionsunterschieden in den inneren Tropen eine geringere Bedeutung zukommt als in der gemäßigten Zone.
5. Erläutern Sie die Begriffe Tageszeitenklima und Jahreszeitenklima.
6. In Mitteleuropa zählt man an einem Ort durchschnittlich etwa 30 Gewitter im Jahr, in den inneren Tropen sind es jedoch bis zu 200. Erklären Sie diesen Sachverhalt.
7. Warum fallen in kalten Gebieten weniger Niederschläge als in warmen?
8. Wann und warum bilden sich auf Wiesen, Autoscheiben usw. Tau oder Reif?

Grundzüge der planetarischen Zirkulation

Das einfache Prinzip der Entstehung von Land- und Seewinden lässt sich auf die globalen Luftdruck- und Windverhältnisse übertragen. Wegen der unterschiedlich starken Sonneneinstrahlung erwärmt sich die Luft in den äquatorialen Gebieten viel stärker als in den polaren. Das ist auch der Grund, dass die Obergrenze der Troposphäre, die Tropopause, in den Tropen viel höher (17–18 km) ist als in den polaren Gebieten (8–9 km).

M 1 Die Entstehung der Frontalzone

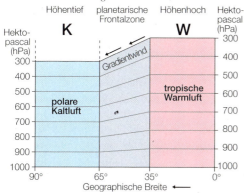

M 2 Luftbewegungen und Isobaren im Hoch und Tief auf der Nordhalbkugel

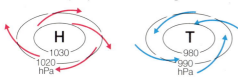

Das Vorhandensein von tropisch-warmen und polar-kalten Luftmassen hat zur Folge, dass die Flächen gleichen Luftdrucks in den Tropen höher liegen als in den polaren Zonen. Die daraus entstehenden Luftdruckgegensätze führen in großer Höhe zu einem Abströmen von Luftmassen aus dem Äquatorbereich (Höhenhoch) polwärts (Höhentief). Auf der Nordhalbkugel müssten demnach in der Höhe ständige Südwinde wehen. In Wirklichkeit wehen dort aber Westwinde. Der Grund dafür ist die ablenkende Kraft der Erdrotation, die *Corioliskraft*.

Die Corioliskraft wurde von dem französischen Mathematiker Gespard Coriolis (1792–1843) entdeckt, der berechnen wollte, warum von Süd nach Nord geschossene Kanonenkugeln nach Osten abgelenkt werden. Sie ist von entscheidender Bedeutung für alle Luftbewegungen. Durch diese Kraft wird jeder Wind auf der Nordhalbkugel aus seiner Richtung nach rechts, auf der Südhalbkugel nach links abgelenkt. So ist es zu erklären, dass auf der Nordhalbkugel in großer Höhe keine Südwinde wehen, sondern diese nach rechts, zu Westwinden abgelenkt werden. Die Corioliskraft führt also dazu, dass Winde nicht auf direktem, kurzem Weg vom Hoch zum Tief strömen, sondern abgelenkt werden. In Höhen über etwa 3 km wehen sie sogar parallel zu den Isobaren – ein rascher Druckausgleich ist dann nicht mehr möglich. In den unteren Luftschichten, besonders über Land, wird dagegen der Wind durch die Reibung abgebremst, sodass er sich stärker in Richtung des Tiefs wendet.

Die Stärke der Corioliskraft ist auch von der Breitenlage abhängig und beim Äquator geht sie auf Null zurück. Demnach können dort die Winde unmittelbar in ein Tief einströmen. Größere Druckunterschiede bauen sich dann gar nicht erst auf – es herrscht häufig Windstille. Man zählt daher diese Zone zu den Kalmen (engl. calm = ruhig).

M 3 Ablenkung einer Luftmasse auf der Nordhalbkugel (schematisch)

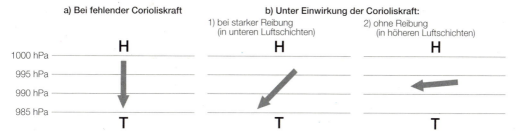

Planetarische Frontalzone, Westwinddrift und Passatzirkulation

Planetarische Frontalzone. Der Druckunterschied in großer Höhe zwischen Tropen und Polargebieten ist besonders stark in einer Zone zwischen dem 35. und dem 65. Breitengrad. Man nennt diese Zone, in der sich der Druckausgleich vollzieht, *Planetarische Frontalzone*. Hier treten stürmische Westwinde, sogenannte *Jetstreams* auf, mit Geschwindigkeiten bis zu 400 km/h. Am stärksten sind sie in Höhen zwischen 8 bis 12 km, wo sie der Luftfahrt kräftig zusetzen. Die Jetstreams – jahreszeitlich wechselnd – wirken sich bis an die Erdoberfläche aus, sodass sich zwischen 35 ° und 65 ° Breite zwei ausgedehnte Westwindzonen erstrecken. Das stürmische Gegenstück zu unseren Breiten finden wir auf der Südhalbkugel in den von der Schifffahrt gefürchteten „roaring forties". Die Winde dieser Zonen strömen nicht ruhig dahin, sondern verlaufen in Wellenbewegungen und sind außerdem mit Tief- und Hochdruckwirbeln bzw. -zellen durchsetzt – all das, was unser Wetter so spannend gestaltet. Die Wirbel wandern ostwärts, wobei die Tiefs polwärts ausscheren und dort eine Zone tiefen Drucks bilden, die *subpolare Tiefdruckrinne*. Sie besteht aus einzelnen, sich ständig erneuernden Zellen (z. B. Islandtief, Aleutentief).

Auf der Äquatorseite scheren dagegen die Hochs aus, die in etwa 30 ° Breite einen Hochdruckgürtel (Azorenhoch, Hawaiihoch) ausbilden. Die genannten Hoch- und Tiefdruckgebilde werden auch als dynamische Hochs und Tiefs bezeichnet.

Passatzirkulation der Tropen. Auf der Fahrt nach Süden, so berichteten die frühen spanischen und portugiesischen Seefahrer, kamen die Schiffe um den 30.–35. Breitengrad in eine Flautenzone, die *Rossbreiten*. Hier lagen die Schiffe oft wochenlang fest. Dann ging es – getrieben vom *Nordostpassat* – wieder zügig voran dem Äquator entgegen, wo häufige Flauten (Kalmen), aber auch ständig wechselnde Winde und viele Regenschauer ihnen zusetzten.

Die moderne Klimatologie kann diese Phänomene erklären: Am thermischen Äquator besteht am Boden niedriger Luftdruck, da Luft aufsteigt und in der Höhe polwärts abfließt. In dieses Tiefdruckgebiet strömen von den bei etwa 30 ° gelegenen subtropischen Hochdruckgürteln (Rossbreiten) Luftmassen ein. Es entstehen in Bodennähe wegen der Wirkung der Corioliskraft der *Nordostpassat* (Nordhalbkugel) und der *Südostpassat* (Südhalbkugel). Dabei handelt es sich um für die Segelschifffahrt günstige, gleichmäßige, ihre Richtung beibehaltende Winde (spanisch: passada = Überfahrt). Die Passate strömen gegeneinander, sie konvergieren (*Innertropische Konvergenzzone, ITC*). Das führt zusammen mit der starken Aufheizung in den inneren Tropen zum Aufsteigen der Luft, womit Wolkenbildung, Schauer und Gewitter einhergehen.

Im Nordsommer, dem Sommer der Nordhalbkugel, wandert der thermische Äquator mit der ITC nach Norden bis ca. 18 ° N (in Südasien noch weiter), im Nordwinter nach Süden. Damit verschieben sich auch die anschließenden Luftdruck- und Windgürtel, ebenso sind entscheidende Auswirkungen auf die Niederschlagsverhältnisse damit verbunden.

M 4 Schema der planetarischen Luftdruck- und Windgürtel in 0–2 km Höhe mit überhöhtem Aufriss bis 15 km Höhe (nach Flohn)

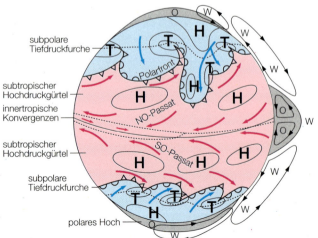

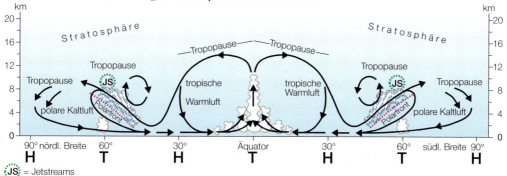

M 5 Schematische Darstellung der atmosphärischen Zirkulation

Hans-Ulrich Bender u. a.: Landschaftszonen und Raumanalyse. Stuttgart: Klett 1985, S. 9

M 6 Afrika und Europa aus dem Weltraum betrachtet

1. Nennen Sie Faktoren, die die Windgeschwindigkeit beeinflussen.
2. „Stellt man sich auf der Nordhalbkugel mit dem Rücken zum Wind, so liegt das Tiefdruckgebiet…, das Hochdruckgebiet…" Vervollständigen Sie diese alte meteorologische Regel (Buys-Ballot'sche Regel).
3. Der Nonstopflug eines großen Düsenjets in 10–12 km Höhe von Frankfurt nach New York dauert eine Stunde länger als der Rückflug. Erklären Sie diesen Sachverhalt.
4. Erklären Sie die Entstehung des Monsuns in Vorderindien.
5. Interpretieren Sie die Meteosat-Aufnahme (M 6).

Klimaelemente – Messen und Darstellen

Thermoisoplethendiagramm

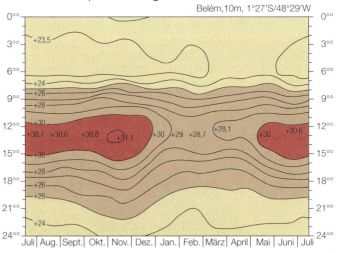

Belém, 10m, 1°27'S/48°29'W

Temperatur: °C
Messung: Thermometer aller Art (Flüssigkeitsthermometer, elektrische Thermometer)
Darstellung: Diagramme aller Art, Isothermen

Relative Luftfeuchte: %
Messung: Hygrometer aller Art (Haar-Hygrometer, elektrische Geräte)

Nach Klaus Müller-Hohenstein: Der Landschaftsgürtel der Erde. Stuttgart: Teubner 1981, S. 57

Täglicher Gang der Temperatur im Jahresmittel in Straßburg

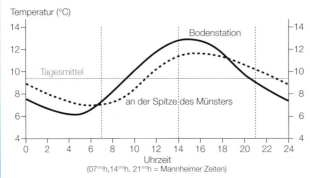

(07°°h, 14°°h, 21°°h = Mannheimer Zeiten)

Nach Wilhelm Lauer: Klimatologie. Das Geographische Seminar. Braunschweig 1993, S. 42

Niederschläge: mm bzw. l/m^2
Messung: Messzylinder
Darstellung: Diagramme aller Art, Isohyeten

Luftdruck: Hektopascal, hPa (früher Millibar, mb)
Messung: Barometer aller Art (Quecksilberbarometer, Aneroidbarometer [Dosenbarometer])
Darstellung: Isobaren

Wetterballons mit Messinstrumenten liefern wichtige Daten zur Wettervorhersage. Mit wenig Gas gefüllt steigen sie auf und platzen dann in großer Höhe. So gelangt die Radiosonde wieder zur Erde zurück.

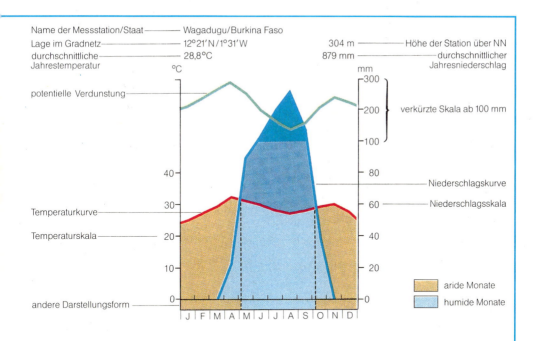

Vorgehensweise bei der Auswertung „stummer" Klimadiagramme

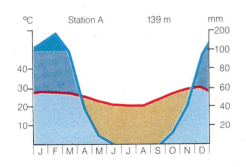
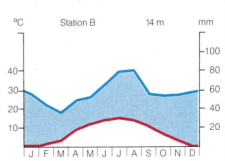

1. Schritt: Zuordnung zu Klimazonen mit Hilfe der Temperatur (M 2 und M 3, S. 16 – 19)

| Alle Monate > 18 °C | → Tropen | gemäßigter Temperaturverlauf | → gemäßigte Zone |

Temperaturmaximum → Südhalbkugel   Temperaturmaximum → Nordhalbkugel
Oktober – Februar   Juli – August

2. Schritt: Weitere Differenzierung (Niederschlagsgang, Temperaturamplituden usw.)

8 aride Monate → Klima der Dornsavanne   milder bis mäßig kalter Winter (2 bis – 3 °C) mäßig warmer bis warmer Sommer (15 bis 20 °C) → kühlgemäßigtes Übergangsklima

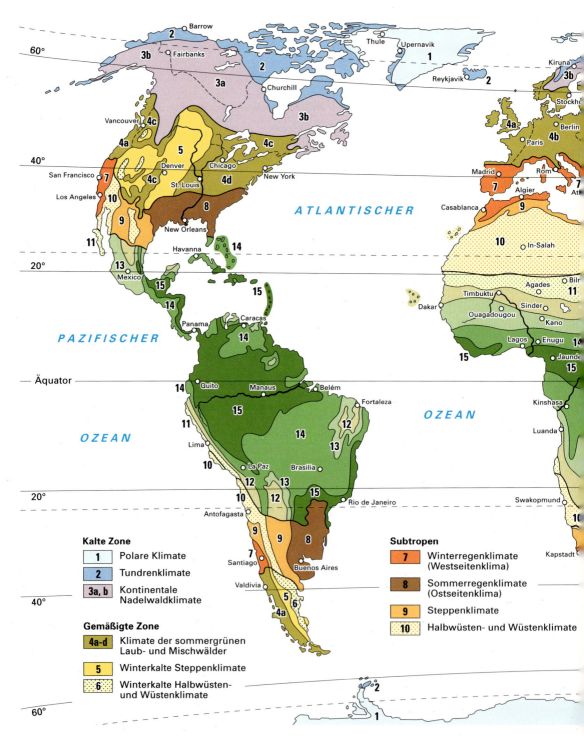
M 2 Klimate der Erde

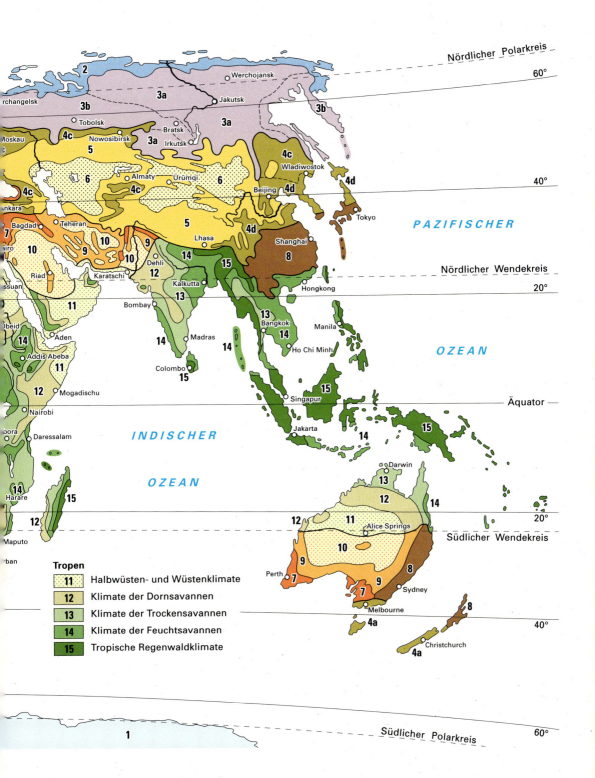

M 3 Landschaftszonen: Klima – Boden – Vegetation

Klimazone	Subzone	wesentliche Klimamerkmale	Mitteltemperatur wärmster Monat	Mitteltemperatur kältester Monat	Temperatur: Jahres-schwankungen	hygrische Verhältnisse	Verwitterung, Bodenbildungs-prozesse	vorherrschende, potentielle Vegetation
Kalte Zone	1 Polare Klimate	extrem polare Eisklimate; Inlandeis, Frostschuttgebiete	unter 6°		(sehr) hoch	nival	physikalische Verwitt., minimale Boden-bildung	ohne höhere Vegetation
	2 Tundren-klimate	kurzer, frostfreier Sommer; Winter sehr kalt	6°–10°	unter −8°	hoch	humid	physikal. Verwitt., geringe Bodenbildung. Dauerfrostböden	Tundren (z. B. Moose, Flechten, Zwerg-sträucher)
	3a Extrem kontinentale Nadelwald-klimate	extrem kalter, trockener, langer Winter	10°–20°	unter −25°	mehr als 40°	humid	vorherrschend: physikal. Verwitt., Podsolierung	sommergrüne Nadelwälder (Lärchen)
	3b Kontinentale Nadelwald-klimate	lange, kalte, sehr schneereiche Winter; kurze, relativ warme Sommer; Vegetationsperiode: 100–150 Tage	10°–20°	unter −3°	20°–40°			immergrüne Nadelwälder (z. B. Fichte, Kiefer)
Gemäßigte Zone	Waldklimate 4a Ozeanische Klimate	milde Winter, mäßig warme Sommer	unter 20°	über 2°	unter 16°	humid	ausgewogenes Verhältnis von physikal. und chemischer Verwitterung; Entstehung von Braunerden, Para-braunerden und Über-gangsbildungen. Bei 4c: Dauerfrost-böden, Gley- und Podsolböden	überwiegend sommer-grüne Laubwälder, Mischwälder
	4b Kühl-gemäßigte Übergangs-klimate	milde bis mäßig kalte Winter, mäßig warme bis warme Sommer; Vegetationsperiode über 200 Tage	meist 15° bis 20°	2° bis −3°	16° bis 25°			sommergrüne Laubwälder, Mischwälder (z. B. Buche, Eiche, Fichte)
	4c Kontinentale und extrem kontinentale Klimate	kalte, lange Winter; Vegetationsperiode bei hoher Kontinentalität 120–150 Tage, sonst bis 210 Tage	15° bis über 20°	−3° bis −30°	20° bis über 40°	überwiegend humid		
	4d Sommer-warme Klimate der Ostseiten	generell wärmer als 4c, enge Beziehung zu südlich anschließen-den Subtropen	20° bis 26°	2° bis −8°	20° bis 35°			
	Steppenklimate 5 Winterkalte Steppen-klimate	Winterkälte und Trockenheit im Sommer engen die Vegetationsperiode ein; selten über 180 Tage	meist über 20°	meist unter 0°	hoch (Ausnahme: Patagonien)	5 bis 7 humide Monate	Bildung der humus-reichen Schwarzerden. Mit zunehmender Trockenheit: Abnahme der chemischen Verwitt. des Humus-	Gras- und Zwerg-strauchsteppen

Zone	Nr.	Klima			humide Monate	Bodenbildung	Vegetation
Subtropen-zone		wüsten- und Wüstenklimate					
	7	Winterregen-klimate (Westseitenklima)	warme und feuchte Jahreszeit fallen auseinander; Mittelmeerklima	starke Schwankungen, meist über 20°	2° bis 13°	im Gegensatz zu den Tropen erhebliche Schwankungen	mehr als 5 humide Monate	Bodenbildungsprozesse in der trockenen Zeit weitgehend unterbrochen; rote und braune Böden	Hartlaubvegetation (z. B. Lorbeer, Stechpalme; immergrüne Stein- und Korkeichen)
	8	Sommerregen-klimate (Ostseitenklima)	warme und feuchte Jahreszeit fallen zusammen				10 bis 12 humide Monate		immergrüne und sommergrüne Wälder
	9	Steppenklimate	feuchte Jahreszeit im Vergleich zu 7 kürzer				meist unter 5 humide Monate		Gras-, Strauch-, Dorn- und Sukkulentensteppen
	10	Halbwüsten- und Wüstenklimate	im Gegensatz zu 6 keine strengen Winter, aber Fröste möglich				meist weniger als 2 humide Monate		Halbwüste, Wüste (Anpassung der Pflanzen an die Trockenheit, z. B. Sukkulenz)
Tropen-zone	11	Halbwüsten und Wüstenklimate	im Gegensatz zu 10 ganzjährig warm	im Tiefland über 18°	im Tiefland über 18°	gering (meist unter 10°)	weniger als 2 humide Monate	Wüstenböden	Halbwüste, Wüste (Anpassung an die Trockenheit)
	12	Klimate der Dornsavannen	12 bis 14: Wechsel von Regenzeit und Trockenzeit; Jahresniederschläge zunehmend, ebenso Länge der Regenzeit			(keine thermischen Jahreszeiten; Tagesschwankungen der Temperatur größer als Jahresschwankungen der Monatsmittel)	2 bis 4 1/2 humide Monate	fersiallitische Böden	Dornwälder und Dornsavannen
	13	Klimate der Trockenwälder und Trockensavannen					4 1/2 bis 7 humide Monate		regengrüne Trockenwälder und Trockensavannen
	14	Klimate der Feuchtwälder und Feuchtsavannen					7 bis 9 1/2 humide Monate	15 und Teile von 14: ferralitische Böden (Laterite, Latosole)	immergrüne und regengrüne Feuchtwälder und Feuchtsavannen
	15	Tropische Regenwaldklimate	relativ gleichmäßige und hohe Niederschläge				9 1/2 bis 12 humide Monate, meist über 1500 mm	intensive, tiefgründige chemische Verwitterung	immergrüne tropische Regenwälder

Böden

M 1 Ferrallitischer Boden im Tropischen Regenwald, der 8–10 m mächtig ist. Dieser Boden ist ca. 500 000 Jahre alt und hat deshalb eine große Verwitterungstiefe.

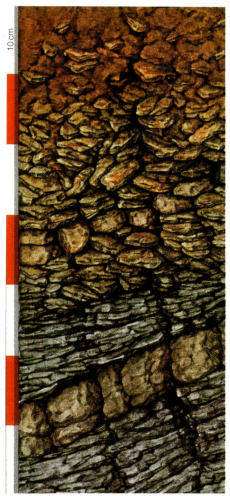

M 2 Rohboden: In den mittleren Breiten dauert es ca. 200 Jahre, bis aus dem anstehenden Gestein 1 cm Boden entsteht. Dieser Boden ist im Initialstadium und für den Anbau nicht geeignet, da er eine geringe Fruchtbarkeit hat.

Verwitterung und Bodenbildung

M 3 Schema der für die Bodenbildung wichtigen Faktoren

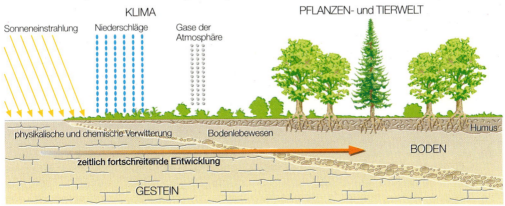

Neben dem Klima und dem Relief spielt der Boden für das Pflanzenwachstum und damit auch für die landwirtschaftliche Nutzung eine bedeutende Rolle. Während in den gemäßigten Breiten die landwirtschaftlichen Erträge durch Düngemittel- und Energieeinsatz ständig steigen, gehen in vielen Teilen der Immerfeuchten Tropen die Erträge trotz Düngung bereits nach wenigen Jahren stark zurück. Man spricht deshalb auch von der ökologischen Benachteiligung der Tropen. Aber auch innerhalb der Gemäßigten Zone weist die Bodenfruchtbarkeit erhebliche Unterschiede auf.

Pflanzennährstoffe und Verwitterung

M 4 Beispiel für die Zusammensetzung eines Grünlandbodens (in Volumen-%)

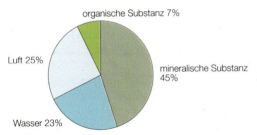

Boden entsteht durch den Einfluss des Klimas, der Vegetation und der Tierwelt durch Zersetzung und Verwitterung des organischen Materials und des anstehenden Gesteins. In ihm sind die Pflanzen fest verwurzelt, und er liefert und speichert die für sie notwendigen Nährstoffe.

Die zum Wachstum notwendigen Pflanzennährstoffe liegen zunächst nur in gebundener Form im anstehenden Gestein sowie in den Pflanzen- und Tierresten vor. Für die Pflanzen sind sie jedoch nur in gelöster Form, als Kationen (positiv geladene Ionen) und als Anionen (negativ geladene Ionen), verwertbar.

Deshalb muss das Ausgangsgestein durch physikalische und chemische Verwitterung zerlegt werden; der Abbau der organischen Substanz erfolgt durch physikalischen und mikrobiellen Abbau. Bei beiden Zerlegungsvorgängen werden im Größenordnungsbereich < 0,2 mm Pflanzennährstoffe (Kationen und Anionen) freigesetzt. Außerdem entstehen Tonminerale und Huminstoffe, beide in der Größenordnung von < 0,002 mm, die die Pflanzennährstoffe speichern können. Sie sind die beiden wichtigsten Träger der Bodenfruchtbarkeit.

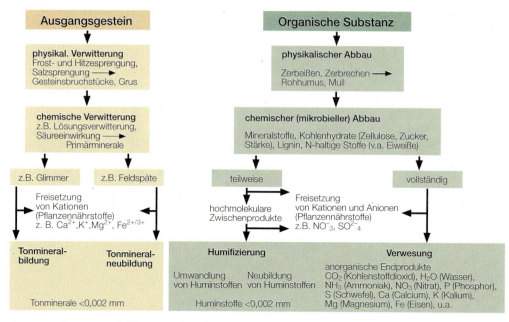

M 5 Verwitterung und Pflanzennährstoffe

Bodenbestandteile und ihre physikalischen und chemischen Eigenschaften

Mineralische Substanz. Durch Verwitterung des Ausgangsgesteins entsteht die *mineralische Bodensubstanz*. Bei der physikalischen Verwitterung erfolgt vor allem durch Frost- und Hitzesprengung die Zerkleinerung des Gesteins, wobei allerdings die Bruchstücke chemisch unverändert bleiben. Erst die *chemische Verwitterung* bewirkt dann die weitere Zerlegung der Mineralgemische bzw. der Minerale. Sie ist in verschiedenen Klimaregionen unserer Erde unterschiedlich hoch. Je höher die Temperaturen und Niederschläge, desto intensiver läuft sie ab. So ist sie in den Immerfeuchten Tropen vier- bis fünfmal so stark wie in den Mittelbreiten. Außerdem sind viele tropischen Böden wesentlich älter als die in den mittleren Breiten; dementsprechend besitzen sie eine wesentlich größere Mächtigkeit (ca. 8–10 Meter im Vergleich zu ca. 1 m).

Die verwitterten Mineralbestandteile weisen eine unterschiedliche *Korngröße* auf, sie kommen im Boden immer als Gemisch vor. Zur Einteilung und zur Benennung der *Bodenarten* werden aus diesem Gemisch in der Regel jeweils die beiden mengenmäßig größten Kornfraktionen des Feinbodens (< 2,0 mm) herangezogen.

M 6 Bodenarten (Anteile in Gewichtsprozent)

Kornfraktionen	Ton (<0,002 mm)	Schluff (0,002– 0,063 mm)	Sand (0,063– 2,0 mm)
Bodenart			
schluffiger Sandboden	0– 8	10–50	45–90
sandiger Schluffboden	0– 8	50–80	12–50
sandiger Lehmboden	17–25	15–18	47–68
toniger Lehmboden	25–35	35–50	15–50
lehmiger Tonboden	45–65	18–55	0–37

Nach Arno Semmel: Grundzüge der Bodengeographie. Stuttgart: Teubner 1977, S. 30/31

Durch unterschiedliche Korngrößenanteile des Bodens ergeben sich verschiedene Bodeneigenschaften. Liegt zum Beispiel ein lehmiger Tonboden vor, so ist das Wasserhaltevermögen besonders groß. Der Landwirt muss dann nach länger anhaltenden Niederschlägen mit der Bearbeitung warten, denn er würde mit seinen schweren Maschinen in den Boden einsinken.

M 7 Zuckerrüben im verschlämmten, gehackten Boden

M 8 Zusammenhang von Korngrößenanteilen und Eigenschaften des Bodens

Entscheidend für die Bodenfruchtbarkeit ist bei der mineralischen Substanz deren chemische Eigenschaft, eine bestimmte Menge an Pflanzennährstoffen zu speichern und sie bei Bedarf an die Pflanzen abzugeben.

Nur die kleinste Gruppe der mineralischen Substanz, die *Tonminerale*, besitzt diese Fähigkeit. Tonminerale sind *Schichtsilikate*, die sich strukturell durch ihre unterschiedliche Anzahl an Silikatschichten unterscheiden.

Bei den *Dreischichttonmineralen* ist die Kationenaustauschfähigkeit besonders groß, da hier die Ionen zwischen den Schichten angelagert werden. Sie kommen vor allem in den Böden der mittleren Breiten vor. Die austauschschwachen *Zweischichttonminerale* hingegen beherrschen die Böden der Immerfeuchten Tropen.

M 9 Aufbau und Kationenaustausch bei Tonmineralen

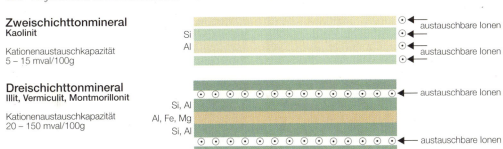

Bodenluft und Bodenwasser. Für die Atmung der Bodenorganismen und der Wurzeln wird über die Bodenluft der notwendige Sauerstoff zugeführt und das ausgeschiedene Kohlendioxid an die Atmosphäre abgegeben. Stark tonhaltige Böden weisen zwar eine sehr günstige Kationenaustauschfähigkeit auf, sind jedoch andererseits schlecht durchlüftet.

Das Bodenwasser, das gegen die Schwerkraft von den Bodenbestandteilen festgehalten wird, ist das Medium, in dem die Pflanzennährstoffe transportiert werden. Fehlt es über längere Zeit, so kommt es zur Pflanzenschädigung. So müssen stark sandhaltige Böden bei länger anhaltender Trockenheit bewässert werden.

Organische Substanz (Humus). Durch die Zersetzung und Umwandlung von Pflanzenbestandteilen (Blätter, Wurzeln) und von Tieren entsteht die organische Substanz. Dieser Umwandlungsprozess geschieht durch die Tätigkeit der Regenwürmer, Wühltiere und Mikroorganismen (Bakterien, Algen, Pilze).

Die bei der *Mineralisierung* entstehenden *Huminstoffe (Huminkolloide)* weisen, wie die Tonminerale, eine Größenordnung von < 0,002 mm auf, und sie haben die Fähigkeit, Pflanzennährstoffe (Kationen und Anionen) in großen Mengen zu speichern. Ihre Austauschkapazität liegt zwischen 200 und 500 mval/100 g Trockensubstanz und damit um das Zwei- bis Dreifache über der der Tonminerale. Ebenso ist die Fähigkeit, Wasser und Gase anzulagern, im Vergleich zu den Tonmineralen um ein Vielfaches höher. Dementsprechend weisen Böden mit einem hohen Anteil an Huminstoffen, wie beispielsweise die Schwarzerdeböden (Tschernosem) in den kontinentalen Steppengebieten, eine hohe potentielle Bodenfruchtbarkeit auf.

Die Landwirte erhöhen den Anteil der Huminstoffe durch verschiedene Maßnahmen. So werden bei der *Gründüngung* beispielsweise Kleesorten als Zwischenfrüchte angebaut. Damit wird der Humusanteil erhöht und es kommt durch die Knöllchenbakterien am Wurzelwerk zu einer natürlichen Erhöhung des Stickstoffanteils.

Eine weitere wichtige Maßnahme stellt die Ausbringung von Stallmist dar. Er ist v.a. für die Entwicklung und Erhaltung des Bakterienlebens bedeutsam. Außerdem verbessert er z. B. die Durchlüftung auf stark tonhaltigen, schweren Böden. In Gebieten mit geringer Viehhaltung, aber intensivem Getreideanbau wird das angerottete Stroh der Ernte in den Boden eingearbeitet.

M 10 Luzernewurzel

M 11 Auch eine Luzernewurzel

M 12 Die Bedeutung des pH-Wertes

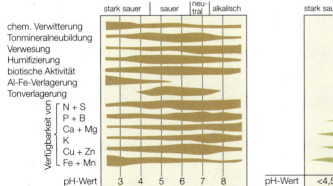
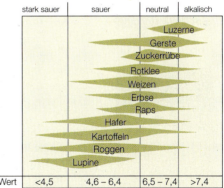

Nach Dietrich Schroeder: Bodenkunde in Stichworten. Kiel: Hirt 1972, S. 78 und Eduard Mückenhausen: Die Bodenkunde. Frankfurt am Main: DLG Verlag 1993, S. 25

PH-Wert. Die gesamten chemischen, biotischen und physikalischen Bodenbildungsprozesse, vor allem die Verfügbarkeit und Speicherfähigkeit der Pflanzennährstoffe, werden durch den pH-Wert gesteuert. Mit dem pH-Wert wird die Säurekonzentration in der Bodenlösung angegeben. Bei den Nutzpflanzen gibt es pH-Bereiche, in denen sie optimal gedeihen. Dieser Optimalbereich liegt beim Weizen etwa bei 6,8–7,0 (neutraler Bereich); beim Hafer dagegen bei 6,0 (schwach saurer Bereich).

Auch die chemische Verwitterung ist beispielsweise vom pH-Wert abhängig. Je niedriger er ist, desto höher ist die chemische Verwitterung. Auch kommt es in diesem Fall zu einer erheblichen Einschränkung der biotischen Aktivitäten. Dauert dieser Zustand über längere Zeit an, etwa durch den Eintrag saurer Niederschläge, so werden die Bodenlebewesen geschädigt; erster „Flüchtling" ist der Regenwurm.

Zwar besitzen die Böden verschiedene Puffersysteme, mit denen der Säureeintrag über eine bestimmte Zeit ausgeglichen werden kann, ständiger Säureeintrag führt jedoch zur Zerstörung dieser Puffersysteme. Im Endstadium kommt es zur vollständigen Auswaschung der Pflanzennährstoffe und zur Freisetzung von Metallionen, die potentielle Zellgifte sind. Des Weiteren gelangen diese Metallionen ins Grundwasser und belasten dies in erheblicher Weise.

M 13 Säureeintrag in den Boden

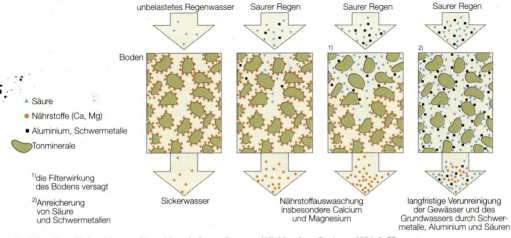

Nach Jörg Kues, Egbert Matzner, Dieter Murach: Saurer Regen und Waldsterben. Göttingen 1984, S. 77

Bodentypen

Mit dem Begriff der Bodentypen fasst man diejenigen Böden zusammen, die sich im gleichen oder sehr ähnlichen Entwicklungszustand befinden und in denen dementsprechend auch ähnliche Prozesse der Veränderung der Bodenbestandteile ablaufen. Diese Gemeinsamkeiten drücken sich vor allem in der Abfolge der Bodenhorizonte aus. Hierbei spielt neben dem Ausgangsgestein, den Reliefverhältnissen und der Vegetation insbesondere das Klimageschehen eine dominierende Rolle. Dauer und Höhe von Niederschlag und Temperatur bestimmen die vorherrschende Form der Verwitterungs-, Umwandlungs- und Verlagerungsprozesse.

M 14 Einige wichtige Bodentypen

Podsol (aus dem Russischen, frei übersetzt: Ascheboden). Typischer Boden des kühlen und feuchten Klimas (borealer Nadelwald); niedrige Temperaturen und schlechte Zersetzbarkeit der Nadelblätter hemmen den Abbau der organischen Substanz; deshalb mächtige Rohhumusauflage, deren Säuren die Bodensubstanz stark angreifen; der abwärts gerichtete saure Sickerwasserstrom führt zur Verlagerung und teilweise zur Zerstörung der Tonsubstanz, ebenso wird die organische Substanz abwärts transportiert; im Unterboden erfolgt Anreicherung und teilweise Verfestigung beider Bodenbestandteile im Ortsteinhorizont. Der Podsol entsteht meist über nährstoffarmen Ausgangsgesteinen wie Sanden und Sandstein; er ist extrem nährstoffarm; (pH-Werte vom A→C-Horizont: 2,5–4,2).

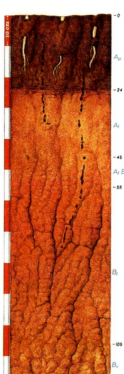

Parabraunerde: Entsteht im gemäßigt warmen, feuchten Klima (durchschnittlicher Jahresniederschlag: 500–800 mm; durchschnittliche Jahrestemperatur: ca. 7–10 °C); Laubmischwald ist die typische natürliche Vegetation; die intensive Durchmischung durch die Waldvegetation schafft ein System großer und kleiner Poren, Boden deshalb durchlässig und gut durchlüftet; Laubwald liefert reichlich Humusmaterial, deshalb mächtiger A_h-Horizont; dieser jedoch bedingt durch die landwirtschaftliche Nutzung meist nicht mehr vorhanden; durch abwärts gerichteten Bodenwasserstrom Verlagerung der Tonminerale aus dem A_l-Horizont in den Unterboden, dort Anreicherung im B_t-Horizont, Lösung und Auswaschung des Calciums (Ca), des Kaliums (K) und des Natriums (Na); hoher Anteil an Dreischichttonmineralen, insbesondere Illit, deshalb gute Austauschkapazität; Ausgangsgestein: vielfach Löss, Lehm und lehmige Sande; (pH-Werte vom A→C-Horizont: 4–7).

Beschreibung der Horizont-Kennzeichnung

A = Oberboden
B = Unterboden
C = Ausgangsgestein
O = organische Auflage
e = durch Säure gebleicht (e von eluvial = auswaschen)
h = humushaltig
l = lessive (l von lessiviert = auswaschen)
p = bearbeitet, meist mit Pflug (p von Pflug)
t = mit Tonmineralen angereichert (t von Ton)
v = verwittert (ohne nennenswerte Umlagerung)
s = durch Säuren zerstörte Tonsubstanz (Sesquioxide)
S = Stauwasserhorizont
S_w = Stauwasser leitender S-Horizont (w von Wasserleiter)
S_d = Stauwasserhorizont (d von dicht)
ACaC = Übergang zwischen A und CaC-Horizont
A_lB_t = Übergang zwischen A_l und B_t-Horizont

Schwarzerde (russisch: Tschernosem): Typischer Boden der kontinentalen Steppengebiete mit warmem Sommer und kaltem Winter; Steppenvegetation entwickelt sich im Frühjahr unter günstigen Feuchtigkeits- und Temperaturbedingungen sehr üppig, liefert viel organisches Material für die Humusbildung; im folgenden trockenen, warmen Sommer verdorren die Pflanzen, die Tätigkeit der Mikroorganismen ruht; feuchter Herbst entfacht deren Leben für kurze Zeit, im langen, kalten Winter ruht die Umsetzung der organischen Substanz; Einarbeitung der Humusstoffe in den Boden durch Bodentiere, Entstehung eines 50–80 cm mächtigen A_h-Horizontes, gesamter Horizont stark durchsetzt von Poren und Wühlgängen, gut durchlüftet; Huminkolloide bedingen extrem hohe Bodenfruchtbarkeit; Niederschlagsmangel verhindert die abwärts gerichtete Verlagerung der Tonminerale und der Huminkolloide; Schwarzerde entsteht meist aus Löss oder einem anderen kalkhaltigen Ausgangsgestein; (pH-Werte vom A→C-Horizont: 5,2–7,4).

O. Germann: Zur Bodenfruchtbarkeit. Düsseldorf 1982, S. 20, 21, 24

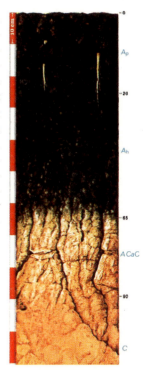

Ferrallitischer Boden (Latosol; Laterit; Roterden): Tropischer Boden in Gebieten mit ganzjährig hohen Temperaturen und Niederschlägen (> 1200 mm, immerfeuchter tropischer Regenwald, Teile der Feuchtsavannen); diese bedingen intensive chemische Verwitterung, daher tiefgründige, meist mehrere Meter mächtige Böden; Kaolinit als Tonmineral vorherrschend, dieser für sehr geringe Austauschkapazität verantwortlich; der ständig abwärts gerichtete saure Sickerwasserstrom ist für die starke Auswaschung der Kieselsäure (H_4SiO_4) und der spärlich vorhandenen Nährstoffe verantwortlich; Kalk- ($CaCO_3$), Stickstoff- (N) und Phosphorverbindungen (P) nur in ganz geringen Mengen vorhanden; die reichlich anfallende organische Substanz wird sehr schnell zersetzt, die dabei entstandenen Pflanzennährstoffe werden jedoch im natürlichen System nahezu vollständig über Wurzelpilze (Mykorrhizen) in die Pflanzen zurückgeführt; Anreicherung von Aluminium- und Eisenoxiden (Al_2O_3, Fe_2O_3), Letztere bedingen Rotfärbung; Bezeichnung: ferrallitische Böden.
Ausgangsgestein liegt in großer Tiefe, daher hat es keine Bedeutung für die Nachlieferung von Primärmineralen (= Ausgangsprodukte für Tonminerale) in die für Pflanzenstandorte wichtigen oberen Bodenhorizonte; (pH-Werte vom A→C-Horizont: 4,1–3,0).

Eduard Mückenhausen: Die Bodenkunde und ihre geologischen, geomorphologischen, mineralogischen und petrologischen Grundlagen. Frankfurt am Main: DLG-Verlag 1982, Tafel 23

Die aufgeführten Beispiele zeigen jeweils ein typisches Stadium der Bodenentwicklung, das aber durch das Einwirken der Boden bildenden Faktoren, einschließlich der menschlichen Nutzung, ständig verändert wird.

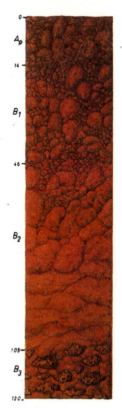

M 15 Bodenentwicklung aus Löss im gemäßigt warmen, humiden Klima

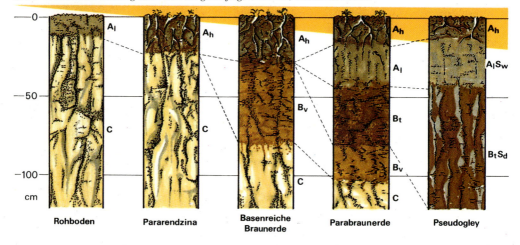

- Rendzina, polnisch: Bezeichnung für flachgründige, steinige Böden aus Kalk- und Gipsgestein mit typischem A_h-C-Profil;
- Pararendzina: para (griech.: neben, gleich) soll die enge Verwandschaft zur Rendzina ausdrücken;
- Basenreiche Braunerde: Gleiche Merkmale wie die Braunerde, jedoch pH-Wert ausschließlich über 7 im alkalischen Bereich, typische A_h-B_v-C-Horizontabfolge;
- Parabraunerde: para soll enge Verwandtschaft zur Braunerde aufzeigen; Tonverlagerung findet im A_h- und A_l-Horizont statt, Anreicherung im B_t-Horizont;
- Pseudogley: Gleyböden sind gekennzeichnet durch den Einfluss des Grundwassers; pseudo (vorgetäuscht) soll ausdrücken, dass dieser Boden nicht vom Grundwasser beeinflusst wird, dass jedoch zeitweilig eine Übernässung der oberen Horizonte durch die Verdichtung der Tonminerale (B_t, S_d, d steht für dicht) eintritt; typische A_h-S_w-S_d-Horizontabfolge

Bodenfruchtbarkeit

Bodenfruchtbarkeit (Ertragsfähigkeit, Produktivität des Bodens) wird im allgemeinen Sinne definiert als „die Fähigkeit des Bodens, Pflanzen als Standort zu dienen und Pflanzenerträge (als Feld- oder Baumfrüchte) zu produzieren" (Schroeder, S. 122).

In der Acker- und Pflanzenbaulehre wird unterschieden zwischen Bodenfruchtbarkeit (Anteil der Ertragsfähigkeit, der ausschließlich auf Bodenfaktoren zurückzuführen ist) und der *Standortertragsfähigkeit* (gesamte Ertragsfähigkeit einschließlich der durch Klimafaktoren, Pflanzeneigenschaften und Bearbeitungs- und Pflegemaßnahmen des Menschen bedingten Produktivität).
Bei dem Teil der Standortertragsfähigkeit, der durch die Bearbeitung beeinflusst wird, drückt man durch das Wort *Bodengare* aus, dass ein Boden im Zustand seiner höchsten Produktionsfähigkeit ist. Ein garer Boden zeichnet sich demnach durch eine stabile *Krümelstruktur* aus, die in wesentlichem Maße durch die Bodenlebewesen, vor allem den Regenwurm, aufgebaut wird. Dabei hat sich als optimal erwiesen, wenn Krümel mit einem Durchmesser von 0,3–3 mm vorherrschen.

„Ein garer Boden enthält ein System kleiner und großer Poren. Jeder Krümel bildet einen kleinen Wasserspeicher für sich, der sich bei Niederschlägen rasch auffüllt, um dann das Wasser langsam abzugeben. Außerdem ist genügend Luft zwischen den Krümeln vorhanden, sodass günstige Voraussetzungen für die Kleinlebewesen und die Wurzeln herrschen. Ein gut gekrümelter Boden hat außerdem die Fähigkeit größere Nährstoffmengen festhalten zu können."

O. Germann: Zur Bodenfruchtbarkeit. Düsseldorf 1982, S. 31

M 16 Dünnschliffe verschiedener Böden: links: krümeliger, rechts: verdichteter Boden

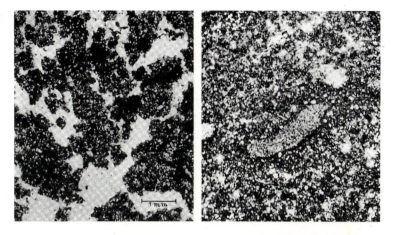

M 17 Im garen Boden mit seiner idealen Boden/Luft/Wasser-Verteilung haben die jungen Getreidepflanzen schon fast die gesamte Krume durchwurzelt. Im ungaren Boden fehlt es den Wurzeln an Luft und damit an Lebensraum.

1. Definieren Sie aufgrund der Korngröße folgende Fraktionen: Sand, Schluff und Ton.
2. Die Tonfraktion spielt bezüglich der Bodenfruchtbarkeit eine wichtige Rolle. Beschreiben Sie diese Funktion und zeigen Sie die Unterschiede innerhalb dieser kleinsten Korngrößenfraktion auf.
3. Welche qualitativen Gemeinsamkeiten und Unterschiede bestehen zwischen den Huminstoffen und den Tonmineralen?
4. Welche Bedingungen müssten sich ändern, damit aus der Parabraunerde ein Podsol entsteht?
5. Erläutern Sie anhand der Parabraunerde und des ferrallitischen Bodens (Latosol) den Einfluss des Klimas und der chemischen Verwitterung auf die Bodenbildung. Ziehen Sie dazu auch M 14 mit heran.

6. Arbeiten Sie mit M12:
a) Welchen Einfluss hat der pH-Wert auf die Verfügbarkeit von Pflanzennährstoffen?
b) Bei welchen pH-Werten läuft die Zersetzung der organischen Substanz optimal ab?
7. Beschreiben Sie die Bodenentwicklung aus Löss (M 15).
8. Arbeiten Sie mit dem Atlas (Weltbodenkarte):
a) Nennen Sie die Großlandschaften bzw. Staaten in Eurasien, in denen Schwarzerden und Podsole vorkommen.
b) Nennen Sie die Großlandschaften bzw. Staaten in Amerika, in denen Schwarzerden und kastanienbraune Böden vorkommen.

M 18 *Landschaftszonenprofil 15° Ost*

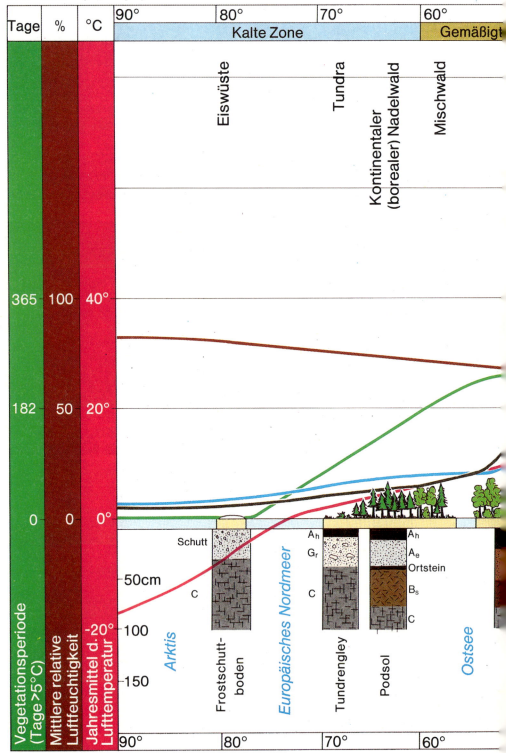

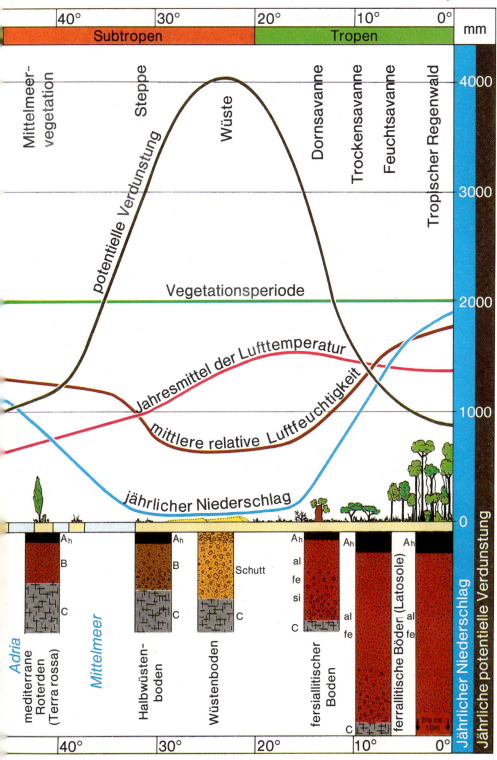

M 1 Die atlantischen Heidegebiete Westeuropas sind die Folgevegetation von schon in prähistorischer Zeit vernichteter Eichenwälder. Ginsterarten wie der Stechginster, die dort den Unterwuchs bildeten, bauen heute diesen Vegetationstyp flächendeckend auf.

M 2 Buchenwälder sind typisch für Mitteleuropa. Je nach Bodeneigenschaften variieren sie in der Krautschicht derart, dass man heute eine Vielzahl verschiedener Buchenwald-Gesellschaften unterscheiden kann.

Vegetation

M 3 Die zonale Vegetation Südeuropas ist ein immergrüner Hartlaubwald der Steineiche. Durch Niederwaldwirtschaft sind diese Wälder großflächig in Macchie umgewandelt worden. Die Macchie wird durch die Stockausschläge abgeholzter Steineichen aufgebaut.

M 4 In der Übergangszone zum kontinentalen Osteuropa weichen geschlossene Laubwälder den Wald- und Grassteppen. Diese Vegetation ist den höheren Temperaturamplituden und der zunehmenden Aridität besser angepasst.

Die Gesamtheit der Pflanzen, die ein Land oder einen Kontinent bedecken, nennt man Vegetation. Sie wird durch unterschiedliche Pflanzengesellschaften in Wäldern, Steppen, Mooren etc. aufgebaut, die spezielle Ansprüche an die Klima- und Bodenverhältnisse der jeweiligen Landschaft haben. Somit können sie mit ihrer Flora, also den verschiedenen Pflanzenarten, die typisch vergesellschaftet sind und ähnliche Umweltansprüche haben, als Zeiger der Standortbedingungen verstanden werden. In nur wenigen Gebieten der Erde besteht heute noch die ursprüngliche, natürliche Vegetation. Sie wurde in mehr oder weniger starkem Maße vom Menschen verändert. An die Stelle des natürlichen Pflanzenkleides sind Ersatzgesellschaften getreten, die ihrerseits sehr stark nach Zweck, Dauer und Intensität der menschlichen Beeinflussung zu unterscheiden sind. Sie können noch naturnahen, naturfernen oder gar naturfremden Charakter haben. So sind die sommergrünen Laub- und Laubmischwälder unserer Breiten durch die landwirtschaftliche Nutzung stark zurückgedrängt oder mit nicht standortadäquaten Nadelbäumen wie z. B. der Fichte aufgeforstet worden. Erst in neuerer Zeit bemüht man sich im Waldbau der Bundesrepublik verstärkt, wieder Arten anzupflanzen, die zur „Potentiellen Natürlichen Vegetation" (PNV) gehören. Hierunter wird die Vegetation verstanden, die sich ohne Beeinflussung des Menschen selbstständig einstellen würde. Die klimatischen Verhältnisse in den verschiedenen Zonen der Erde sind eine entscheidende Voraussetzung für die Ausbildung unterschiedlicher, mehr oder weniger breitenparalleler Vegetationsgürtel, die in einigen Teilgebieten der Erde großräumig vorherrschen.

Besonders auffällig ist das in Afrika ausgeprägt, aber auch für Asien und Europa trifft das zu *(zonale Vegetation)*. Nur dort, wo Hochgebirgsbarrieren die atmosphärische Zirkulation stören, verändert sich das Verbreitungsbild der Vegetation. Der Westen des amerikanischen Kontinents, mit seinen von Norden nach Süden streichenden Kordillerenketten, ist ein gutes Beispiel dafür *(azonale Vegetation)*. Hierbei wirken sich die Bodeneigenschaften z. T. viel erheblicher als die Klimafaktoren aus. Durch die wechselseitige Zuordnung bestimmter Klima-, Boden- und Vegetationstypen werden verschiedene Ökosysteme unterscheidbar, wie z. B. der Tropische Regenwald, die Savannen und Steppen, die sommergrünen Laubwälder oder die Tundren.

In den Gebirgen der Erde lässt sich außerdem ein Wandel der Vegetation mit zunehmender Höhe insbesondere durch die abnehmende Temperatur feststellen. Die Grenzbereiche pflanzlichen Wachstums (Baumgrenze; Vegetationsgrenze) werden hier wie in den hohen Breiten ebenso durch die Temperatur bestimmt.

M 5 Höhenstufen der Vegetation

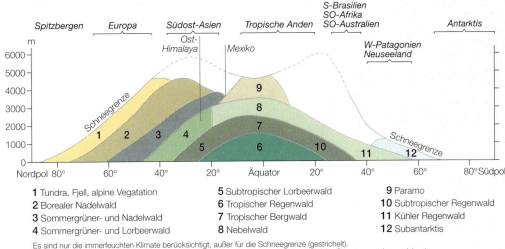

1 Tundra, Fjell, alpine Vegetation
2 Borealer Nadelwald
3 Sommergrüner- und Nadelwald
4 Sommergrüner- und Lorbeerwald
5 Subtropischer Lorbeerwald
6 Tropischer Regenwald
7 Tropischer Bergwald
8 Nebelwald
9 Paramo
10 Subtropischer Regenwald
11 Kühler Regenwald
12 Subantarktis

Es sind nur die immerfeuchten Klimate berücksichtigt, außer für die Schneegrenze (gestrichelt).
Verwandte Vegetationen der tropischen Höhen und der höheren Breiten sind durch gleiche Signaturen gekennzeichnet.

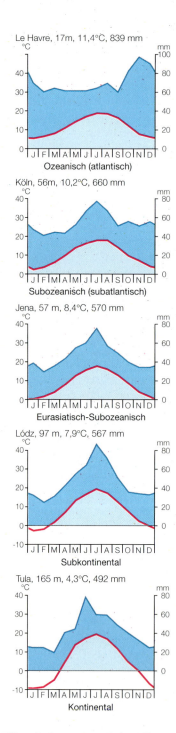

M 6 *Klimadiagramme typischer Florengebiete Europas von West nach Ost zwischen 49° und 56° nördlicher Breite*

Die Vegetationsgliederung der Erde zeigt aber auch, dass in den Vegetationsgürteln der höheren Breiten ozeanische und kontinentale Einflüsse die Kombination der Pflanzengesellschaften verändern. Das Gebiet zwischen Nordfrankreich und Südskandinavien, auf einer Linie von Irland bis zum Ural weist ein stärkeres Klimagefälle von Westen nach Osten als von Norden nach Süden auf. Durch Einflüsse des Golfstromes kommt in Irland und Nordschottland ein Klima zustande, das einzigartig in Europa ist. Die Winter sind mit +2,7 °C/+1,6 °C Durchschnittstemperatur so mild, dass Pflanzen des Mittelmeerraumes gedeihen können. Die Sommer dagegen sind mit 10 °C Durchschnittstemperatur jedoch so kühl, dass das Getreide nicht ausreift. Nur hier in Westeuropa ist das Klima so extrem ozeanisch. Weiter nach Osten werden die Auswirkungen des Golfstromes zunehmend schwächer, sodass die Temperaturamplitude zwischen dem Sommermaximum und dem Winterminimum immer größer wird.

So kann man in Europa z. B. anhand bestimmter Leitpflanzen, die den speziellen Klimabedingungen jeweils angepasst sind, Areale typischer Pflanzengesellschaften abgrenzen, die als Indikatoren stabiler ökologischer Verhältnisse verstanden werden können. Die Arealgröße kann je nach Pflanzenart und ihren Ansprüchen an das Klima stark variieren. So ist die Haselnuss ein Strauch, der in ganz Mitteleuropa verbreitet ist, die Glockenheide schwerpunktmäßig jedoch nur an der europäischen Atlantik- und der Nordseeküste.

Seit über 150 Jahren versucht man experimentell gewisse Klimalinien zu finden, die mit Arealgrenzen in ihrem Verlauf übereinstimmen. Allerdings dürfen hierbei die klimatischen Einflüsse nur in Zusammenhang mit der Konkurrenz um alle anderen Standortfaktoren, die für pflanzliches Wachstum wichtig sind, gewertet werden. Osteuropäische, dem kontinentalen Klimatyp angepasste Arten, erreichen ihre westliche Verbreitungsgrenze meist dort, wo sie mit den im feuchteren und milderen Klima rascher wachsenden Arten nicht mehr konkurrieren können. Sie können dann nur noch an solchen Standorten auftreten, die den Klimabedingungen ihres Hauptverbreitungsgebietes ähnlich sind.

So kommt die Fichte, die in Nordeuropa natürlich im Flachland wächst, in den Alpen nur in kalten Schluchten oder in den Höhenlagen vor. Hierbei handelt es sich um eine ökologische Gesetzmäßigkeit: Pflanzenarten eines bestimmten Verbreitungsgebietes können nur in Bereichen außerhalb dieses Areals auftreten, die ähnliche Standortbedingungen aufweisen, wie sie im Hauptverbreitungsgebiet herrschen.

Arealkarten dienen letztlich der Anfertigung von Vegetationskarten. Sie sind heute Grundlage von Nutzungsentscheidungen in Forst- und Landwirtschaft. Von besonderem Interesse für die Nutzungsplanung sind auch die Vegetationsgrenzen überhaupt, ob durch Temperatur oder Niederschlag bedingt. Eingriffe in die Pflanzendecke im Bereich dieser Grenzen können zu deren Verlagerung und damit zu schweren Schädigungen im Landschaftshaushalt führen.

M 7–M 10 *Leitpflanzen typischer Areale von Pflanzengesellschaften in Europa*

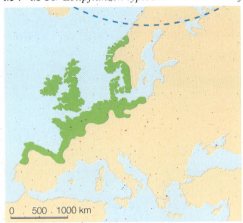

M 7 *Westeuropäische Glockenheide*

Nach Ludwig Hempel: Einführung in die Physiogeographie. Pflanzengeographie. Wiesbaden: Steiner 1974

M 8 *Die Glockenheide ist ein Zwergstrauch, auf nassen, sauren, nährstoffarmen Böden in Feuchtheiden und Zwischenmooren; immergrün, atlantisch*

M 9 *Die Haselnuss ist ein Strauchgehölz lichter, krautreicher Laubwälder und Waldränder; anspruchslos; eurasiatisch-subozeanisch*

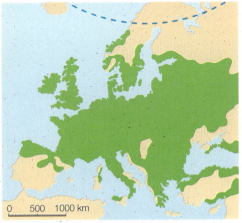

M 10 *Mitteleuropäische Haselnuss*

Nach Ludwig Hempel: Einführung in die Physiogeographie. Pflanzengeographie. Wiesbaden: Steiner 1974

Der Landschaftsgliederung entsprechen je nach Klima- und Bodentyp spezifische, natürliche Ökosysteme, in denen ein Gleichgewicht zwischen belebter und unbelebter Natur herrscht. Darin spielt die Vegetation eine entscheidende Rolle. Veränderungen der Vegetation haben Konsequenzen für das Klima, den Wasser- und Mineralstoffhaushalt, wie auch Eingriffe in anderen Systeme sich auf die Vegetation auswirken.

Die Landschaftsökologie beschreibt diese komplexen Zusammenhänge mit dem Ziel der Erfassung spezifischer Landschaftshaushalte. Dadurch soll einerseits das Zusammenwirken aller Faktoren für die Ausprägung der unterschiedlichen Landschaftstypen verständlich werden, andererseits können damit Eingriffe in die Landschaft durch den Menschen in ihren Auswirkungen besser beurteilt werden. Das hat besondere Bedeutung z. B. für die Raumordnung und Raumplanung mit Konsequenzen für die Bauleitplanung, die Land- und Forstwirtschaft sowie für den Fremdenverkehr.

M 11 *Landschaftshaushalt*

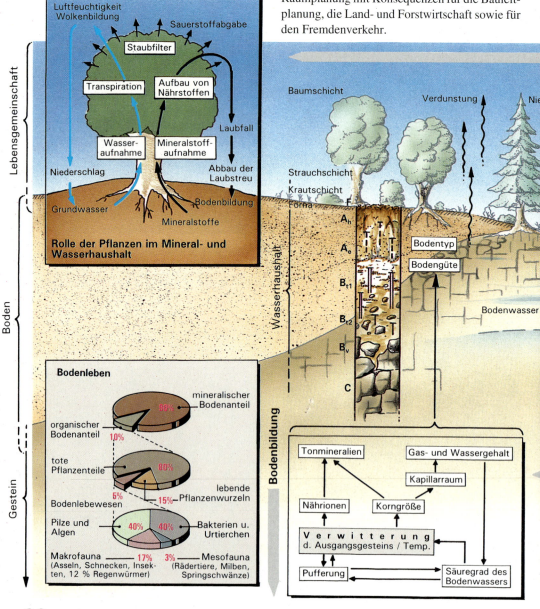

1. Welche Klimaeigenschaften kennzeichnen typische Florengebiete Europas (Klimadiagramme M 6)? In welchen Standortansprüchen unterscheiden sich Haselnuss und Glockenheide entscheidend? Nehmen Sie Bezug auf die schwerpunktmäßige Verbreitung beider Arten in Europa (M 7).

2. Welche Bedeutung hat die Erfassung von Verbreitungsarealen typischer Leitpflanzen für ökologische Zusammenhänge?

3. Globale Veränderungen von Klimafaktoren bedingen natürliche Veränderungen der Böden und der Vegetation. Werten Sie dazu das Schema aus.

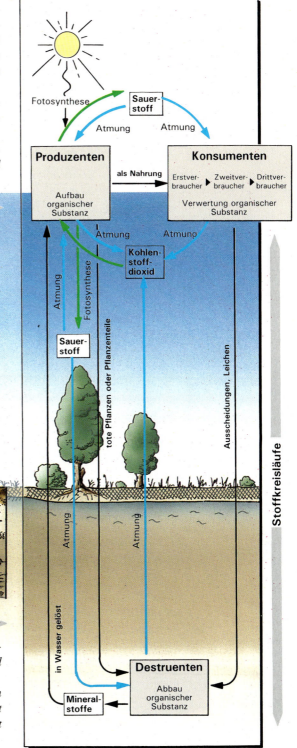

4. Erläutern Sie anhand des Schemas unterschiedliche Teilhaushalte in der Landschaft und erklären Sie deren Funktion.

5. Welche Folgen wären zu erwarten, wenn auf der Anhöhe im Schema die Bäume gerodet oder im Tal der Grundwasserspiegel abgesenkt würde?

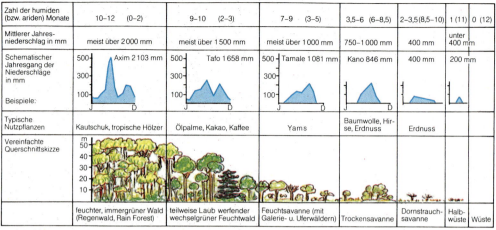

Nach Walther Manshard: Entwicklungsprobleme in den Agrarräumen des tropischen Afrikas. Darmstadt 1988, S. 8

M 1 *Schematische Übersicht über die westafrikanischen klimatischen Vegetationsformen*

Landschaftszonen

Tropen

Nach der klimatischen Definition sind die Tropen Gebiete, in denen der kälteste Monat im Mittel wärmer als 18 °C ist, ausgenommen sind Hochland- und Gebirgsregionen („kalte Tropen"). Nach dieser Abgrenzung reichen die Tropen über die Wendekreise nördlich und südlich hinaus. Charakteristisch ist für diesen größten Landschaftsgürtel der Erde das *Tageszeitenklima:* Die täglichen Temperaturschwankungen sind größer als die sehr kleine jährliche Amplitude von zumeist weniger als 3 °C.

Niederschlagshöhe und -verteilung sind stark unterschiedlich. Die Jahressummen erreichen Werte von über 3000 mm oder auch von weniger als 200 mm, wobei Höhe und Gleichmäßigkeit der Niederschläge vom Äquator nach Norden und Süden zu abnehmen. Man unterteilt deshalb die Tropen in verschiedene Subzonen:
– die Immerfeuchten (Inneren) Tropen,
– die angrenzenden Wechselfeuchten Tropen mit einer ausgeprägten Trockenzeit,
– die sich nördlich und südlich anschließenden Halbwüsten und Wüsten der Randtropen, die in die Trockengebiete der Subtropen übergehen.

M 2 *Thermoisoplethen verschiedener Subzonen*

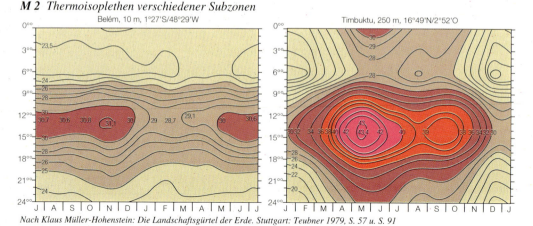

Nach Klaus Müller-Hohenstein: Die Landschaftsgürtel der Erde. Stuttgart: Teubner 1979, S. 57 u. S. 91

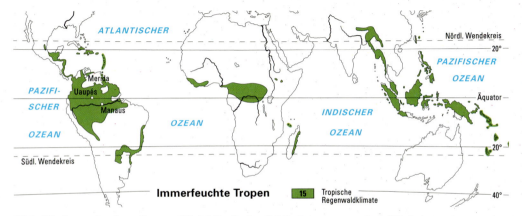

M 3 *Die Immerfeuchten Tropen (12,9 Mio. km² = 8,5 % der gesamten Landfläche)*

Die Immerfeuchten Tropen

M 4 *Klimadiagramme Immerfeuchter Tropen*

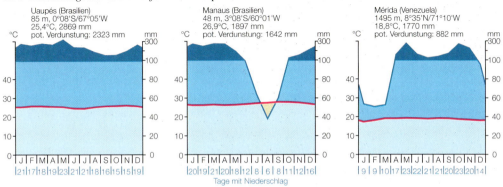

Klima. Nirgendwo sonst ist der jährliche Temperaturgang so gleichmäßig. Die täglichen Schwankungen (von 5–11 °C) sind wesentlich größer als die jahreszeitliche Amplitude. Bei den Niederschlägen zeigt sich der Einfluss der ITC: Die Zenitalregen weisen zwei Maxima auf, jeweils kurz nach dem Zenitstand der Sonne. Nach Norden und Süden zu verringert sich der zeitliche Abstand der Maxima, die trockenere Phase geht in eine zwei- bis dreimonatige Trockenzeit über.

Für die starke Verdunstung von jährlich über 1000 mm wird die Energie des größten Teils der Sonneneinstrahlung benötigt. Der Wasserdampfgehalt der Luft ist deshalb sehr hoch. Weniger als die Hälfte der Niederschläge erreicht den Boden. Dennoch ist das Flussnetz sehr dicht. Der jährliche Abflussgang hängt von der Nord-Süd-Erstreckung des Einzugsgebiets und von den Nebenflüssen ab, die zum Teil Wasser von außerhalb der Regenwaldgebiete bekommen.

Böden. Aufgrund der hohen Niederschläge und den ganzjährig hohen Temperaturen ist die chemische Verwitterung intensiv. Die Böden sind extrem tiefgründig und liegen mächtigen Gesteinszersatzzonen auf, festes Gestein folgt erst in 20 bis 100 m Tiefe. Die überwiegenden tropischen Roterden und Laterite haben allerdings nur eine geringe Speicherkapazität und mineralische Nährelemente werden rasch ausgeschwemmt. Die Bodenfruchtbarkeit ist deshalb eingeschränkt.

Vegetation. Trotz der nährstoffarmen Böden ist die Vegetation unvergleichlich dicht: Über 30 t pro Hektar beträgt die jährliche Produktion von Biomasse im tropischen Regenwald, fast dreimal so viel wie in den Waldgebieten der Gemäßigten Zone. Die Erklärung dafür liegt im geschlossenen Nährstoffkreislauf.

M 5 Tropischer Regenwald in Borneo. Die Vegetation der verschiedenen Stockwerke des Regenwaldes lässt nach unten zu immer weniger Licht durch, höchstens 1 % der Strahlung kommt auf dem Waldboden an. Von oben nach unten nehmen die Tagesschwankungen der Temperatur und die Verdunstung ab, die relative Luftfeuchte und der CO_2-Gehalt zu.

M 6 Übersicht: Immerfeuchte Tropen

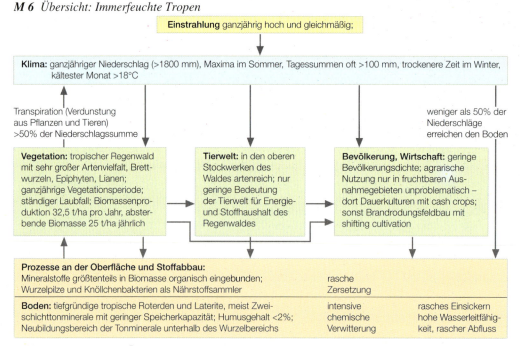

U. a. nach Jürgen Schultz: Die Ökozonen der Erde. Stuttgart: UTB Ulmer 1988, S. 456

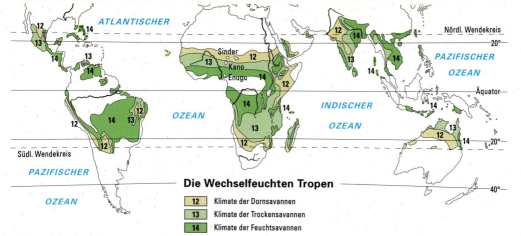

M 7 Die Wechselfeuchten Tropen (33,3 Mio. km² = 22% der gesamten Landfläche)

Die Wechselfeuchten Tropen

M 8 Klimadiagramme Wechselfeuchter Tropen

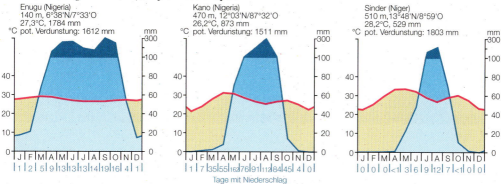

Tage mit Niederschlag

Klima. Die Einstrahlung ist hoch, höher auch als in den Immerfeuchten Tropen. Allerdings können von den Pflanzen wegen der kürzeren Vegetationsperiode nur die Hälfte bis zwei Drittel der Gesamtsumme genutzt werden.

Die Savannenzone ist durch einen scharfen Gegensatz zwischen Trocken- und Regenzeiten gekennzeichnet. Mit wachsender Entfernung vom Äquator verkürzt sich dabei die Regenzeit und die Variabilität der Niederschläge nimmt zu. Sie ist ein Kennzeichen der Trocken- und Dornsavannen.

Die Temperaturen sind im Jahresgang weniger ausgeglichen als in den Immerfeuchten Tropen und haben Maxima kurz vor Beginn der Regenzeit und Minima an ihrem Ende.

Die Wasserführung der Flüsse ist an die Regenzeit gebunden und besonders hoch zu deren Beginn, wenn der Boden kaum durch Vegetation geschützt ist. Bei Starkregen kann der Boden nur einen Teil der Niederschläge aufnehmen. Der Anteil des Oberflächenabflusses nimmt mit Rückgang der Vegetationsdichte zu. In der Dornsavanne gibt es kaum Grundwasserabfluss. In der ariden Periode fallen viele Flussbette trocken.

Böden. Je nach Höhe der Niederschläge ist die chemische Verwitterung stark, wenn auch kleinräumig differenziert: In Senken sammelt sich zunächst auch noch bei Beginn der Trockenzeit Wasser, während an trockenen Hanglagen keine chemische Verwitterung mehr möglich ist. Auch die nach Art und Tiefe unterschiedlichen Stauhorizonte im Boden führen zu einer Vielfalt der Erscheinungsformen in der Savanne.

Die Latosole der Feuchtsavanne sind wegen starker Versauerung und der vorherrschenden Kaolinite weniger fruchtbar. In der Trocken- und Dornsavanne finden sich jedoch nährstoffreiche braunrote und braune tropische Böden, deren Fruchtbarkeit vor allem von fehlender Feuchtigkeit begrenzt wird.

M 9 Trockensavanne

Die Vegetation zeigt, den klimatischen Unterschieden entsprechend, den „Kampf" zwischen Gräsern und Holzpflanzen (Bäume, Büsche, Sträucher), wobei Holzpflanzen mehr Wasser benötigen. Gräser kommen mit geringeren Jahresniederschlägen aus, diese müssen aber während der Vegetation im Sommer fallen.
– Feuchtsavanne: 2½–5 Monate Trockenzeit, übermannshohe Gräser, Baumgruppen und Feuchtwälder (hochwüchsige Bäume, die in der Trockenzeit Laub abwerfen); entlang der Flüsse Galeriewälder,
– Trockensavanne: 5–7½ Monate Trockenzeit, Grasland mit einzelnen lichten Trockenwäldern (in der Trockenzeit Laub abwerfende niedrige Bäume und Sträucher mit tiefen Wurzeln),
– Dornsavanne: 7½–10 Monate Trockenzeit, ungleichmäßig verteilte niedrige Gräser, Dornsträucher und Akazien.

Agrarische Tragfähigkeit. Die relativ hohen Niederschläge der Feuchtsavanne und die im Vergleich zu den Immerfeuchten Tropen günstigeren Bodenverhältnisse ermöglichen Regenfeldbau, vor allem *Subsistenzwirtschaft* (Selbstversorgungswirtschaft auf agrarischer Basis). Bevölkerungswachstum, Aufstockung der Herden und Niederschlagsvariabilität gefährden die Nutzung in der trockenen Savanne.

1. Beschreiben Sie Lage und Ausdehnung der tropischen Subzonen.
2. Nennen Sie tropische Gebiete, die nördlich bzw. südlich der Wendekreise liegen.
3. Fassen Sie die klimatischen Eigenschaften der Wechselfeuchten Tropen zusammen und vergleichen Sie sie mit denen der Immerfeuchten Tropen und der Trockenen Randtropen.
4. Erstellen Sie für die Wechselfeuchten Tropen eine Übersicht wie M 6.
5. Man spricht von einer „ökologischen Klemme der Tropen" und bezieht sie auf die Begrenztheit der agrarischen Tragfähigkeit. Erläutern Sie dies an den Subzonen der Tropen.

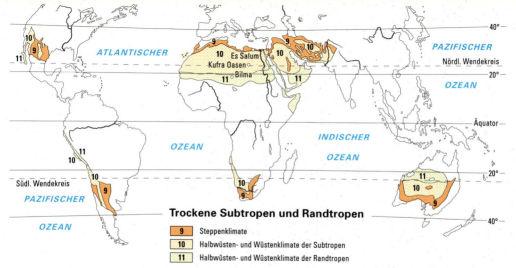

M 10 Trockene Subtropen und Randtropen (21,2 Mio. km² = 15,2% der gesamten Landfläche)

Randtropen und Trockengebiete der Subtropen

M 11 Klimadiagramme Trockener Randtropen und Trockengebiete der Subtropen

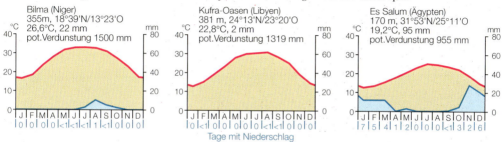

Tage mit Niederschlag

M 12 Übersicht: Trockene Randtropen und Trockengebiete der Subtropen

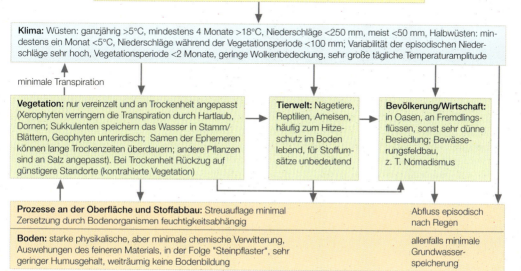

U. a. nach Jürgen Schultz: a.a.O., S. 279

Tropischer Regenwald: Gefährdung komplexer Ökosysteme

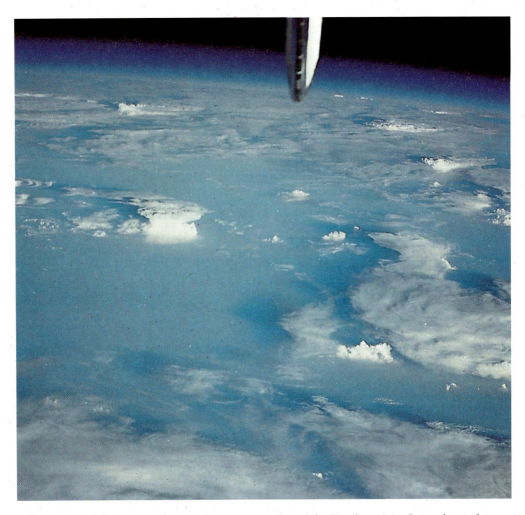

M 1 *Das Foto, an Bord der Raumfähre Discovery während der Trockenzeit im September aufgenommen, zeigt den nördlichen Teil Südamerikas, etwa 1000 km². (Der in das Bild hineinragende Gegenstand ist der unterste Teil der Raumfähre.) Eine dicke Wolkenschicht versperrt den Blick auf das Amazonastiefland und die tropischen Wälder. Es sind allerdings keine Regenwolken. „Die 2,6 Millionen Quadratkilometer messende Wolkendecke", heißt es im Flugbericht der US-Weltraumfahrtorganisation NASA zu der Aufnahme mit der Nummer 89-HC-139, „ist die größte und dichteste Qualmwolke, die Astronauten je gesehen haben."*
Eine Folge der Brandrodungen des Tropischen Regenwaldes: Der Rauch, der ein Gebiet von der Größe Westeuropas einhüllt, stammt von rund 150 000 verschiedenen Feuerherden, an denen die Bäume brennen.

Nach Süddeutsche Zeitung MAGAZIN, 3. 1. 92

Naturreichtum und Ertragsarmut?

1924 untersuchte der Geograph Walter Penck die Ernteergebnisse auf West-Java, um daraus Erkenntnisse über die Fruchtbarkeit und damit die Tragfähigkeit der Immerfeuchten Tropen zu gewinnen. Er sagte diesen Gebieten große Entwicklungsmöglichkeiten voraus: Eine Einwohnerdichte von 100–200/km² sei wahrscheinlich möglich, aber auch Werte bis 400 seien denkbar.

Aber 50 Jahre später gingen Wissenschaftler von einer Tragfähigkeit von 25 bis maximal 50 Menschen je km² in den gleichen Gebieten aus! Und der Geograph W. Weischet erklärte 1977: „Moderne Forschungsergebnisse aus verschiedenen Erdwissenschaften liefern in ihrer ökologischen Verknüpfung inzwischen den Beweis, dass die tropischen Lebensräume hinsichtlich ihres agrarwirtschaftlichen Potentials von Natur aus wesentlich ungünstiger gestellt sind als diejenigen der Außertropen und Subtropen."

Wolfgang Weischet: Die ökologische Benachteiligung der Tropen. Stuttgart: Teubner 1977, S. 9

Doch es gibt auch andere Bewertungen.

Nach einer FAO-Studie von 1981 sollen „die immerfeuchten tropischen Tiefländer, wie das Amazonasbecken z. B., mit einer Länge der Wachstumsperiode zwischen 330 und 365 Tagen im Jahr eine potentielle Tragfähigkeit von 1,02 bis 1,39 Personen pro Hektar, also 102 bis 139 pro km², gehabt haben, selbst wenn bei geringem Aufwand nur Handarbeit, kein Dünger, keine Pestizide, keine Bodenschutzmaßnahmen und nur die üblichen Anbauprodukte angesetzt werden."

Nach FAO Studie 81, zitiert in W. Weischet: Neue Ergebnisse zum Problem Dauerfeldbau im Bereich der feuchten Tropen. In: Tagungsbericht und Wissenschaftl. Abhandlungen. Deutscher Geographentag München. Wiesbaden: Steiner 1988, S. 66/67

M 2 *Ertragsabfälle in den Feuchten Tropen bei zunehmender Dauer der Ackernutzung*

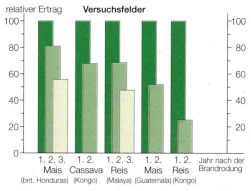

Nach Bernd Andreae: Landwirtschaftliche Betriebsformen in den Tropen. Hamburg, Berlin: Paul Parey 1972, S. 87

M 3 *Biomasseproduktion verschiedener klimatischer Vegetationsformationen*

Werte in t/ha Ø	Borealer Nadelwald (mittl. Taiga)	Buchenwald	Subtrop. Feuchtwald	Trop. Regenwald	Feuchtsavanne	Trockensavanne
Biomasse des Bestandes	260	370	410	über 500	66,6	26,8
Produktion/Jahr	7	13	24,5	32,5	(12)[1]	7,3
Absterbende Biomasse/Jahr	5	9	21	25	(11,5)	7,2
Netto-Zuwachs der Biomasse/Jahr	2	4	3,5	7,5		0,1

[1] Werte in Klammern und fehlender Wert deuten auf große regionale Schwankungen hin.
Wolfgang Weischet: Die ökologische Benachteiligung der Tropen. Stuttgart: Teubner 1977, S. 43

Wie sind diese Widersprüche in den Texten und Grafiken zu erklären? Einige wichtige Antworten können gegeben werden, wenn auch eine endgültige Klärung noch aussteht.

Das Problem der Böden

Eindeutiger Gunstfaktor der Immerfeuchten Tropen ist das Energieangebot der ganzjährig hohen Temperaturen und der daraus folgenden ganzjährigen Vegetationsperiode. Auch das Feuchtigkeitsangebot reicht stets aus, die trockenen Phasen dauern nirgendwo länger als zwei bis zweieinhalb Monate.

Probleme liegen demnach in den Böden. Sie sind überwiegend *ferrallitisch* (von lat. ferrum = Eisen und Aluminium). Die tropischen *Roterden* und *Laterite* (rötliche Böden mit starker Eisen- und Aluminiumoxid-Anreicherung und krustenartiger Verhärtung) enthalten nahezu keine verwitterbaren Silikate. Ihre weit überwiegenden Zweischichttonminerale *(Kaolinite)* haben eine geringe Austauschkapazität. Sie können Nährstoffe weniger gut festhalten, die deshalb rasch ausgeschwemmt werden, gleichgültig, ob natürlichen Ursprungs oder durch Dünger zugeführt. In den Flüssen sind diese Nährstoffe, z. B. nach Brandrodung, kurze Zeit später nachweisbar. Der C-Horizont *(Ausgangsgestein)* dieser sehr alten Böden liegt wegen der starken chemischen Verwitterung tief (meist 5 bis 20 m, vereinzelt bis 50 m), und so erreichen die Wurzeln der Pflanzen die dort enthaltenen Primärminerale nicht. Das Wurzelsystem ist extrem dicht, dreimal dichter als in unseren Wäldern, aber nur oberflächlich ausgebildet. Es nutzt den Boden fast ausschließlich, um sich daran festzuhalten. Außerdem ist die *Bodenacidität* hoch (pH-Wert 3,5-5), was die Aufnahme der Nährelemente durch die Wurzeln hemmt.

Wovon lebt dann der Tropische Regenwald, wenn er seine Nährstoffe überwiegend nicht aus dem Boden nehmen kann und doch so viel Biomasse produziert? Und wie ist zu erklären, dass die Flüsse im ungerodeten Urwaldgebiet praktisch keine Nährstoffe enthalten, der Tropische Regenwald demnach kaum Nährstoffe verliert? Die Lösung heißt „*kurzgeschlossener Nährstoffkreislauf*".

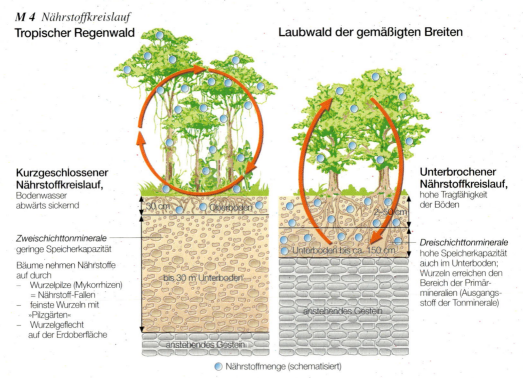

M 4 Nährstoffkreislauf

„Zwar haben alle natürlichen Ökosysteme Mechanismen, ihre Nährstoffbestände zu erhalten, doch scheinen jene der tropischen Regenwälder besonders effizient. Die besondere „Fähigkeit" des Regenwaldsystems, Auswaschungsverluste gering zu halten, gründet sich auf die außerordentlich dichte Durchwurzelung des Oberbodens ... und der Verbindung mit einem noch dichteren Mykorrhiza-Geflecht. Hierdurch werden nicht nur die über Niederschläge und Kronenauswaschung/Stammablauf zugeführten Nährelemente weitestgehend aufgefangen, sondern auch die in den organischen Abfällen eingebundenen Nährstoffe aufgeschlossen und dann den Baumwurzeln unmittelbar zugeleitet." Obwohl die Böden durchweg tiefgründig entwickelt sind und daher reichlich Wurzelraum bieten, konzentriert sich die Durchwurzelung auf die oberen 20–30 cm.

Jürgen Schultz: Die Ökozonen der Erde. Stuttgart: Ulmer 1988, S.440

Der Tropische Regenwald wächst demnach „auf, nicht aus dem Boden" (Harald Sioli)!

1. Vergleichen Sie den Nährstoffhaushalt im Tropischen Regenwald mit dem des Laubwalds der Gemäßigten Breiten.
2. Beschreiben Sie die Eigenschaften der Böden der Gebiete des Tropischen Regenwaldes und nennen Sie deren nachteilige Auswirkungen.
3. Nennen Sie die Gunstfaktoren des Klimas der feuchtwarmen Tropen und ihre naturgeographischen Ursachen.
4. Begründen Sie die sinkenden Erträge bei Kulturpflanzen in den Immerfeuchten Tropen.
5. Erklären Sie die Widersprüche in den Texten und Grafiken bezüglich der Fruchtbarkeit der inneren Tropen.

Shifting cultivation

M 5 Shifting cultivation

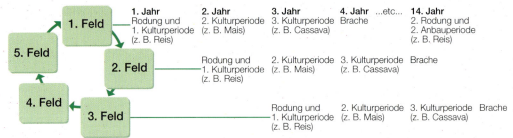

Nach der 2. Anbauperiode (also ca. 16 Jahre nach der Rodung) – "shifting away" Verlegung des Anbaugebietes)

M 6 *Vereinfachte modellhafte Darstellung des Systems der shifting cultivation*

M 7 *Brandrodung zur Vorbereitung eines Feldes*

Traditionell werden weite Gebiete der immerfeuchten Tropen mit *Wanderfeldbau (shifting cultivation)* von Millionen Menschen genutzt. Darunter versteht man verschiedene Formen der Landnutzung, bei denen meist durch Brandrodung die natürliche Vegetation beseitigt oder reduziert wird und die dabei gewonnenen Flächen für einen kurzen Zeitraum, etwa ein bis drei Jahre, für den Feldbau genutzt werden. Anschließend fallen sie für längere Zeit (meist sechs bis 15 Jahre) brach, sodass Sekundärvegetation nachwachsen kann. Inzwischen geht der Anbau auf anderen, ebenfalls durch Brandrodung gewonnenen Feldern weiter. Nach einer zweiten oder dritten Nutzungsphase werden die Rodungsflächen oft ganz aufgegeben, da sich eine neuerliche Nutzung nicht mehr lohnt. Bei dieser „echten" shifting cultivation werden auch die Siedlungen verlegt.

M 8 *Modellhafte Darstellung der Entwicklung des Ertragsniveaus der shifting cultivation in Abhängigkeit vom Anbauintervall*

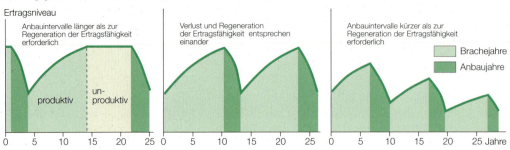

Nach Bernd Andreae: Agrargeographie. Berlin, New York: de Gruyter 1977, S. 130

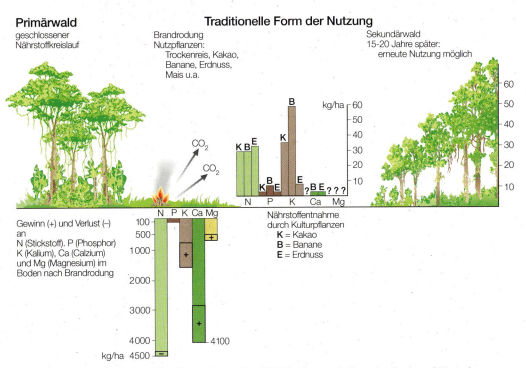

M 9 *Mengenwerte der Nährstoffe im tropischen Waldboden nach Brandrodung und Entnahme durch Kulturpflanzen*

Nach Wolfgang Weischet: Die ökologische Benachteiligung der Tropen. Stuttgart: Teubner 1977, S. 48

Ist dieses arbeitsaufwendige und extrem flächenintensive System nun ein Exempel veralteter und ökologisch sinnloser Landnutzung? Werden die durch Brandrodung gewonnenen Nährelemente verschwendet? Oder ist die shifting cultivation nicht doch ein den natürlichen Bedingungen der Immerfeuchten Tropen optimal angepasstes System?

Ein neues Argument brachten jüngste Forschungsergebnisse, die zeigen, dass die Brandrodung durch die Aschedüngung nicht nur Nährstoffe zuführt, sondern dass sie auch die Bodenacidität für zwei bis drei Jahre verringert (Erhöhung des pH-Wertes im ersten Jahr auf 5–5,5) und damit die Nährelemente, vor allem Phosphor, den Pflanzen besser verfügbar macht. Gerade hierin könnte die Bedeutung der Brandrodung liegen, weniger in der Zufuhr von Nährstoffen.

Lässt man den Rodungsflächen nur genügend Zeit, so entwickelt sich nach und nach ein Sekundärwald, der immer mehr Arten des einstigen Primärwaldes enthält. Schätzungen gehen davon aus, dass nach einem Jahrhundert oder mehr wieder ein neuer „Primärwald" entstanden ist. Shifting cultivation also doch ein ökologisch sinnvolles System?

Und wie ist shifting cultivation von der ökonomischen Seite aus zu betrachten?
„Bei einem Wanderfeldbausystem mit zweijähriger Nutzung und 24-jähriger Brache braucht jeder Betrieb eine 13fach größere Fläche als beim Dauerfeldbau; nur jeweils 8 % davon befinden sich jeweils in Kultur. Gebiete mit shifting cultivation können daher nur sehr kleine Bevölkerungen pro Fläche tragen (etwa 2–5 Einwohner pro km^2)."

Jürgen Schultz: a.a.O., S. 451

Bei wachsender Bevölkerung kommt das System an seine Grenzen. Was ist zu tun?

Dauerfeldbau

Kann man das „ökologische Handicap" der Tropen umgehen? Lassen sich tropische Regenwaldgebiete trotz der Ertragsabfälle im Dauerfeldbau nutzen?
Mit Sicherheit gelingt dies auf den fruchtbaren Ausnahmegebieten der Immerfeuchten Tropen, wo bereits seit langem teilweise sehr produktiver Dauerfeldbau getrieben wird. Dazu zählen z. B. auf Java und Teilen der Philippinen Gebiete, wo Aschen tätiger Vulkane für die Nachlieferung von Primärmineralen sorgen oder wo die Böden auf rezenten Vulkanismus zurückgehen.

Ausnahmegebiete sind auch die periodisch überschwemmten Tiefländer, z. B. im Amazonasgebiet, wo sich Ton- und Schluffbestandteile absetzen und die Ausgangsmaterialien für Dreischichttonminerale liefern.

M 10 *Schematischer Schnitt durch den Varzea-Bereich*

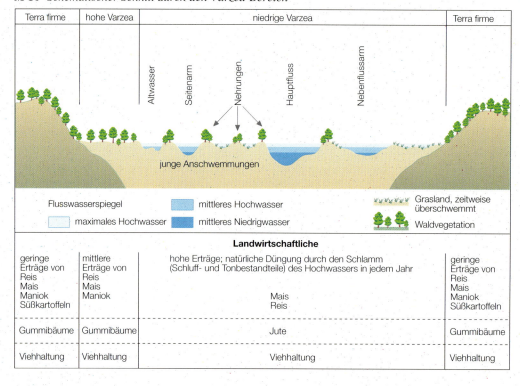

Nach Jürg Müller: Brasilien. Stuttgart: Klett 1984, S. 98

Aber wie steht es mit jenen großen Gebieten der Immerfeuchten Tropen, wo das Pflanzenwachstum fast völlig auf dem kurzgeschlossenen Nährstoffkreislauf beruht?
Einigen Aufschluss geben Feldversuche im peruanischen Amazonastiefland. In der Nähe von Yurimaguas wurden 1972–74 drei Versuchsfelder von je 1,5 ha durch Brandrodung von 17-jährigem Sekundärwald gewonnen. Auf ihnen wurde Trockenreis kontinuierlich und in Rotation mit Mais, Sojabohnen und Erdnüssen angebaut. Nach gezielter Düngung mit sehr hohen Kalkgaben (3,5 t/ha) und Mineraldünger (in etwa den Mengen in den Außertropen entsprechend) wurden zunächst gute Erträge erzielt. 1975 gingen diese aber stark zurück, auch mit negativen Veränderungen in den Böden (Anstieg der Bodenacidität und Aluminiumtoxizität), wobei deutliche Zusammenhänge mit den Niederschlagshöhen zu erkennen sind.

M 11 *Niederschläge und ha-Erträge auf Versuchsfeld 3 (Reis-Mais-Soja-Rotation)*

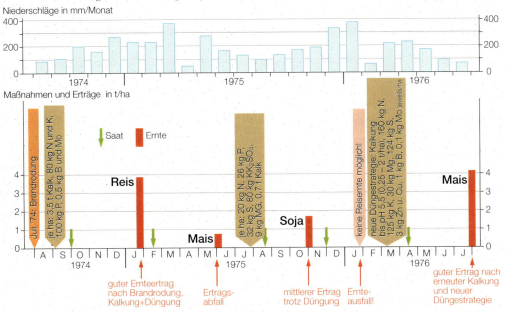

Nach Wolfgang Weischet und Cesar N. Caviedes: The Persisting Ecological Constraints of Tropical Agriculture. London, New York: Longman Scientifical & Technical 1993, S. 204

Nach Auswertung der Ergebnisse, die das Zusammenspiel von Boden, Düngung, Niederschlägen und Ertrag aufzeigen, wurde eine neue Düngerstrategie mit nochmaligen hohen Kalkgaben erarbeitet.

M 12 *Ertragsabfolgen von 26 Ernten mit der Versuchsreihe Trockenreis-Erdnuss-Soja auf Parzellen mit und ohne Düngung*

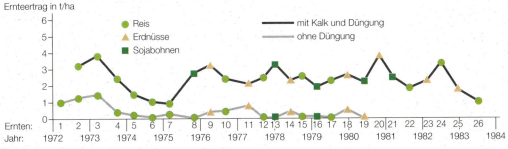

Nach Wolfgang Weischet und Cesar N. Caviedes: a.a.O. S. 206

Die Ergebnisse waren insgesamt befriedigend und beweisen, dass bei laufender Bodenuntersuchung und konstanter und gezielter Düngung mit Mineraldünger sowie wiederholten hohen Kalkgaben Dauerfeldbau möglich ist.
Aber auch hier blieb der Zusammenhang von Ertragshöhe und klimatischen Verhältnissen deutlich: Zu den geringen Erntemengen 1983/84 kam es nach weit überdurchschnittlichen Niederschlägen mit Starkregen 1983.
Für die Kleinbauern kommt die in Yurimaguas entwickelte Methode nicht in Frage – allein die Transportkosten für Kalk überfordern ihre wirtschaftlichen Möglichkeiten! Damit kann diese Form der Nutzung für den größten Teil der Bevölkerung nicht angewandt werden.

M 13 Fruchtbare Ausnahmegebiete auf Bali

M 14 Aufgelassene shifting cultivation in Brasilien

Ausblick

Noch bleiben viele Fragen offen, noch sind nicht alle Möglichkeiten untersucht: „Vor dem Einsatz des künstlichen Düngers hatten wir bei uns (in Deutschland) Ertragsunterschiede um das Drei- bis Fünffache zwischen fruchtbaren Lössböden und verarmten Böden der Mittelgebirge. Ähnliche und noch größere Unterschiede bestehen in den Tropen. Moderne Bearbeitungsmethoden und Düngung haben bei uns die Erträge angenähert, in den Tropen sind wir von einem solchen Zustand noch weit entfernt. Das liegt vor allem daran, dass wir die ökologischen Zusammenhänge, die wir im eigenen Land erst langsam verstehen, in den Tropen noch wenig kennen."

*Hanna Bremer: Das Naturpotential in den feuchten Tropen.
In: Geographische Rundschau 1989, H. 7/8, S. 383*

Bisher gibt es ausführliche Versuche auf größeren Feldern nur im Hinblick auf Verbesserungsmöglichkeiten durch regelmäßige Düngergaben. Dagegen fehlen noch hinreichende Erkenntnisse über die Wirkung verschiedener Bodenbearbeitungsmethoden, die ebenfalls durch langfristige Versuche erprobt werden müssten. Noch weiß man wenig über die Chancen neuer Züchtungen, noch bestehen nur vereinzelt Erfahrungen über *Agroforesting* in den tropischen Regenwaldgebieten, also einem gemischten Landbau unter und zwischen Bäumen mit ihrem intakten Mykorrhizen-Geflecht. Noch wurden keine ausreichenden Versuche mit „produktiver" Brache gemacht, also mit dem Anpflanzen bestimmter Arten zur Bodenverbesserung und nicht zur Nutzung durch den Menschen.

Endgültige Antworten auf die agrarische Nutzbarkeit der Immerfeuchten Tropen stehen also noch aus. Bis dahin erscheint das System der shifting cultivation als ökologisch sinnvoll, solange es nach den Regeln angewandt wird, die die Menschen im Regenwald vor dem starken Bevölkerungswachstum erlernt hatten. Und andere wirtschaftliche Möglichkeiten gibt es für die meisten von ihnen ohnehin nicht.

Werden die „Regeln" aber nicht beachtet und die notwendigen Brachezeiten unterschritten, so vermindern sich die Ernteergebnisse mehr und mehr, und eine geschädigte Fläche bleibt zurück. Der Verlust vieler Stammestraditionen, die Veränderungen der sozialen Struktur unter Einfluss der immer weiter in den Urwald eindringenden Zivilisation haben viele der alten Landnutzungsregeln aufgelöst. Ohnehin ist die landwirtschaftliche Nutzung der Regenwaldgebiete mit hohen ökologischen Risiken belastet:

– Wasserhaushalt und Windverhältnisse ändern sich: Während sich selbst bei schweren Gewittern Luftbewegungen im intakten Regenwald nicht bis auf die Bodenoberfläche auswirken, nimmt die Luftfeuchte über Rodungsflächen ab und die Luftbewegung zu. Austrocknungen sind die Folge.
– Fehlt die Vegetationsdecke, so schlagen viel höhere Wassermengen auf den ungeschützten Boden durch.
– Durch Erosion kommt es zu Bodenabtrag und Aufschotterung der Flüsse.
– Das Durchsickern der festen Bodensubstanz führt zu hohem Nährstoffverlust in der oberen Bodenschicht.
– Die nicht mehr vom Blätterdach geschützte Bodenoberfläche wird erwärmt. Durch Verschlämmung verdichtet sich der Boden, Verhärtungen und Krusten bilden sich.

Je großflächiger die Rodung, desto nachhaltiger der Eingriff. Schon wenige Jahre nach der Rodung des Regenwaldes versteppen die Landstriche der Rindergroßfarmen Brasiliens.

6. Berechnen Sie für das Beispiel M 6 den Feldflächenbedarf eines Bauern während eines Arbeitszyklus.
7. Erläutern Sie den Zusammenhang zwischen Ertragshöhe und Intervalldauer der shifting cultivation.
8. Nennen Sie fruchtbare Ausnahmegebiete der Immerfeuchten Tropen und erläutern Sie die Grundlagen ihrer Fruchtbarkeit.
9. Werten Sie M 11 aus, nennen Sie die Zusammenhänge zwischen klimatischen Verhältnissen und dem Ertrag auf den Versuchsfeldern.
10. Diskutieren Sie die ökologische und ökonomische Bewertung der shifting cultivation und schätzen Sie die heutigen Möglichkeiten des Dauerfeldbaus ab.

Zerstörung des Tropischen Regenwaldes durch Holznutzung

M 1 Tropischer Regenwald

	Anteil an den Waldressourcen	Fläche um 1900	Fläche heute	Fläche Prognose 2000 Abnahme um	Jährlicher Verlust in % der bestehenden Ressourcen	in Mio. ha
Lateinamerika	51 %	980 Mio. ha	586 Mio. ha			
Mittelamerika	5 %		60 Mio. ha	40 %	1,7 %	1,0 Mio. ha
Südamerika	46 %		526 Mio. ha		1,7 %	8,9 Mio. ha
Afrika	17 %	400 Mio. ha	210 Mio. ha			
Westafrika und westliches Zentralafrika	9 %		100 Mio. ha	20 %	0,9 %	0,9 Mio. ha
Ostafrika und östliches Zentralafrika	8 %		110 Mio. ha		0,7 %	0,8 Mio. ha
Asien	32 %	490 Mio. ha	361 Mio. ha			
Südwestasien	3 %		31 Mio. ha	50 %	3,5 %	1,1 Mio. ha
Ost- und Südostasien	29 %		330 Mio. ha		0,9 %	3,0 Mio. ha

Bruno Messerli: Umweltprobleme und Entwicklungszusammenarbeit. Bern: Geographisches Institut der Universität 1987, S. 18

Gut 25 Prozent der eisfreien Festlandsfläche sind von Wäldern bedeckt, insgesamt 34 Mio. km². Ein Drittel davon sind Tropische Regenwälder. Deren Fläche wird ständig geringer: 1980 schätzte man die Rodungen auf 43 000 ha täglich, heute rechnet man mit 50 000 ha – im Jahr sind dies rund 18 Mio. Hektar. Der größte Teil dieser Rodungen geht auf jene zurück, die den Urwald der Feuchten Tropen niederbrennen, um daraus Anbau- und Weideflächen zu gewinnen. Weitere drei bis fünf Mio. ha werden im Zuge staatlicher Umsiedlungsprogramme (z. B. in Indonesien) oder bei der Erschließung von Bodenschätzen und beim Straßenbau zerstört. Zu diesen mehr als 20 Mio. ha kommen noch 50 Mio. ha Sekundärwald, die jährlich im Zuge der Rotation der shifting cultivation gerodet werden. Die Waldfläche der Republik Côte d'Ivoire ging von 1960 bis 1985 auf ein Drittel zurück, Kamerun und die Zentralafrikanische Republik verlieren jährlich 2 % ihres Waldbestandes. Auf Madagaskar sind bereits 90 Prozent der Wälder abgeholzt!
All diese Zahlenangaben sind grobe Schätzungen. Sie wurden immer wieder nach oben korrigiert. Beispielsweise sollen Überfliegungen 1988 ergeben haben, dass die natürlichen Wälder im Inneren Borneos und Sumatras nicht, wie bisher angenommen, noch 40 Prozent der Oberfläche bedecken, sondern nur noch 9 Prozent.
Regional begrenzte Waldzerstörungen sind nicht neu. Überall dort, wo die Bevölkerung stark wuchs, waren Abholzungen üblich, um die Ernährungsgrundlage zu sichern. Auch Waldzerstörungen zur Holznutzung als Bau- oder Schiffsholz waren nicht selten. Neu aber ist die Bevölkerungsexplosion in der Dritten Welt seit der Mitte unseres Jahrhunderts, und neu ist das Ausmaß der Waldzerstörung dort. Es umfasst fast alle Waldgebiete der Dritten Welt und lässt auch die Bergwälder weithin nicht aus.

Holznutzung in der Republik Côte d'Ivoire (Elfenbeinküste)

M 2 Karte Côte d'Ivoire (Elfenbeinküste)

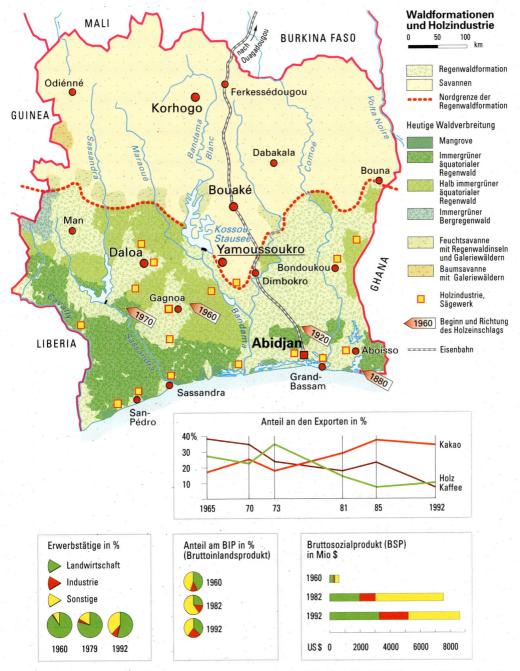

Daten nach Pretzsch 1987 und 1992, Bernd Wiese: Elfenbeinküste. Wissenschaftl. Länderkunden Bd. 29, Darmstadt: Wiss. Buchgesellschaft 1988, Georges H. Lutz: Republik Elfenbeinküste, Beihefte Geographische Zeitschrift 1971, Fischer Weltalmanach 1994

Die 322 463 km² große Republik Côte d'Ivoire weist zwei von der natürlichen Vegetation geprägte Großlandschaften auf:
- Die 180 000 km² große Savanne im nördlichen Landesteil, ein Gebiet weiter, durch Hügelketten und Tafelberge unterbrochener 200 bis 400 m hoch gelegener Flächen, wobei zwischen 8 und 9° N die Feuchtsavanne mit Regenwaldinseln überwiegt, der sich weiter nördlich Feuchtsavanne mit einzelnen Gehölzen und Grasfluren anschließt.
- Den Bereich des äquatorialen Regenwaldes im südlichen Teil des Landes mit einzelnen Mangroveninseln im schmalen Küstenstreifen. Noch um 1900 umfassten diese Regenwälder die Fläche von über 140 000 km².

1893 war die Côte d'Ivoire französische Kolonie geworden. Seit 1960 ist sie ein unabhängiger Staat, in dem Angehörige vieler Stämme zusammenleben. Man zählt 60 verschiedene ethnische Gruppen und ebenso viele Sprachen. Der Einfluss Frankreichs blieb auch nach der Unabhängigkeit stark. Das Land gehört weiter zur Franc-Zone und ist als ehemalige Kolonie seit 1957 mit der EWG bzw. EU assoziiert. Das Land verfügt nur über unbedeutende Vorräte an Bodenschätzen; seit wenigen Jahren wird Erdöl in geringen Mengen gefördert (Anteil am Export 1991: 12 %).

Die einheimische Bevölkerung ernährt sich traditionsgemäß vor allem von Knollenfrüchten (Yams, Maniok, Taro, Batate) und Kochbananen. In den Städten stieg in den letzten Jahrzehnten der Verbrauch von Mais und (teilweise importiertem) Reis.

Grundlage des Aufschwungs des Landes von 1960 bis 1980 war die Landwirtschaft. Auch nahezu der gesamte Export basiert auf Agrarprodukten.

Die Waldgebiete liefern den bei weitem größten Teil der Exportgüter. Hier werden die wertvollen Tropenhölzer geschlagen und auf den abgeholzten Flächen befinden sich die Kakao-, Kaffee- und Bananenpflanzungen.

Nach der Unabhängigkeit versprach man sich von der Nutzung der tropischen Hölzer eine entscheidende Verbesserung der wirtschaftlichen Lage. Außerdem sollten Rodungen und Einschlag und das daraus erhoffte Wirtschaftswachstum den bisher schwach besiedelten Südwesten des Landes fördern und für eine gleichmäßigere Bevölkerungsverteilung sorgen. Der Holzexporthafen San Pedro sollte wirtschaftlicher Mittelpunkt dieses Landesteils werden.

M 3 Daten zur Bevölkerung und Verstädterung der Republik Côte d'Ivoire

Gesamtbevölkerung Mio.		davon städt. Bevölkerung %	
1960:	3,7	1960:	7
1965:	4,3	1965:	23
1975:	6,7	1975:	32
1981:	8,1	1980:	38
1985:	8,2	1985:	47
1991:	12,4	1991:	49
1992:	12,8	1992:	49
Bevölkerungswachstum:		1970–79	Ø 5,5 %
		1980–92	Ø 3,8 %

Städte 1991
Abidjan (Regierungssitz): 1,9 Mio., mit Vororten 2,6 Mio.
Bouake: 0,33 Mio.
Yamoussoukro (Hauptstadt): 0,13 Mio. Wachstum von Abidjan und Bouake: 8–10 %/J

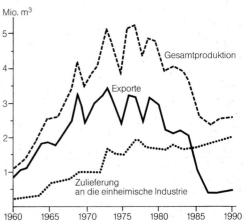

M 4 Stammholzproduktion in der Republik Côte d'Ivoire 1960–89

Nach Jürgen Pretzsch: Die Entwicklungsbeiträge von Holzexploitation und Holzindustrie in den Ländern der feuchten Tropen, dargestellt am Beispiel der Elfenbeinküste. Schriftenreihe des Instituts f. Landespflege der Universität Freiburg. 1987, H. 11, S. 36, ergänzt nach Angaben der FAO

M 5 Holznutzung im Tropischen Regenwald

Die Grafik M 4 weist indirekt darauf hin, dass auch die Industrieländer ihren Teil zur Abholzung der Regenwälder beitragen. Ihr Bedarf wirkt sich stark aus. Denn ihr Qualitätsanspruch ist bei wertvollem Rundholz (vor allem Mahagoni und Sipo) so hoch, dass längst nicht alle ausgesuchten Stämme verwendet werden. So erreichten beispielsweise die überwiegend für den Export tätigen Großbetriebe nur einen Ausnutzungsgrad von knapp 30 % des selektierten Stammholzes, der Rest war Abfall.

Die Erwartungen und Maßnahmen von Regierung und Wirtschaft in den siebziger Jahren:
1. Der Export großer Mengen Stammholz wird Kapital für den Aufbau einer eigenen Holzindustrie bringen.
2. Die Forst- und Holzwirtschaft wird so entscheidende Beiträge zur Volkswirtschaft leisten.
3. Die Holznutzung wird kaum zur Waldzerstörung beitragen.
4. Gesetzliche Maßnahmen werden den Ausgleich zwischen den Interessen der Waldbewohner, des Staates und einheimischer und ausländischer Unternehmer herstellen. Große Teile der Einnahmen werden der Aufforstung zugute kommen.

Die Ergebnisse:
1. Seit einem Jahrzehnt sind die Vorräte an hochwertigen Hölzern erschöpft. Die zunächst erzielten hohen Gewinne wurden nicht für die Regeneration der Regenwälder eingesetzt; es entstand nur eine unbedeutende Holzindustrie, von der viele Betriebe inzwischen in Konkurs gingen.
2. Der Anteil der Holznutzung an der gesamtwirtschaftlichen Leistung ging von 5 % auf 3,1 % zurück, der der Holzindustrie von 2 % auf 1,4 %. Die Holzexporte stagnieren auf niedrigem Niveau.
3. Die Holznutzung hat erheblich zur Zerstörung des Regenwaldes beigetragen: Schwere Maschinen schädigten das Ökosystem, der Einschlag dezimierte den Artenreichtum, die Beschleunigung der Einschlag-/Regenerationszyklen wirkte sich wie bei der shifting cultivation verhängnisvoll aus.
4. Die Forstgesetze schützten die Waldbevölkerung kaum, da der Staat den Wald vorrangig als Rohstoffpotential und agrarische Reservefläche betrachtete. Es gab nur geringe Erfolge bei der Aufforstung (1 000–3 000 ha/J., Finanzierung durch die Weltbank). Eigenes Kapital wurde kaum eingesetzt.

M 6 Entwicklung der Flächennutzung in den Tropenwaldgebieten der Côte d'Ivoire

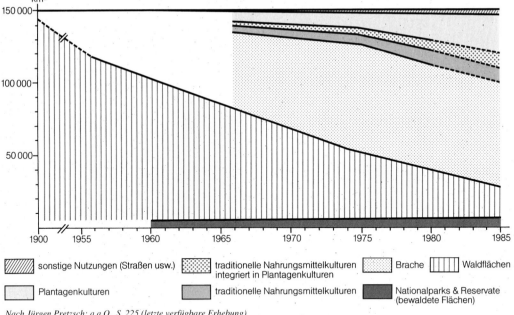

▨ sonstige Nutzungen (Straßen usw.)	▨ traditionelle Nahrungsmittelkulturen integriert in Plantagenkulturen	▨ Brache	▨ Waldflächen
▨ Plantagenkulturen	▨ traditionelle Nahrungsmittelkulturen	▨ Nationalparks & Reservate (bewaldete Flächen)	

Nach Jürgen Pretzsch: a.a.O., S. 225 (letzte verfügbare Erhebung)

M 7 Holzeinschlag 1991 in Mio. m^3

Waldeinschlag in Industrieländern (Rundholz)

USA	415,1	Deutschland	80,4
UdSSR	283,9	Frankreich	34,3
Kanada	148,6	Japan	29,3

Größter Brennholz- und Holzkohleeinschlag

Indien	250,0	USA	85,9
Brasilien	186,5	UdSSR	80,7
VR China	185,5	Äthiopien	40,8

Nach Angaben der FAO

„Für die Waldbewohner verbesserten sich zwar die Lebensbedingungen durch zusätzliche Einnahmen aus vorübergehenden Einstellungen als Arbeitskräfte für den Holzeinschlag und -transport. Von Nutzen für die Waldbewohner war auch die verbesserte Infrastruktur. Hinzu kam, dass die Dorfgemeinschaften auch ein kleines Entgelt für die Holznutzung auf deren Grund und Boden erhielten.
Der tatsächliche Nutzen für die Waldbevölkerung war aber äußerst gering, zumal die aus der Elfenbeinküste stammenden Arbeitskräfte nur zu 33,6 % an den Lohnaufwendungen beteiligt waren (...)
In der Elfenbeinküste unterlag die Tropenholznutzung dem Prinzip einer kurzfristigen Gewinnerwirtschaftung. Insbesondere bereicherten sich außerhalb der Waldzone lebende nationale Eliten und ausländische Investoren, hingegen zog die Waldbevölkerung zunehmend weniger Nutzen aus der Waldumwelt. Als Konsequenz wandelte sich das Verhältnis Mensch/Umwelt grundlegend: Der Wald verlor zunehmend seine Bedeutung als universaler Lebensraum. Volkswirtschaftlich erfüllte die Holzexploitation in keiner Weise die durch Modellplanungen vorgegebenen Erwartungen."

Jürgen Pretzsch: Die Entwicklungsbeiträge der Stammholzproduktion im tropischen Afrika: Kritische Analyse und Überblick. In: entwicklung + ländlicher raum 1/92, S. 22/23

1. Schildern Sie die Bedeutung von Land- und Forstwirtschaft für die Republik Côte d'Ivoire. Beziehen Sie die Flächennutzung mit ein.

2. Nennen Sie Vor- und Nachteile der Holznutzung. Bewerten Sie deren Beitrag zur Wirtschaftsentwicklung des Landes.

Ökologische Auswirkungen

„Nairobi, 30. 12. 93 (dpa) – Die Konvention über den weltweiten Schutz der Artenvielfalt ist in Kraft getreten. Das Übereinkommen, dem sich bislang 167 Staaten angeschlossen haben, soll das Aussterben von Pflanzenarten auf der Erde stoppen. Die Unterzeichnerstaaten verpflichten sich darin, vom Aussterben bedrohte Arten zu schützen und ihre Naturschutzgebiete zu erweitern. Die wirtschaftliche Entwicklung sollte dem Artenschutz und dem Erhalt der natürlichen Ökosysteme Rechnung tragen.
Die Lebensmittelversorgung der gesamten Erdbevölkerung hänge vom Erhalt der Artenvielfalt ab, betonte die UNO-Behörde. Die genetische Einheitlichkeit von Saatgut habe dazu geführt, dass Pflanzenkrankheiten sich über mehrere Länder ausgebreitet haben."

Schwäbische Zeitung, 31. 12. 93

M 8 Brettwurzel eines Urwaldriesen. Beim Fällen solcher Bäume werden Pflanzen vieler Arten vernichtet.

Bei der modernen Nutzung der Regenwälder verdichten schwere Maschinen den Boden und hinterlassen unvermeidliche Schleifspuren. Deren Schäden sind beträchtlich, vor allem wenn man bedenkt, dass pro Hektar meist nur zwei bis vier Bäume eines bestimmten Stammdurchmessers gefällt werden können und Schneisen zu ihnen geschlagen werden müssen.
Kein Ökosystem weist eine ähnlich große Vielfalt der Pflanzen- und Tierwelt auf wie der Tropische Regenwald: So können auf einem Hektar Tropenwald mehr Baumarten vorkommen als in ganz Europa. Die allermeisten der heute noch unbekannten Tierarten, mehrere Millionen, leben im Tropischen Regenwald.
Sein Ökosystem ist äußerst dynamisch, weist die größte Biomasse und einen intensiven Energie- und Nährstoffumsatz auf und reagiert rasch auf Veränderungen. Es enthält tausende Tier- und Pflanzenarten, von deren Verflechtungen wir noch wenig wissen und über deren Belastung durch Eingriffe die Meinungen auseinander gehen.

„Der eine sieht in dem dynamisch-komplexen Ökosystem Tropenwald ein höchst sensibles, fein vernetztes und fragiles Wirkungsgefüge von Faktoren, Wechselwirkungen und Rückkopplungsschleifen. Es ist ein weitgehend unbekanntes und unverstandenes System, in dem jeder Teil unersetzbar von jedem anderen unabdingbar abhängt. Jeder Eingriff führt zum Verlust von Funktionen und zu Verzerrungen des Wirkungsnetzes. Das Ökosystem verträgt fast keine Nutzung (...) Die Auswirkungen sind unvorhersehbar. Kollaps ist als Langzeitfolge auch nach geringen Eingriffen nicht auszuschließen (Schmetterlingseffekt).
Die andere Meinung sieht in dem Ökosystem Tropenwald gleichfalls ein komplex vernetztes System (...) Die hohe Artenzahl, die sich im Verlauf von Verjüngung, Aufbau, Alterung und Zerfall dynamisch wandelnden Mischungsverhältnisse und die Mannigfaltigkeit von Organisation und Prozessen machen das Ökosystem nicht fragil und sensibel, sondern im Gegenteil robust, vital und flexibel."

E. F. Bruenig: Der Tropische Regenwald im Spannungsfeld „Mensch Biosphäre". In: Geographische Rundschau 1991, H. 4, S. 226

Auswirkungen auf Atmosphäre und Klima

„Der Tropische Regenwald wurde von Experten neben den Ozeanen als wichtigster Motor und Regler des Weltklimas bezeichnet. Seine Zerstörung wird das Klima großräumig beeinflussen. Man schätzt, dass seine Vernichtung – wegen der durch sie bedingten Zunahme des CO_2-Gehaltes der Atmosphäre – auch erheblich (zwischen 7 und 32 %) zum „Treibhauseffekt" beiträgt. Es gibt auch Experten, die befürchten, dass die mit der Abholzung der Wälder einhergehende Zunahme der CO_2-Konzentration und die daraus womöglich resultierende Erwärmung der Erde sich vor allem in der Veränderung des Wasserhaushalts niederschlagen wird (Verschiebung der Klimagürtel zwischen 35° und 50° N, also bis in unsere Breiten, gekoppelt mit abnehmendem Niederschlag, höherer Verdunstung und sinkendem Grundwasserspiegel) und dass die eigentlichen Gefahren der Waldzerstörung in diesen Veränderungen mit all ihren Konsequenzen lägen."

Nach Flohn. In: Joseph Herkendell, Eckehard Koch: Bodenzerstörung in den Tropen. München: Beck 1991, S. 112

Andere Wissenschaftler sehen die Auswirkungen der Abholzung der Regenwälder auf das globale Klima als relativ gering an.

„Die Möglichkeit einer nicht unwesentlichen Beeinflussung des Weltklimageschehens infolge der Eingriffe des Menschen (ist) in den tropischen Regenwäldern daher nicht auszuschließen, auch wenn der anteilige Beitrag des Tropenwaldes zum globalen Wasserhaushalt und der Brandrodung zum Spurengasgehalt der Atmosphäre vergleichsweise gering und für das globale Gesamtrisiko eines weltweiten Klimakollapses unbedeutend sind.
Größere Bedeutung hat der Regenwald für das lokale und regionale Klima. Entwaldung und jede Form der Vereinfachung der Struktur des Waldes führen zu einer Erhöhung von *Albedo* (reflektierte Lichtmenge), *Bowen*-Verhältniszahl (fühlbare Wärme zu latenter Wärme) und Wasserabfluss (...) Hinzu kommen die indirekten Auswirkungen der veränderten Abgaben von Kohlendioxid, Spurengasen und Aerosolen auf das Strahlungs- und Temperaturklima."

E.F. Bruenig: a.a.O., 1991, H. 4, S. 225

M 9 *Wasseraustausch im tropisch-äquatorialen Regenwald mit einem schwach saisonalen Klima und in einem Laub-Nadelbaum-Urwald im kühl-gemäßigten Klima*

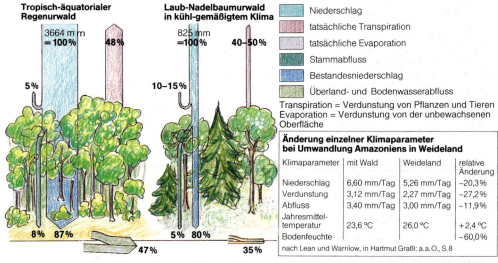

Nach E. F. Bruenig: Die Entwaldung der Tropen und die Auswirkung auf das Klima. In: Forstwissenschaftliches Centralblatt 1987, S.264. In: Josef Herkdendell, Eckehard Koch: a.a.O., S. 74

M 10 *Die bei der großflächigen Brandrodung freigesetzten Spurengase und ihre Auswirkung auf die Zusammensetzung der Atmosphäre*

Gas	chem. Formel	Verweilzeit	Emissionsrate Mio. t/J	Anteil global	Umweltbedeutung
Kohlendioxid	CO_2	~100 Jahre [2]	1700 ±800 (Kohlenstoff)	10–30 %	– wichtigstes Treibhausgas, Anteil am anthropogenen Treibhauseffekt ca. 49 %
Methan [1]	CH_4	~10 Jahre [3]	12–50 (Kohlenstoff)	3–13 %	– Treibhausgas. Obwohl Methan in der Atmosphäre nur verschwindend gering vorhanden ist, beläuft sich wegen der im Vergleich zu einem CO_2-Molekül 30-fachen Treibhauswirkung der Anteil am anthropogenen Treibhauseffekt auf 9 %
Distickstoffoxid [1]	N_2O	~150 Jahre	unbekannt		– Treibhausgas, mit 5 % am anthropogenen Treibhauseffekt beteiligt
Kohlenmonoxid [1]	CO	Monate	120–400 (Kohlenstoff)	11–36 %	– als Treibhausgas unbedeutend – verstärkt die Ozonbildung
Stickoxid	NO_x (x = 1,2)	Tage	3.0–9.1	7–20 %	– erhöht den Ozongehalt in der Troposphäre (nach Dissoziation durch UV-Strahlung) – trägt zum sauren Regen bei
Rauch und andere Teilchen [1]	–	Tage bis Wochen	ca. 15	ca. 0,5 % (4 % für Ruß)	– reduziert die Globalstrahlung (Summe aus direkter Sonnenstrahlung und diffuser Himmelsstrahlung) wobei die Reduktion mit der Zeit abnimmt
Schwefeldioxid [1]	SO_2	Tage			– maßgeblich am sauren Regen beteiligt

[1] überwiegend bei Brandrodung [2] nur für den anthropogenen Zusatz, sonst nur fünf bis sieben Jahre [3] Verweildauer für den anthropogenen Zusatz länger

Hartmut Graßl: Die Bedeutung der tropischen Regenwälder für das Klima. In: Allgemeine Forstzeitschrift, 1990, H. 1–2, S. 7, ergänzt

Unstrittige klimarelevante Auswirkungen der Abholzung tropischer Wälder:
- Abnahme der Oberflächenverdunstung über gerodeten Flächen, Veränderung der Bodenfeuchte; in der Folge sinken Niederschlagsmenge und Anstieg der mittleren Temperatur in den Rodungsgebieten um 2–3 °C.
- Ein Fünftel des weltweiten CO_2-Anstiegs geht auf die Brandrodung zurück, die damit ungefähr ein Zehntel des global wirkenden zusätzlichen Treibhauseffekts verursacht.

„Noch vorhandene tropische Regenwälder sind durch die Abholzung in Nachbargebieten gefährdet, weil das regionale Klima in Richtung trockeneres und wärmeres Klima driftet. Aber auch die globalen Klimaveränderungen, wesentlich getragen von der Emission in industrialisierten Ländern, können auf die tropischen Wälder in bisher nicht sicher abzuschätzender Weise zurückwirken."

Helmut Graßl: a.a.O., S. 8

3. Nennen Sie die Hauptverursacher der Zerstörung der tropischen Regenwälder und ihre Motive.

4. Begründen Sie die Nutzung des Regenwaldes aus der Sicht der Entwicklungsländer, schildern Sie deren Erwartungen und nennen Sie Gründe für die enttäuschten Hoffnungen.

5. Schildern Sie die Auswirkungen der Rodungen auf den Wasserhaushalt der Regenwaldgebiete (vgl. M 9).

6. Stellen Sie die unterschiedlichen Argumente über das Ausmaß der Gefährdung des Ökosystems Regenwald durch Rodung dar.

7. Worin bestehen die klimawirksamen Risiken der Nutzung der Regenwälder?

8. Was können wir zum Schutz der tropischen Wälder tun? Diskutieren Sie die Beteiligung der Industriestaaten an der Zerstörung des Regenwaldes und notwendige Verhaltensänderungen.

Erschließungsprojekte in Amazonien

Als sich die brasilianische Regierung im Jahre 1966 entschloss, den bislang kaum genutzten und vielfach als siedlungsfeindlich angesehenen feucht-heißen kontinentalen Binnenraum in den Siedlungs- und Wirtschaftsraum Brasiliens zu integrieren, begann für das Amazonasgebiet, die größte tropische Regenwaldregion der Erde, eine neue Phase der Erschließung.

Bedenkt man, dass bis zu diesem Zeitpunkt nahezu keines der in der Karte aufgeführten Agrar-, kolonisations-, Verkehrs-, Bergbau-, Energie- und Industrieprojekte vorhanden war, so wird deutlich, mit welcher Dynamik die „Operation Amazonien" erfolgte. Die zur Entwicklung Amazoniens eingerichtete Planungsregion „Amazônia Legal" schließt auch Teile der südlich und östlich an das Amazonasbecken angrenzenden Naturräume mit ihren Feuchtsavannen ein. Zusammen umfasst sie eine Fläche von annähernd 5 Mio. km², das sind ca. 60% der Staatsfläche Brasiliens.

Die Erschließung der Regenwaldregion Amazoniens bringt zwangsläufig gravierende Eingriffe in das Sozialgefüge der dort lebenden Bevölkerung und in den Landschaftshaushalt mit sich.

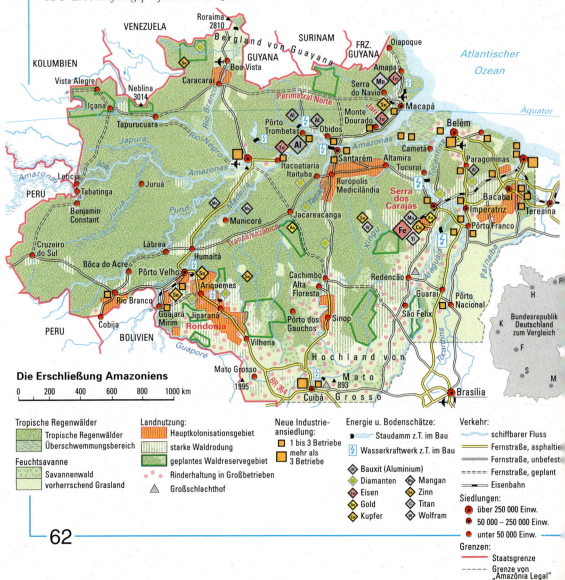

M 1 *Erschließungsprojekte in Amazonien*

„Die Brandrodung hat sich in den letzten Jahren ständig gesteigert und wird bei den zu befürchtenden Zunahmeraten negative ökologische und ökonomische Konsequenzen bewirken. Das Problem dabei ist, dass fatalerweise die Vernichtung der tropischen Regenwälder der systematischen Auswertung wissenschaftlicher Erkenntnisse vorausläuft und flächenhafte Waldrodungen in Teilregionen erfolgen, die für keine Art landwirtschaftlicher Nutzung die natürlichen Voraussetzungen bieten."

Gerd Kohlhepp: Amazonien. Köln: Aulis 1986, S. 62

Zur Sicherung der Energieversorgung der riesigen Bergbau- und Industrievorhaben soll vor allem das immense Wasserkraftpotential des Landes genutzt werden. Das flachwellige Relief Amazoniens erfordert dazu den Bau sehr langer Dämme und äußerst großflächiger Stauseen.
Eines der gegenwärtig umstrittensten Projekte dieser Art ist wohl das Wasserkraftwerk Tucurui in der Planungsregion Serra dos Carajás, etwa 300 km südwestlich von Belém im Staat Pará. Mit seinem Bau wurde 1975 begonnen, 1984 wurden die ersten Turbinen in Betrieb genommen.

***M 2** Daten zum Wasserkraftwerk Tucurui*

– Projektierte Endleistung:	7300 MW (damit wird Tucurui nach Fertigstellung das viertgrößte Wasserkraftwerk der Welt sein)
– Staudamm:	Höhe 78 m, Länge 7000 m
– Stausee:	Länge 170 km, durchschnittliche Breite 14 km, Fläche 2430 km², Gesamtvolumen 45,8 Mrd. m³ ,(davon nutzbar 25,4 Mrd. m³)
– Verhältnis von installierter Leistung zu überfluteter Fläche: (zum Vergleich: Itaipu:	3,3 MW/km² 9 MW/km²)

Die durch die Überflutung notwendige Umsiedlung von ca. 17 300 Menschen (so die offiziellen Angaben; aufgrund nicht registrierter Abwanderungen in den ersten Jahren des Staudammbaus muss man mit fast der doppelten Anzahl rechnen) haben zu zahlreichen Protesten und heftigen Auseinandersetzungen zwischen dem Kraftwerksunternehmen und der betroffenen Bevölkerung geführt, zumal die Entschädigungsfrage in vielen Fällen nicht oder völlig unzureichend gelöst wurde.

„Zeitdruck und mangelhafte Vorarbeiten führten ferner zu beträchtlichen ökologischen Problemen im Bereich des Tucurui-Stausees. So war es zum Beispiel nicht gelungen, den 1200 km² großen Waldbestand im Überflutungsgebiet des Sees abzuholzen. Die eigens zu diesem Zweck gegründete Rodungsfirma (APEM) hatte es gerade geschafft, 10 Prozent der rund 13 bis 14 Millionen m³ Baummasse (andere Quellen geben 20 Millionen m³ an) zu roden, bevor sie in Konkurs ging. Später bemühten sich Taucher mit speziellen Unterwassersägen, Bäume bis in Tiefen von 30 m zu fällen.

Dennoch sind wirtschaftlich verwertbare Hölzer im Wert von mehreren Millionen US-Dollar verloren gegangen. Darüber hinaus entstanden durch die Fäulniszersetzung organischen Materials im Stausee toxische Gase wie Ammoniak und Methan, wodurch es zu einer teilweise dramatischen Verschlechterung der Wasserqualität, verbunden mit einer Verminderung des Sauerstoffgehalts im Wasser, kam. Welche Auswirkungen die zur schnelleren Entwaldung versprühten und nun ins Wasser gelangten chemischen Entlaubungsmittel (zum Beispiel Herbizide) haben werden, ist derzeit noch nicht absehbar."

Ulrich Börner: Tucurui – ein „Energieriese" im tropischen Regenwald Brasiliens. In: Zeitschrift für den Erdkundeunterricht, 4/1992, S. 130

1. Beschreiben Sie anhand der Karte die Erschließungsprojekte im Tropischen Regenwald und erörtern Sie mögliche ökologische Folgen.
2. Stellen Sie in einem Schaubild die durch die Entwaldung ausgelösten Schäden im Tropischen Regenwald dar.

Sahel: Problemraum in den Wechselfeuchten Tropen

M 1 Ein Sonrhay-Ort, Stich um 1850 vom Afrikaforscher Heinrich Barth

M 2 Derselbe Ort heute

Das arabische Wort Sahel heißt Ufer. Für die von Norden nach Süden durch die Sahara ziehenden Karawanen war die Sahelzone mit ihrer vergleichsweise üppigen Vegetation die Uferzone jenseits des Wüstenmeeres.

Vom 16. bis 18. Jahrhundert galt der Sahel als ein blühendes Gebiet: Hungersnöte waren unbekannt, die Herden fanden auch in den trockeneren Jahren genügend Nahrung. Der Tschad war ein Gebiet mit relativ dichter Vegetation, das ab Mai ausreichend Niederschläge erhielt, die weit nach Norden reichten, bis ca. 23° N. Der in den Tschad-See mündende Bahr el Ghasal, heute ein Wadi, soll sogar schiffbar gewesen sein!

In der zweiten Hälfte unseres Jahrhunderts aber zählt der Sahel zu jenen Zonen der Erde, wo Dürrekatastrophen und Hungersnöte immer wieder die Bevölkerung heimsuchen.

Dabei gehören *Dürren* (Zeiten anhaltender mehrjähriger Wasserknappheit wegen unterdurchschnittlicher Niederschläge) zur Natur des Sahel. Mehrjährige Dürren können sich zu *Dürrekatastrophen* ausweiten, vor allem in Gebieten mit relativ hoher Bevölkerungsdichte, wo dann Wassermangel und Hungersnöte die Bevölkerung treffen. Auch nach Dürrekatastrophen war das Ökosystem im Sahel nicht nachhaltig gestört, die Vegetation erholte sich und bot die traditionelle Ernährungsgrundlage. Dies hing auch mit den traditionellen Nutzungssystemen zusammen, die an die wechselhaften Klimaphasen gut angepasst waren. Denn bei der Feldwechselwirtschaft wurde nur höchstens ein Fünftel des Bodens bewirtschaftet, immer wieder unterbrochen durch mehrjährige Brachephasen.

Seit Beginn unseres Jahrhunderts deuten die Berichte von Reisenden an, dass sich die Natur des Gebietes nachhaltig änderte, und seit einigen Jahrzehnten wissen wir, dass das Ökosystem entscheidend geschädigt wurde: Heute ist der Sahel ein Beispiel für den weltweiten Prozess der *Desertifikation*.

M 3 Desertifikationsgefährdete Gebiete

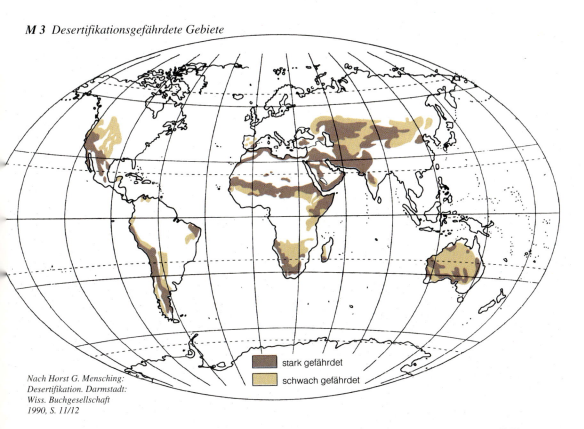

stark gefährdet
schwach gefährdet

Nach Horst G. Mensching: Desertifikation. Darmstadt: Wiss. Buchgesellschaft 1990, S. 11/12

M 4 Der Sahel und seine Grenzen

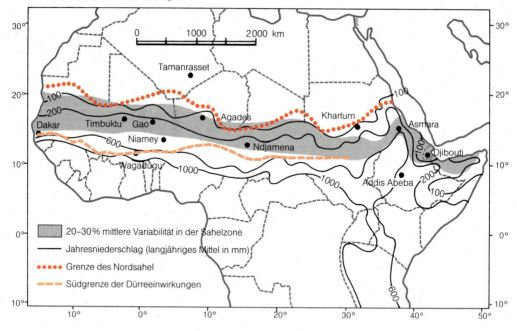

Bei H. Schiffers verläuft die Grenze des Nordsahels nördlich der heutigen 150-mm-Isohyete.
Nach Horst G. Mensching: Breitet sich die Wüste aus? In: Geoökodynamik, Bd. 1 Darmstadt: Geoöko-Verlag 1980, S. 24
ergänzt nach H. Schiffers

Lage und Abgrenzung des Sahel. Eine genaue Abgrenzung ist schwierig. Bis heute gibt es keine Methode, die allen Gesichtspunkten gerecht würde. Meist dienen klimatische Daten als Abgrenzungskriterien der Sahelzone, vor allem die Jahresmittel der Niederschläge: Als Nordgrenze gilt die 150-mm-Isohyete (Linie gleichen Niederschlags), als Südgrenze die 400-mm-Isohyete. Aber die starken Niederschlagsschwankungen, ein Kennzeichen der Zone, machen die Abgrenzung unsicher. Auch die Vegetation wird als Kriterium herangezogen, wobei die Nordgrenze am Übergang der Dornbuschsavanne zur Halbwüste, die Südgrenze am Übergang zur Trockensavanne angesetzt wird. Insgesamt erstreckt sich die Zone der Dürreeinwirkungen über ca. 1 000 km von Nord nach Süd und über 5 500 – 6 000 km von West nach Ost. Aber der Sahel ist keineswegs eine einheitliche, großräumige Zone, sondern ein vielfach differenzierter Naturraum.

Das Klima im Sahel

Die *Variabilität der Niederschläge* (die Schwankungsbreite der Niederschlagsmenge von Jahr zu Jahr) ist groß. Sie beträgt in weiten Gebieten des Sahel um 30 Prozent, vereinzelt können die Abweichungen nach oben und unten bis zu 50 Prozent des Jahresmittels betragen. Oft ist ein Zusammenhang zwischen Jahresmittel der Niederschläge und Maß der Variabilität zu erkennen.
Seitdem das Klimageschehen im Sahel beobachtet wird, werden auch Phasen mehrjähriger Dürre festgestellt. Eine eindeutige Periodizität ist noch nicht nachweisbar, wenn auch 2–3, 10–11 und 26–28-jährige Perioden häufig sind. Eine Tendenz zu geringer werdenden Jahresniederschlägen ist allerdings deutlich: Im Westsahel liegen die Werte seit Ende der 60er-Jahre unter dem langjährigen Jahresmittel. Voraussagen sind aber immer noch spekulativ.

M 5 Variabilität der Niederschläge in der Sahelzone der Republik Sudan

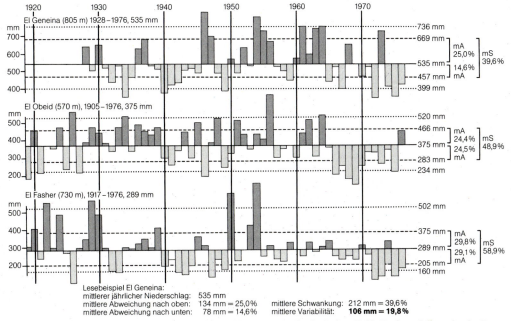

Lesebeispiel El Geneina:
mittlerer jährlicher Niederschlag: 535 mm
mittlere Abweichung nach oben: 134 mm = 25,0 %
mittlere Abweichung nach unten: 78 mm = 14,6 %
mittlere Schwankung: 212 mm = 39,6 %
mittlere Variabilität: **106 mm = 19,8 %**

Nach Fouad N. Ibrahim: Desertifikation in Nord-Darfur. Hamburger Geographische Studien, H. 35. Hamburg: Selbstverlag des Geographischen Instituts 1980, S. 16

Die jahreszeitliche Luftdruckverteilung ist ausschlaggebend für das Klima im Sahel. Im Winter liegt die ITC südlich des Äquators. Das Azorenhoch reicht weit nach Osten über die Sahara hinweg und bildet so mit dem innerasiatischen Hoch einen zusammenhängenden Hochdruckgürtel. Die absteigenden trockenen Luftmassen des nördlichen Astes des Passatkreislaufs erreichen das Gebiet der Sahara, von wo sie als warme und trockene Winde aus Nordost, dem Harmattan des westlichen Afrika (= NO-Passat), dem meteorologischen Äquator zuströmen. Im Sommer dagegen liegt die ITC nördlich des Äquators im Gebiet der größten Erwärmung, wo ein großes Hitzetief über der Sahara besteht.

M 6 Mittlere Luftdruckverteilung und Winde über Afrika im Januar und Juli

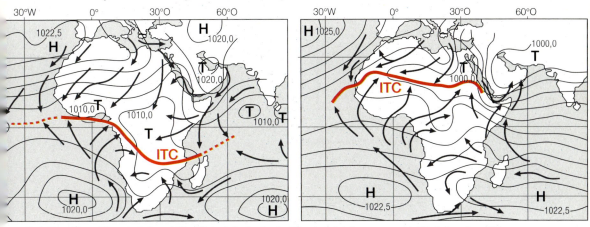

Nach Dieter Klaus: Klimatologische und klima-ökologische Aspekte der Dürre im Sahel. Stuttgart, vormals Wiesbaden: Franz Steiner Verlag Wiesbaden GmbH 1981, S. 10

Deshalb kommt es infolge des Luftdruckgefälles zwischen den subtropischen und tropischen Hochdruckgebieten südlich des Äquators und dem Hitzetief über der Sahara zu einer Strömung von Süd nach Nord, die nach dem Überschreiten des Äquators nach Nordosten umgelenkt wird. Dabei wird feuchte Luft aus äquatorialen Meeresgebieten mitgeführt.

Allerdings bleibt damit ungeklärt, weshalb die feuchten Luftmassen im Südsommer bis ca. 25° S reichen, während sie im Nordsommer nur bis ca 17° N vorstoßen. Ein Grund dafür sind vermutlich die unterschiedlich großen Landmassen auf der Nord- und Südhalbkugel.

Warum aber erfolgt die Verlagerung der ITC so unregelmäßig? In manchen Jahren dringt sie nämlich auf der Nordhalbkugel weit nach Norden vor; dies sind dann die relativ feuchten Jahre im Sahel. Heute kennen wir noch keine allseits akzeptierte Erklärung für das Phänomen. Möglicherweise besteht ein Zusammenhang mit der Sonnenfleckentätigkeit.

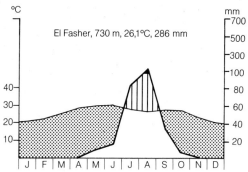

M 7 Klimadiagramm von El Fasher (Republik Sudan)

M 8 Prozentuale Verteilung der Niederschläge in feuchteren und trockeneren Zonen Nord-Darfurs (Republik Sudan)

Nach Fouad N. Ibrahim: a. a. O., S. 32

M 9 Die Verteilung der täglichen Niederschläge in Kassala (Republik Sudan)

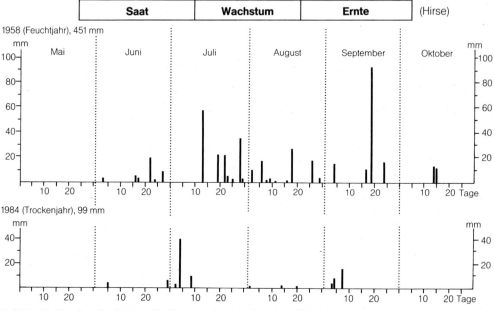

Nach Horst G. Mensching: Die Sahelzone (Problemräume der Welt). Köln: Aulis 1991, S. 19

M 10 Erschwernisse bei der Landbearbeitung und Landnutzung: Trockenrisse

Die natürliche Vegetation der Zone war an die ungleiche Niederschlagsverteilung innerhalb der feuchten Periode angepasst. Auch längere Dürreperioden schwächten sie nicht entscheidend. Dagegen sind die Niederschlagsverhältnisse für Nutzpflanzen, vor allem die einjährigen, wie Hirse, problematisch. Zudem werden die Niederschläge – oft als Starkregen – von der verhärteten Bodenoberfläche nur teilweise aufgenommen, was zu Abspülungen und Erosionsschäden (Zerstörung der Waditerrassen) führt.

1. Beschreiben und begründen Sie Klima und Niederschlagsverteilung im Sahel. Vergleichen Sie mit den Innertropen.

2. Erklären Sie die Auswirkungen der hohen mittleren Variabilität der Niederschläge auf die Sahelzone und die Länder, die an ihr Anteil haben.

3. Welche Zusammenhänge bestehen zwischen der Höhe der durchschnittlichen jährlichen Niederschläge und der mittleren Abweichung von diesem Wert (vgl. dazu M 5)?

4. Setzen Sie Niederschlagshöhe und Niederschlagsdauer in der trockeneren und feuchteren Zone des Sahel in Bezug zueinander.

5. Werten Sie Abbildung M 9 aus und erläutern Sie die Bedeutung der Niederschlagsverteilung innerhalb eines Jahres für das Wachstum der Nutzpflanzen.

Die Landnutzung im Sahel

„Drought is part and parcel of the climatic pattern. Desertification is the work of man." 1993, nach der Konferenz für Umwelt und Entwicklung (UNCED) in Rio de Janeiro, wo die Desertifikation mit im Vordergrund der Gespräche stand, betonte der Geograph Fouad Ibrahim, dass die Desertifikation die Folge jahrhundertelanger Einwirkung des Menschen auf seine Umwelt sei. Zwar förderten Dürrephasen die Desertifikationsprozesse. Im Mittelpunkt der Ursachenforschung müsse aber die Nutzung und Fehlnutzung durch den Menschen stehen.

Der traditionelle Nomadismus und Halbnomadismus. *Vollnomaden* waren auf die nördlichen Zonen des Sahel beschränkt. Sie kauften Datteln und Hirse in Oasen, ihre Lebensgrundlage aber waren die Herden, mit denen sie während der sommerlichen Regenzeit noch weiter nach Norden in die ariden Gebiete hinein zogen. Für den Großteil der Sahelzone waren *Halbnomaden* typisch: Zu Beginn der Niederschläge im Juni oder Juli folgten die Männer mit ihren Herden dem Zenitalregen in die 50 bis 150 km weiter nördlich gelegenen semiariden und ariden Savannengebiete, um nach der beginnenden Austrocknung des Bodens, wiederum den Regenfällen folgend, nach Süden zu ziehen. Dort, in den feuchteren Gebieten und in den Flussniederungen hatten die Frauen Hirse angebaut (Regenfeldbau). Die abgeernteten Felder dienten dann als Stoppelweide. In der Trockenzeit wurden weiter im Süden oder höher gelegene feuchtere Weidegebiete aufgesucht.

Das System war flexibel und anpassungsfähig. Je nach der Niederschlagshäufigkeit des jeweiligen Jahres wurden 10 bis 25 % des Bodens bewirtschaftet, wobei die Felder regelmäßig gewechselt wurden und in Brachephasen regenerieren konnten. So wurde das Ökosystem nicht überlastet. Allerdings war der Platzbedarf nicht nur für die Feldrotation groß. Auch für ein Rind benötigte man eine Weidefläche von 2–10 ha, wobei traditionell auch Bäume und Büsche beweidet wurden.

Der Ackerbau. „Für die Ernährung der Sahelbevölkerung ist traditionell der Hirseanbau (einschließlich Sorghum) von größter Wichtigkeit. Er wird überwiegend auf Sandböden betrieben, die leicht mit der Hacke zu bearbeiten sind. Traditionellen Pflugbau gibt es nicht. Sandböden haben wegen ihres großen Porenvolumens eine schnellere und tiefer reichende Infiltration des Regens als tonreiche Böden, wodurch die Oberflächenverdunstung verringert wird. Im Sahel ist daher die Hirseanbaugrenze, die eigentlich der agronomischen Trockengrenze entsprechen sollte, weit nordwärts in die alten Dünengürtel vorgerückt, besonders im Sudan."

Horst G. Mensching: a. a. O., S. 18

Bevölkerungswachstum und Auswirkungen auf den Naturhaushalt

M 11 Bevölkerung und Flächenanteile[1]

	Einwohner in 1000			Einwohner jährliche Zunahme %		Flächenanteile % 1990	
	1950	1970	1992 (1994)	1950–70	1970–90 (–94)	Ackerland	Weiden
Mauretanien	550	1 160	2 180 (2 217)	5,7	2,9 (2,7)	2	38
Senegal	2 100	3 930	7 845 (8 100)	4,4	3,8 (3,1)	12	16
Burkina Faso	3 100	5 390	9 537 (10 040)	3,6	2,9 (2,6)	10	37
Mali	3 400	5 020	8 962 (9 524)	2,3	3,1 (2,7)	2	24
Niger	2 370	4 020	8 171 (8 800)	3,5	3,3 (3,3)	3	8
Tschad	2 250	3 800	5 962 (6 183)	3,5	2,7 (2,0)	3	35
Sudan	8 500	15 500	26 587 (27 300)	3,5	2,7 (2,4)	5	44

[1] Man beachte, daß die Sahelstaaten unterschiedlich große Anteile an der ökologisch günstigeren Sudanzone (Feuchtsavanne) haben.

M 12 Die Ausbreitung des Regenfeldbaus über die klimatisch-agronomische Risikogrenze hinaus in der Republik Sudan

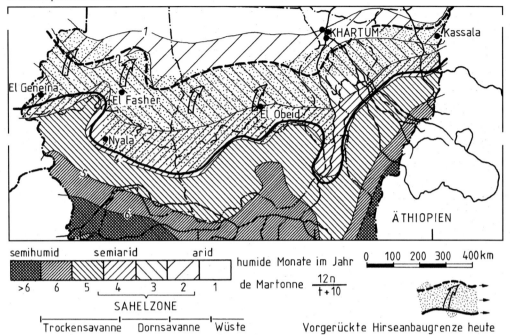

Horst G. Mensching: Die Sahelzone. Köln: Aulis 1991, S. 20

Entscheidende Veränderungen traten nach 1950 ein. Weil die Bevölkerung stark angewachsen war, wurden die Hirseanbauflächen gerade im Norden, in den sehr trockenen Gebieten mit höherer Variabilität der Niederschläge ausgeweitet, wurden zusätzliche tiefere Brunnen gegraben – zunächst ohne negative Auswirkungen, da die sechziger Jahre überdurchschnittlich feucht waren.

Die Ackerflächen waren nun größer, aber die Herden, Ernährungsgrundlage vieler Stämme, konnten nicht verkleinert werden. In der Folge weideten gleich viele, teilweise sogar mehr Tiere auf kleineren Flächen. *Überweidung* war die Folge: Anspruchsvollere mehrjährige Gräser wurden seltener, die Bodenbedeckung ging zurück. Trockengehölze verdrängten zunächst andere Pflanzengesellschaften, bis auch sie gefährdet waren, da sie lange zum Aufwuchs brauchen. Allmählich entstand ein baumloses Grasland. Dessen Oberfläche verhärtete, der reflektierte Teil der einfallenden Lichtstrahlung veränderte sich. Rückwirkungen auf die Niederschläge folgten.

Überweidung ergab sich nicht nur in den Stammesgebieten der Halbnomaden, sondern auch um die Dörfer der sesshaften Bauern mit ihrer Kleintierhaltung, vor allem den Ziegen und Schafen. Im Umkreis der Brunnen ist die Vegetation häufig völlig vernichtet.

M 13 Bevölkerung und Viehbestand in der Republik Sudan 1917–1991

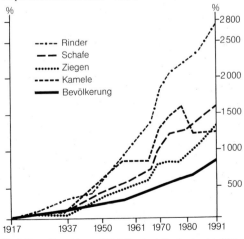

Nach Horst Mensching und FAO Yearbook Production, bis 1993

M 14 Hirseanbau auf Altdünen in der Republik Sudan

Auch die Art der Feldbestellung in den dichter bevölkerten Teilen erwies sich als verhängnisvoll. Die Hirsepflanzen wurden in einem Abstand von 124 bis 240 cm gesetzt und während der Wachstumsperiode wurde der dazwischenliegende Boden regelmäßig von Unkraut gesäubert. Diese Zwischenräume waren schutzlos der Sonne und dem Wind ausgesetzt, der Verdunstungsschutz fehlte, und die ohnehin nährstoffarmen Feinsande wurden ausgeblasen, unfruchtbare Sandböden aus fast reinem Quarzsand blieben zurück. Altdünen wurden mobilisiert.

Auf den noch nutzbaren Flächen wurden die notwendigen Brachezeiten in der Dürrephase nicht mehr eingehalten, und 80 % der sich ständig verschlechternden Ackerfläche wurden dauernd genutzt.

Seit 1970 verschlechterte sich die Ernährungsgrundlage gerade der Armen, Vorratshaltung war nicht mehr möglich, die traditionelle Mobilität der Nomaden und Halbnomaden, wesentliche Grundlage ihrer Existenz, wurde eingeschränkt.

M 15 Hirseanbaufläche und Ernteerträge im Sudan 1961–1990

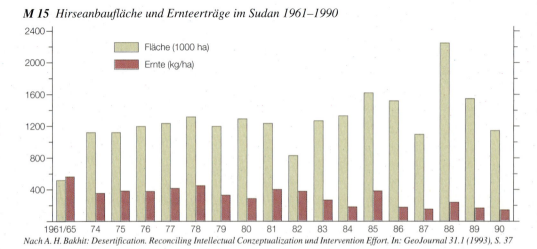

Nach A. H. Bakhit: Desertification. Reconciling Intellectual Conzeptualization und Intervention Effort. In: GeoJournal 31.1 (1993), S. 37

M 16 Großviehbestand[1] und Brennholzeinschlag im Sahel

| | Großviehbestand | | | | | | Brennholzeinschlag | | Jährl. Wald- |
| | 1950 | | 1970 | | 1991 | | 1970 | 1981[2] | vernichtung in % |
	1 000	ha je Stück	1 000	ha je Stück	1000	ha je Stück	1000 m³	1000 m³	der ges. Fläche
Mauretanien	4 200	8,5	9 000	4,4	9 964	3,9	420	650	–
Senegal	2 100	2,4	5 900	0,9	8 745	0,6	1 980	2 400	0,6
Burkina Faso	2 900	4,5	5 900	1,9	12 540	0,9	4 820	6 600	0,7
Mali	10 000	3,0	17 900	1,7	17 450	1,7	2 300	3 000	0,8
Niger	7 500	0,4	14 400	0,2	8 120	0,4	2 100	3 500	–
Tschad	7 100	5,9	9 600	4,7	10 210	4,4	2 856	3 640	0,7
Sudan	8 500	29,4	29 600	8,5	60 500	4,2	1 900	1 730	1,0

[1] Rinder, Schafe, Ziegen, [2] neuere Daten nicht verfügbar
FAO: Yearbook Production bis 1993, Weltentwicklungsbericht 1994

Das Gefälle zwischen den unterschiedlich ausgestatteten Regionen verstärkte sich. Viele ländliche Siedlungen wurden verlassen, und Städte litten unter dem Druck der nachströmenden Bevölkerung. Ihr Umland war besonders gefährdet: Bäume und Sträucher waren schon wegen der Vergrößerung der Hirseanbaufläche gerodet worden. Nun kam noch die Abholzung wegen des gestiegenen Brennholzbedarfs hinzu. In Darfur beispielsweise, bei angenommen 200 000 Haushalten, wurden innerhalb von 10 Jahren also 400 Millionen Bäume ersatzlos entfernt!

M 17 Jährlicher Holzverbrauch pro Familie in Darfur

Verwendungszweck	Zahl der Bäume
Bau von Wohnhütten (16 Bäume zum Bau von 2 Hütten pro Familie – Lebensdauer ca. 6 J.)	2,5
Umzäunung des Wohngrundstücks (80 m – jährl. zur Hälfte erneuern)	40,0
Umzäunung der Felder (600 m – davon 1/3, da nur ungefähr jeder 3. Bauer sein Feld einfriedet – jährlich zur Hälfte erneuern)	100,0
Brennholz (1 Baum bzw. Busch/Woche)	52,0
Gesamtanzahl der benötigten Bäume	194,5

Fouad N. Ibrahim: a. a. O., S. 130

M 18 Brennholztransport

Weitere Faktoren, die eine sinnvolle langfristige Nutzung beeinträchtigen:
– Die Armut der Nutzergruppen, der Mangel an wirtschaftlichen Alternativen, fehlende Vermarktungsmöglichkeiten;
– der Mangel an politischer und ökonomischer Stabilität, das Fehlen anderer Risikosicherung;
– starke Präferenz „moderner" und „fortschrittlicher" Technologien statt angepasster Lösungen;
– wachsende Verteilungskonflikte bei knapper werdenden Ressourcen;
– das Fehlen einer modernen Landnutzungsregelung nach Ende des alten Bodenrechts.

BMZ aktuell, September 1993. S. 7 (verändert)

„Die Ausgangsbedingungen für eine ‚zerstörerische Entwicklung' im Sahel sind häufig in einer unheilvollen Interessenharmonie zwischen den Geberländern und den Staatsbürokratien der Sahelländer begründet. Während die Industrieländer ihre langfristigen Liefer- und Absatzinteressen durch die Einrichtung von Großprojekten realisieren, können die Regierungen der Nehmerländer durch überdimensionierte Prestigevorhaben eine „Agrarpolitik" zum einseitigen Nutzen der städtischen Schichten am ehesten vorantreiben."

Thomas Krings: Ansätze zur Erklärung der ökologischen Krise in der Sahelzone. In: Zeitschrift für Wirtschaftsgeographie, 1994, H. 1–2, S. 7, gekürzt

M 19 Landdegradation in Trockengebieten

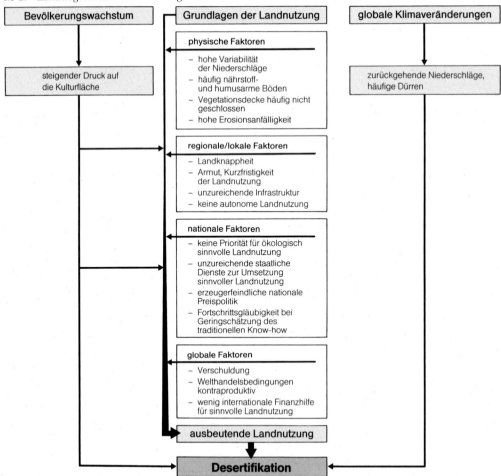

Nach BMZ aktuell, Sept. 1993: Desertifikationsbekämpfung und Ressourcenmanagement in den Trockenzonen, S. 8, verändert

M 20 Sandüberwehte Felder in Darfur (Republik Sudan)

Besonders verhängnisvoll sind die Schäden auf den jüngeren Qoz-Dünen (Qoz = Dünensand) in einem Gebiet, das erst seit wenigen Jahrzehnten für den Hirseanbau genutzt wird. Wird hier die natürliche Vegetation durch Anbau oder Überweidung geschädigt, so werden die Sande rasch mobilisiert, Verwehungen und neue Wanderdünen sind die Folge.

„... Die schon vor den Dürren der frühen siebziger Jahre mit Ackerbau nach Norden in die Dünenzone vorgedrungene Bevölkerung ist nicht mehr in der Lage nach Süden zurückzukehren, da hier kaum noch freie Anbauflächen vorhanden sind. Somit unterliegt der sudanische Qoz einem hohen Anbaudruck selbst in den Zeiten der Dürren, wie sie hier praktisch von 1970 bis 1983/84 herrschten.
Ein bedrückendes Beispiel hierfür bietet die Qoz-Landschaft nördlich von El Fasher, der Hauptstadt der Provinz Darfur. Fast die gesamte Dünenlandschaft ist äolisch aktiviert, und die Ernteerträge (Hirse, Sesam) sind auf ein Minimum gesunken. Die Bevölkerung reagiert hierauf mit einer Ausdehnung der Anbauflächen, um überhaupt noch einen Ernteertrag zu erzielen. Dies wiederum verstärkt die Wirksamkeit der Desertifikation: ein wahrer Teufelskreis."

Horst G. Mensching: a. a. O., S. 58

6. Beschreiben Sie die traditionelle Landnutzung im Sahel und begründen Sie, inwiefern dieses System den natürlichen Bedingungen angepasst war.

7. Beschreiben Sie die Voraussetzungen und die Folgen der Ausweitung des Hirseanbaus (vgl. Abb. M 19).

8. Vergleichen Sie die Fotos M 2, 10, 14, 18 und 20 mit dem Stich M 1, nennen Sie die wesentlichen Unterschiede und ihre vermutlichen Ursachen.

9. Fassen Sie den Ursachenkomplex für die Desertifikation am Beispiel des Sahel zusammen.

Beispiel: Landnutzung und Desertifikation in der Butana (Südsudan)

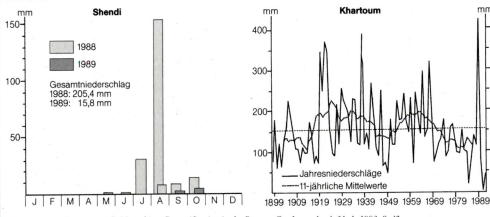

Monatliche Niederschläge in Shendi 1988 und 1989

Niederschläge in Khartum 1899–1989

Nach Miriam Akhtar, Horst G. Mensching: Desertification in the Butana. GeoJournal vol. 31, 1, 1993, S. 42

Die Butana, eine Region östlich von Khartum im Sudan, galt von altersher als vorzügliches Weideland. Heute aber sind weite Gebiete von Desertifikationserscheinungen unterschiedlichen Grades betroffen.

Die Schäden sind in Abhängigkeit von den jeweiligen ökologischen Teilräumen und ihrer Nutzung höchst unterschiedlich. Sie reichen von leichten Beeinträchtigungen bis zur völligen Zerstörung des Ökosystems.

Auf die regionalen Oberflächenformen der Butana wirken sich die oft starken, aber nur kurzen Niederschläge unterschiedlich aus.

– Wo die Niederschläge kaum eindringen, führt der oberflächige Abfluss in viele Wadis; Wasserstellen (Hafire) bieten dort Wasserreserven für einige Monate. In den feuchteren Jahren kann in den Wadis sogar Sorghum angebaut werden.

– Wo sandige Sedimente überwiegen, ist die Ausblasung groß, Nutzung kaum möglich. Wo gröbere Verwitterungsprodukte vorherrschen, sind die Feuchtigkeitsverhältnisse günstiger und Nutzung ist möglich.

– Wo in den traditionell stark genutzten südlichen Ebenen in der Nähe des Blauen Nil und des Atbara die Vegetationsdecke stark zurückging, kam es zu Verhärtungen der Oberfläche, in der Folge sind Überschwemmungen nicht selten.

Mit der Südverlagerung der Isohyeten während der vergangenen Jahrzehnte verlagerten sich auch die natürlichen Vegetationsformen. So fand man nach der Regenzeit 1991 jene extensive Grasdecke, die einst im Bereich der 150-mm-Isohyete vorkam, nur noch viel weiter im Süden, im Bereich der 400-mm-Isohyete – Beweis für die Degradierung der Vegetation und damit wichtigster Indikator der Desertifikation.

Gleichzeitig suchten auch jene Nomaden, deren Weideplätze in den nördlicheren Gebieten nicht mehr ausreichend Nahrung boten, ihre Weidegebiete weiter im Süden.

Politische Maßnahmen veränderten die bisherigen Nutzungsräume: Auf der Westseite des Blauen Nil und des Atbara entstanden von der Regierung geplante und durchgeführte Bewässerungsprojekte (irrigated schemes), mit denen die Bevölkerung sesshaft gemacht werden sollte. Nach 1971 wurden die wenigen „offenen Weiden", die von allen Stämmen genutzt werden konnten, auf die ganze Butana ausgeweitet. Präsident Numeri, der von der sozialistischen Idee des Grundeigentums ausging, beschränkte somit die Weiderechte einzelner Stämme, die auf eine sinnvolle langfristige Nutzung der Weiden bedacht waren. Andere Stämme durften die gleichen Weidegebiete nutzen. Als Folge dieser „wilden" Nutzung verstärkte sich die Desertifikation besonders in bisherigen Gunstgebieten.

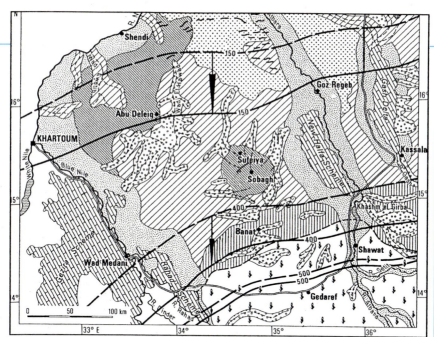

Ausmaß der Desertifikation/geoökologischen Degradation in der Butana

▒ **sehr gering**
vor allem in den nördlichen alluvialen Ebenen, wo nur in feuchten Jahren spärlicher Graswuchs auf sandigen Flächen und in Niederungen anzutreffen ist; nur ganz vereinzelte Weidenutzung

⁙ **gering**
vor allem in den Wadis des mittleren Bereichs, wo in trockenen Jahren Graswuchs auf einzelne günstige Standorte beschränkt und Weidewirtschaft nur sehr beschränkt möglich ist

///// **mäßig**
in Gebieten, wo in der feuchten Zeit für die Weidewirtschaft wichtige Grasarten reichlich vorkommen; schon seit Beginn des Jahrhunderts gibt es im westlichen Bereich „offene" Weiden für verschiedene Stämme, 1971 wurde diese „General Grazing Area" durch Präsident Numeri auf Kosten der traditionellen Weiderechte wesentlich ausgeweitet

||||||| **fortgeschritten**
in ehemals wichtigen Weidegebieten, wo ursprünglich besonders günstige Grasarten überwogen; vor allem im Gebiet der Rumpfebene bei relativ hohen Niederschlägen (400 mm) und im Grenzgebiet zum Regenfeldbau mit Brachephasen großflächige Belastung; um die Stadt Banat Ring starker Desertifikation, wo keine Holzpflanzen mehr vorkommen; Feuer- und Bauholz nur noch vereinzelt aus Wadis

▓ **schwer**
vom nahen Nil Zuwanderung von Herden entlang der großen Wadis; schwere Schäden südlich Sobagh; für die Weide wichtige Grasarten und Gehölze kommen bis 30 km um die Stadt heute nicht mehr vor. Seit der Dürre von 1984 sind auch die widerstandsfähigen nährstoffarmen Gräser, die für die Viehhaltung wenig Bedeutung haben, erheblich reduziert. Im westlichen Teil flächige Desertifikation, Dünenwanderung, dünenbedeckte Dörfer

▒ **sehr schwer**
im Umland von Flüssen und bewässerten Gebieten (schemes) keine Nutzung mehr möglich, ebenso wie in der Nähe von Städten, in die die Menschen nach Verlust der Herden strömten

↓ ↓ **Zone des extensiven Regenfeldbaus**
ein Gebiet scharfer Konflikte zwischen Viehhaltern mit traditioneller Landnutzung und Bauern mit neuen z. T. mechanisiertem Regenfeldbau in Gebieten, wo einst die Herden wichtige Weideflächen hatten und wo die traditionellen Weidegebiete weitgehend eingeschränkt wurden

〰〰 **bewässerte Gebiete**
Regierungsprojekte zur Sesshaftmachung; stark versalzungsgefährdet

Red Sea Hills (nicht in der Karte sichtbar)
stark erosionsgefährdetes Gebiet, Vegetation auf Holzgewächse beschränkt.

Miriam Akhtar und Horst G. Mensching: a. a. O., S. 44–48

a) Vergleichen Sie die unterschiedlich desertifikationsgeschädigten Gebiete im Hinblick auf deren natürliche Voraussetzungen, ihre Nutzung und Übernutzung und nennen Sie Gründe für die Schädigungen.
b) Nennen Sie die Auswirkungen politischer Maßnahmen in der Butana und diskutieren Sie Möglichkeiten der Erhaltung der Ökosysteme.

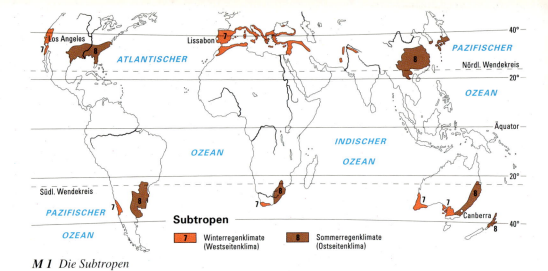

M 1 Die Subtropen

Subtropen

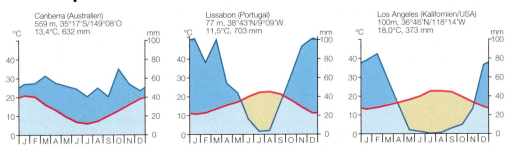

M 2 Klimadiagramme aus der Subtropenzone, (West- und Ostseitenklimate)

Die Subtropen, auch Warmgemäßigte Zone genannt, lassen sich von den Tropen nur durch die Jahresamplitude der Temperatur abgrenzen. Sie muss größer als 15 °C sein (Grenzkriterium zu den Randtropen). Auch wenn in Wüstengebieten die Temperatur-Jahresmittel ähnlich hoch sind wie in den Immerfeuchten Tropen, so sind die tages- und jahreszeitlichen Schwankungen doch erheblich höher als im dortigen Tageszeitenklima. Dadurch werden thermische Jahreszeiten abgrenzbar.

Die Mittel der kältesten Monate bewegen sich, je nach ihrer spezifischen Lage auf den Kontinenten oder Inseln, zwischen 2 °C und 13 °C, die der heißesten Monate zwischen 20 °C und 28 °C. Ausgesprochen heterogen erweisen sich die Subtropen auch bezüglich der Niederschlagssumme und -verteilung. So gibt es Gebiete mit Winterregen, Sommerregen, Regen zu allen Jahreszeiten und Zonen, denen Niederschläge fehlen. Die Klimatypen reichen von voll-arid bis voll-humid.

Dadurch wird schon deutlich, dass die Abgrenzung der Subtropen im Vergleich zu anderen Klimazonen Probleme bereitet. Das Relief und die Lage auf den Landmassen sind Ursache dieser klimatisch schwer einzuordnenden Verhältnisse. Große Anteile der Subtropen sind Gebiete mit ausgeprägten Trockenperioden. Die dortigen Wüsten-, Halbwüsten- und Steppenklimate zeigen außerdem eine ausgesprochene Vielfalt im Klimageschehen. Gegenüber der Kühlgemäßigten Zone ist die Abgrenzung unsicher. Auch hier scheint nur die Jahresmitteltemperatur ein geeignetes Kriterium zu sein. Beträgt sie in der Gemäßigten Zone nur noch 8–12 °C, so liegt sie in den Subtropen bei 16–18 °C, kann aber auch in Ausnahmefällen 15 °C darüber liegen.

Das Bild der Vegetation ist entsprechend mannigfaltig. Temperatur- und Niederschlagsverhältnisse der jeweiligen Regionen bedingen Wüsten und Halbwüsten, Dorn-, Strauch-, Sukkulenten- und Trockensteppen, Hartpolster- und

M 4 Chile: Matorral-Vegetation

M 5 Kalifornien: Chaparral-Vegetation

Hartlaubformationen sowie subtropische Regenwälder. In den jeweiligen Vegetationsformationen herrschen in Bau und Stoffwechsel den z. T. sehr widrigen Klimabedingungen optimal angepasste Pflanzenarten vor.

Die Winterfeuchten Subtropen bilden mit 2,7 Mio. km² die kleinste Ökozone der Erde. Sie zerfällt auf beiden Hemisphären in viele kleine Teilgebiete an den Westseiten der Kontinente zwischen 30° und 40° geographischer Breite. Demgegenüber liegen an den Ostseiten der Kontinente, durch Trockengebiete voneinander getrennt, die Immerfeuchten Subtropen. Sieht man von zahlreichen Sonderfällen ab, so gibt es auch hier einen zonalen Bodentyp. Es handelt sich dabei um rote bis braunrote Auswaschungsböden über Kalk, die basenreich und humusarm sind (Terra rossa). Die ursprüngliche Vegetation der Winterfeuchten Subtropen sind immergrüne Hartlaubwälder, die durch menschliche Eingriffe stark verändert und größtenteils zerstört wurden. Als Sukzessions-Gesellschaft ist heute die Matorral, eine Hartlaub-Strauchvegetation, verbreitet. Der Chaparall ist im Gegensatz dazu eine natürliche zonale Vegetation.

M 6 Thermoisoplethendiagramm Kairo

Nach Klaus Müller-Hohenstein: Die Landschaftsgürtel der Erde. Stuttgart: Teubner 1981, S. 108

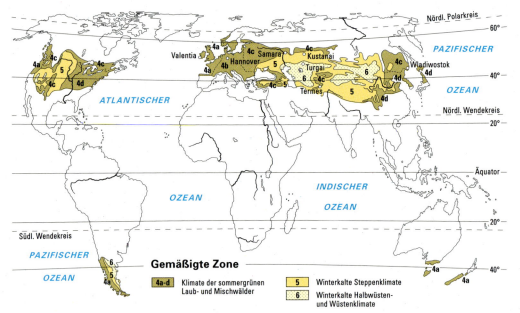

M 1 Die Gemäßigte Zone (30,9 Mio. km² = 20,4% der gesamten Landfläche)

Gemäßigte Zone

Was ist an der Gemäßigten Zone „gemäßigt"? Die Temperatur etwa? Die höchsten Monatsmittel liegen bei über 30 °C, teilweise aber erreichen sie nur 10 °C. Die Winter können sehr kalt sein mit Monatsmitteln unter –12 °C. Die jahreszeitlichen Temperaturschwankungen erreichen in den meeresfernen Gebieten bis zu 40 °C, in den ozeanischen Gebieten aber nur 10 °C. Es gibt Tagesextreme von über 45 °C, aber auch von unter –30 °C. Oder sind die Niederschläge „gemäßigt"? Die Jahressummen liegen bei knapp 120 mm oder aber auch bei über 1400 mm.

Gemäßigt sind nur die Jahresmittel der Temperatur mit zumeist 8–12 °C. Sie dienen auch als Abgrenzungskriterium gegenüber der anschließenden Borealen Zone (Jahresmittel –5 bis einige Grad über Null) und den Subtropen (Jahresmittel von meist 15–20 °C). Die gemäßigten Jahresmittel sind – neben der Lage in der Westwindzone – das einzige gemeinsame Merkmal der vielgestaltigen Gemäßigten Zone, die man auch die „Mittelbreiten" nennt.

Fasst man die klimatische Vielfalt der Zone zusammen, so ergeben sich drei generelle Abfolgen:

– Von West nach Ost nimmt die Temperaturamplitude und damit die Kontinentalität zu. Auf Waldklimate folgen Steppenklimate. In Nordamerika erfolgt die Veränderung auf kleinem Raum, da durch Gebirge an der Westseite maritime Einflüsse gebremst werden.

– Auf den Ostseiten der Kontinente verläuft die entsprechende Abfolge von Ost nach West.

– Die kontinentalen Binnenräume auf der Nordhalbkugel weisen auch eine Unterscheidung von Nord nach Süd auf: Auf Steppenklimate folgen außertropische Halbwüsten- und Wüstenklimate.

Man kann die Gemäßigte Zone in bis zu zwölf Unterzonen einteilen, wobei zwei Hauptgruppen unterschieden werden:

– Die feuchten Mittelbreiten (feuchte Gemäßigte Zone) mit ihren immergrünen Laub- und Mischwaldzonen,

– die trockenen Mittelbreiten (trockene Gemäßigte Zone) mit ihren Steppen, winterkalten Halbwüsten und Wüsten.

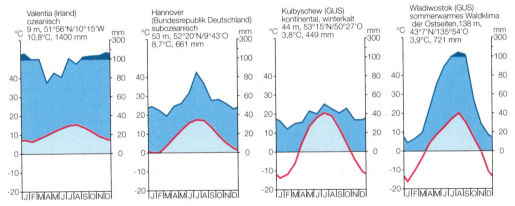

M 2 Klimadiagramme der feuchten Gemäßigten Zone

Feuchte Gemäßigte Zone (15,06 Mio. km²)

Klima. Die tägliche Temperaturamplitude ist kleiner als in den Subtropen. Der Bewölkungsgrad ist hoch, die Niederschläge fallen relativ gleichmäßig (Ausnahme: Sommerwarmes Waldklima der Ostseiten). Ausgeprägte Trockenzeiten fehlen. Südhänge erhalten eine wesentlich höhere Einstrahlung als Nordhänge.

Trotz relativ gleichmäßiger mittlerer Wasserführung kommt es immer wieder zu extremen Wasserstandsschwankungen. Die sommerlichen Abflussminima gehen auf die erheblichen Verdunstungsanteile zurück, die Maxima im Frühling auf die Schneeschmelze.

Die Witterung wechselt rasch, die Wellen von Frontalzone und Zyklonen führen unterschiedliche Luftmassen heran. Abrupte Temperaturwechsel mit Kälteeinbrüchen sind häufig.

Böden. In dieser vollhumiden Zone ist die Bodenentwicklung günstig, Braunerden und Parabraunerden herrschen vor. Auf Löss und Jungmoränen sowie in der Marsch bilden sich die besten Böden. Der Humusgehalt ist erheblich und die Wurzeln der Pflanzen erreichen den Neubildungsbereich der Primärminerale. Das Verhältnis von physikalischer und chemischer Verwitterung ist ausgeglichen, die Speicherkapazität für Nährelemente hoch. Auf nährstoffärmeren Böden kann durch Düngung ein nachhaltiger Ertrag erzielt werden.

Parabraunerden entwickeln sich auf karbonathaltigem Ausgangsgestein, Braunerden vor allem auf Silikatgesteinen. Sie weisen günstige physikalische Eigenschaften auf (gute Durchlüftung, gute Durchfeuchtung).

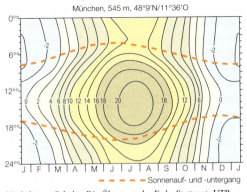

M 3 Thermoisoplethendiagramm München

Nach Jürgen Schultz: Die Ökozonen der Erde. Stuttgart: UTB Ulmer 1988, S. 179

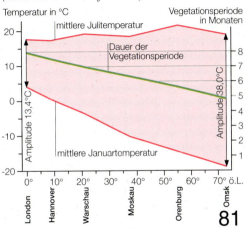

M 4 Jahresamplituden und Vegetationsdauer (nach Burkhard Hofmeister)

Vegetation. Die feuchten Mittelbreiten waren ursprünglich Laubwaldgebiete mit Laubentfaltung im Frühling, herbstlichem Laubfall und Winterruhe. Die im Herbst entstehende Streuschicht aus Blattmasse (3–5 t/ha) und absterbenden Krautpflanzen ist mineralreich und leicht zersetzbar. Wo mehr als 120 Tage im Jahr ein Temperaturmittel über 10 °C herrscht, ist die Produktion an Biomasse hoch. Ungefähr 40 % der gesamten Biomasse finden sich in den oberirdischen Teilen der Pflanzen, in den Immerfeuchten Tropen sind es 75–90 %.

Ursprünglich nahmen die Wälder 75 % der Landfläche ein. Nirgendwo sonst wurde die natürliche Waldfläche durch menschliche Eingriffe so verändert. Heute sind die einstigen Laubwälder weitgehend durch Ackerland und Wiesen bzw. durch Wirtschaftswälder ersetzt. Hier hat sich seit den Rodungen eine ertragsstarke Landwirtschaft entwickelt.

Die Gemäßigten Breiten sind die Hauptvernährungszonen der Erde, vor allem Weizen als Brotgetreide und Mais als Futtermittel werden überwiegend in den Mittelbreiten angebaut, sofern die Vegetationszeit ausreichend lang ist und die Sommertemperaturen hoch genug sind. Daneben gedeihen je nach Intensitätsgrad und Fruchtfolgen auch viele andere Agrarerzeugnisse. Es ist die Zone, in der die Anbausysteme, die Mechanisierung und Technisierung der Landwirtschaft und die Bodenpflege am weitesten entwickelt sind. Insofern sind die Naturbedingungen nicht die alleinige Ursache der hohen Erträge, der Entwicklungsstand der Landwirtschaft ist ebenso ausschlaggebend.

M 5 *Agrarische Tragfähigkeit[1])*

Gemäßigte Zone[2])	38,8 Einw./km²
Subtropische Zone	28,1 Einw./km²
Tropische Zone	25,8 Einw./km²
Boreale Zone	1,8 Einw./km²
Kalte Zone	0,4 Einw./km²

[1]) Zahl der Menschen, die ausschließlich auf agrarischer Basis pro km² ernährt werden können.
[2]) Feuchte Mittelbreiten: 63,5 Einw./km². Die Gemäßigte Zone hat einen Festlandanteil von 20 % und einen Anteil der Weltbevölkerung von 35 %. Sie enthält 70 % der Maisanbaufläche, 67 % der Weizenanbaufläche und 48 % der Reisanbaufläche.

Nach Burkhard Hofmeister: a. a. O., verschiedene Seiten

Trockene Gemäßigte Zone

Klima. Die Steppen der Gemäßigten Zone liegen ebenfalls in der Westwindzone, aber in ausgeprägt kontinentaler Lage. Die Globalstrahlung ist höher als in den feuchteren Zonen, hohe Sommertemperaturen und starke Erhitzung der Bodenoberfläche sind typisch. Die starke nächtliche Ausstrahlung ergibt kalte Nächte und große tägliche Temperaturamplituden. Auch die jahreszeitlichen Schwankungen sind stark. Bis auf wenige Ausnahmen sind die trockenen Mittelbreiten winterkalt mit kältesten Monaten < 0 °C. Niederschläge fallen unregelmäßig, längere Trockenperioden sind häufig. Im Einzelnen gibt es stark unterschiedliche Niederschlagsverteilung und Temperaturverhältnisse.

Böden. Je nach Höhe der Niederschläge herrschen Schwarzerdeböden (Tschernoseme), kastanienfarbene Böden oder Halbwüstenböden vor. Agrarisch wichtig ist vor allem die Schwarzerde, deren über 50 cm mächtiger A-Horizont mit seinem Humusreichtum und der hohen Austauschkapazität Voraussetzung der großen Bodenfruchtbarkeit ist. Wo die Niederschläge unter 200 mm liegen, ist die Vegetationsdichte gering und die Humusschicht dünn. Hier finden sich kastanienfarbene Steppenböden.

Vegetation. Im Inneren der Kontinente nimmt die Zahl der humiden Monate ab und der Wald wird immer lichter bis nur noch einzelne Waldinseln die Graslländer der Steppen (das russische Wort „stepj" bedeutet „ebenes Grasland") unterbrechen.

In der feuchteren Steppe mit Niederschlagsmaxima im Frühjahr oder Frühsommer ist die Produktion an Biomasse mit 6–11 t/ha noch erheblich. Hier in der Langgrassteppe trifft man Graswuchs von 40 bis 60 cm Höhe. Wo die Niederschläge geringer sind und die potentielle Jahresverdunstung 800–1500 mm erreicht, ist der jährliche Biomassenzuwachs mit 2,5–4 t gering. Hier in der Trockensteppe (Kurzgrassteppe) werden die Gräser nur 20–40 cm hoch. Bei weniger als 250 mm Niederschlag wachsen nur noch einzelne Sträucher, vor allem Wermut. Die Steppe geht in die Halbwüste über.

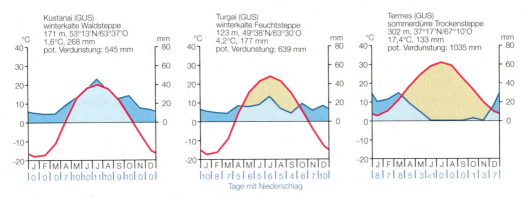

M 6 Klimadiagramme der trockenen Gemäßigten Zone

M 7 Schematische Klima-, Vegetations- und Bodengliederung in Osteuropa von NW nach SO

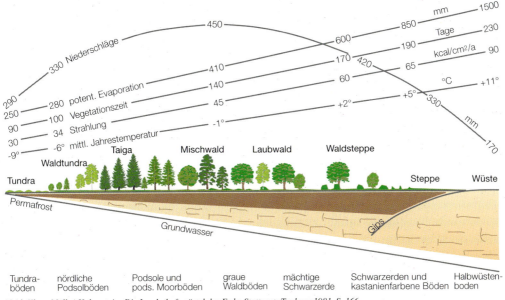

Nach Klaus Müller-Hohenstein: Die Landschaftsgürtel der Erde. Stuttgart: Teubner 1981, S. 166

„Es stellt sich die Frage, ob die ausgedehnten Steppenareale als natürlich anzusehen sind oder ob sie auf die Rodungstätigkeit des Menschen zurückgehen. Für die natürlichen Steppen spricht einmal, dass sie regelmäßig von Großtieren beweidet wurden. Außerdem ist mit dem Feuer als einem natürlichen Faktor zu rechnen, der immer wieder zu Flächenbränden geführt hat. Eine Verbuschung oder Verwaldung konnte sich kaum einstellen."

Nach Klaus Müller-Hohenstein: a.a.O., S. 169/170, gekürzt

1. Beschreiben Sie die Verteilung, Lage und Ausdehnung der Gemäßigten Breiten und ihrer Subzonen auf der Erde.
2. Vergleichen Sie die Klimadiagramme untereinander und mit jenen der Subtropen und der Borealen Zone.
3. Nennen Sie Gunstfaktoren für die Landwirtschaft in der Gemäßigten Zone und geben Sie Gründe an für die hohen Anteile dieser Zone an der Getreideproduktion.

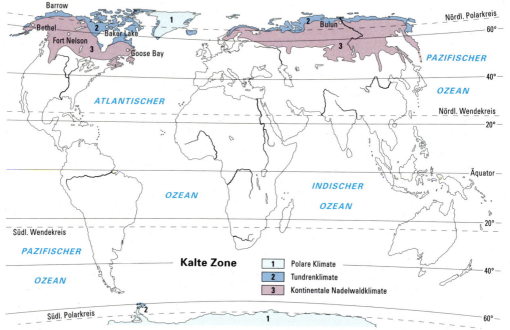

M 1 *Boreale Nadelwaldzone, Subpolare und Polare Zone*

Kalte Zone

Die *Kalte Zone* umfasst die *Boreale (= nördliche) Nadelwaldzone*, auch *Taiga* genannt, die *Subpolare Zone*, auch als *Tundra* bezeichnet und die *Polare Zone*, die *Eiswüste*. Die Grenze zwischen der ersten und zweiten Zone bildet recht genau die 10°C-Juli-Isotherme, die zudem weitgehend mit dem Verlauf der polaren Baumgrenze zusammenfällt. Subpolare und Polare Zone werden in groben Zügen durch die klimatische Schneegrenze getrennt; diese ist identisch mit der Trennlinie zwischen den immer eisbedeckten und eisfreien Gebieten.

Die Boreale Nadelwaldzone

Klima. Lange kalte Winter und kurze warme Sommer kennzeichnen das Klima dieser Zone. Von Norden nach Süden nimmt die Länge der Wachstumszeit von etwa 100 auf bis zu 170 Tagen zu. Die daraus resultierende breitenabhängige Gliederung wird in starkem Maße von einem von West nach Ost zunehmenden Grad der Kontinentalität überlagert. Vorherrschende Westwinde bewirken auf den Westseiten dieser Landschaftszone einen ozeanischen Klimacharakter, der durch den Einfluss warmer Meeresströmungen noch verstärkt wird. Die Ostseiten hingegen sind erheblich kälter, verstärkt durch kalte Meeresströmungen.

M 2 *Klima der Borealen Nadelwaldzone*

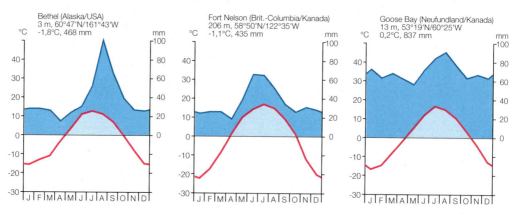

M 3 Thermoisoplethendiagramm Irkutsk

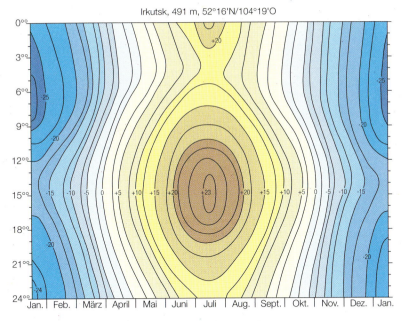

Böden (vgl. S. 20). Der charakteristische Bodentyp der borealen Wälder ist der extrem nährstoffarme *Podsol*, der meist über Sanden und Sandsteinen entsteht. Charakteristisch ist die Verlagerung von Eisen- und Aluminiumoxiden in Verbindung mit Humussäuren. Zudem ist die mikrobielle Aktivität gering und führt zusammen mit den niedrigen Temperaturen zu einer gehemmten Umsetzung der abgestorbenen organischen Substanz, sodass sich mächtige Rohhumusauflagen bilden.

„In Gebieten, in denen die Jahresmitteltemperatur zumindest in zwei aufeinander folgenden Jahren unter 0 °C liegt, kommt es zur Ausbildung von *Permafrostböden* (Dauerfrostböden). Dabei ist zu unterscheiden zwischen kontinuierlichem Permafrost (Jahresmitteltemperatur unter 0 °C) und diskontinuierlichem Permafrost (Jahresmitteltemperatur nur phasenweise unter 0 °C).

Die geringe Verdunstung, das häufig vorherrschende flache Relief sowie der Permafrost begünstigten an vielen Stellen das Entstehen ausgedehnter Vernässungszonen, in denen Sümpfe, Moorböden, Gleye und Gleypodsole vorherrschen. Häufig kommt es zur Torfbildung. Allein in Russland werden 128 Mio. ha von baumlosen oder mit nur kleinwüchsigen Bäumen bestockten Torfmooren eingenommen. Sie stellen einen wesentlichen Bestandteil der borealen Waldlandschaft dar und sind von erheblicher Bedeutung für den globalen Kohlenstoffhaushalt. …"

Enquete-Kommission „Schutz der Erdatmosphäre" des Deutschen Bundestages (Hrsg.): Schutz der Grünen Erde. Bonn: Economica Verlag, S. 374 f.

M 4 Borealer Nadelwald

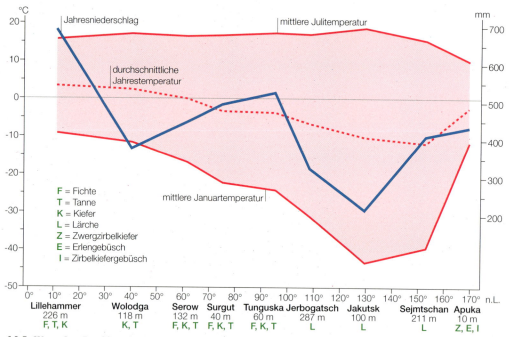

M 5 West-Ost-Profil entlang dem 60. Grad nördlicher Breite in Eurasien

Vegetation. Klima und Boden bestimmen wesentlich die natürlichen Waldformationen. Mit zunehmender Kontinentalität verschlechtern sich in Eurasien die Wuchsbedingungen von Westen nach Osten. „Im europäischen Teil der Taiga herrschen die relativ anspruchsvollen Fichtenwälder vor, die je nach Standortbedingungen mehr oder weniger stark mit Kiefern und Tannen durchsetzt sind. Der Anteil der Tannen ist insbesondere auf feuchten Standorten hoch, während Kiefern vornehmlich die trockenen Standorte einnehmen, auf denen sie die dominierende Baumart darstellen können. Die Fichten-Kiefern-Tannenwälder setzen sich als breiter Streifen bis weit in den Osten hinein fort und sind hier mit einer Vielzahl großflächiger Moore und Sümpfe durchsetzt. Im stark und extrem kontinentalen Osten ist die Lärche die dominierende Baumart. Auf den ständig gefrorenen Böden Mittel- und Ostsibiriens und des russischen Fernen Ostens bildet sie natürliche Reinbestände. Nach Süden nimmt der Anteil der Kiefern zu. An der Pazifikküste treten vermehrt wieder andere Baumarten in Erscheinung. Bedeutend ist hier die Birke, die z. B. in Kamtschatka, ähnlich wie in Nordeuropa, große Bestände bildet. Auch die breitenabhängigen klimatischen Veränderungen schlagen sich in der Bestockungsdichte und Artenzusammensetzung nieder. …

Die nordamerikanische boreale Waldzone wird von Fichten (Schwarz- und Weißfichte) geprägt. Die relativ anspruchslose Schwarzfichte nimmt zusammen mit der Lärche vor allem die nördliche Zone ein, während nach Süden hin vorwiegend Weißfichten und Balsamtannen vorkommen. Die Tannen treten in den weniger kontinentalen östlichen Provinzen Kanadas verstärkt auf, Kiefern kommen dagegen vornehmlich in Zentralkanada vor. Laubhölzer sind in der gesamten borealen Zone verbreitet. Am östlichen Fuß der Rocky Mountains sowie in Alaska stellt die Pappel z. T. sogar die dominierende Baumart dar; zum Teil treten hier auch größere Birkenbestände auf. Ansonsten beschränkt sich das Verbreitungsgebiet der Laubbäume im Wesentlichen auf Sonderstandorte wie Flussufer und Niederungsmoore sowie als Pionierbestockung auf Brandflächen."

Enquete-Kommission: a. a. O., S. 375 f.

Der Einfluss der borealen Wälder auf das regionale und globale Klima. „... Die Energie- und Strahlungsbilanz wird maßgeblich durch die einfallende Sonneneinstrahlung (Globalstrahlung), den Grad der Rückstreuung und die Wolkenbedeckung beeinflusst.

Die Strahlungsverhältnisse in den nördlichen Breiten sind durch eine relativ geringe Sonneneinstrahlung und eine hohe Rückstreuung *(Albedo)* vor allem durch die winterliche Schnee- und Eisdecke gekennzeichnet. Neuschneeflächen streuen 81 bis 85 % der einfallenden Sonnenenergie zurück, dichte Nadelwälder dagegen nur 6 bis 19 %.

Die borealen Wälder vermindern durch ihre dunkle Farbe also die Strahlungsreflektion und erhöhen die vorherrschenden Temperaturen. Dies gilt insbesondere für die Zeit der Schneeschmelze im Frühjahr, während der die Differenz der Absorption der Sonnenstrahlung zwischen (mit immergrünen Nadelbäumen) bewaldeten und den meist noch schneebedeckten waldlosen Flächen am größten ist.

Im Verlauf des Sommers begrünen sich die waldfreien Flächen und die Lärchenwälder. Im Hinblick auf die Strahlungsbilanz wirken sie dadurch ähnlich wie die übrigen bewaldeten Flächen. Entsprechend ist der relative Einfluss der Waldflächen auf die sommerliche Strahlungsbilanz deutlich geringer als im Frühjahr. Ähnlich ist die Situation im Winter, wenn offene und bewaldete Flächen von Schnee bedeckt sind und sich ihre Albedo kaum unterscheidet. ...

Neben der Albedo beeinflussen die Wälder die Verdunstung und die Wolkenbildung. Dies wirkt sich einerseits auf die Strahlungsverhältnisse aus und andererseits auf den Wasserhaushalt. ... Es ist jedoch davon auszugehen, dass auch in der Borealen Zone die tatsächliche Verdunstung von den bewaldeten Flächen größer ist als von unbewaldeten. Grundsätzlich fördern die borealen Wälder durch Verdunstung die Wolkenbildung und das Entstehen von Niederschlägen. Es ist jedoch zu bedenken, dass die Niederschläge in der Borealen Zone vornehmlich durch advektive, d. h. horizontale Bewegungen feuchter Meeresluft hervorgerufen werden. Die Evaporation über den Kontinenten spielt dagegen eine untergeordnete Rolle. Die Rolle der borealen Wälder im Wasserkreislauf dürfte entsprechend weniger gewichtig sein als die der Tropenwälder. Wichtiger ist ihre Wirkung gegen Versumpfung bzw. das weitere Vordringen der Tundra.

Neben der Strahlungsbilanz beeinflussen die borealen Wälder über den *Kohlenstoffhaushalt* das Klima. Jüngste Schätzungen beziffern die von der lebenden *borealen Biomasse* gespeicherten Kohlenstoffmenge auf 64 Mrd. t C. Die Menge des Kohlenstoffs in der toten Biomasse und der organischen Substanz im Boden, einschließlich der Moorböden, werden auf 30 Mrd. t C bzw. 620 Mrd. t C geschätzt. Damit weist die Boreale Zone mit rund 700 Mrd. t C die größte gespeicherte Kohlenstoffmenge in einer Landschaftszone auf. Die borealen Waldökosysteme entziehen der Atmosphäre derzeit netto 0,7 Mrd. t C pro Jahr und wirken somit dem anthropogenen Treibhauseffekt aktuell entgegen.

... Eine weitere Zunahme der Waldbrände, der industriellen Schadstoffemissionen und die Ausweitung nicht nachhaltiger Bewirtschaftungsmethoden könnten die borealen Wälder jedoch bereits in absehbarer Zukunft in eine Netto-Quelle für Kohlenstoff umwandeln. Eine derartige Entwicklung würde zu einer noch nicht quantifizierbaren Erhöhung des CO_2-Gehaltes der Atmosphäre und damit zu einer Verstärkung des anthropogenen Treibhauseffektes führen. ..."

Enquete-Kommission: a. a. O., S. 380 f.

---

1. Arbeiten Sie mit den Abbildungen M 1, M 2 und M 5:
a) Begründen Sie den Temperaturverlauf entlang des 60° nördlicher Breite in Eurasien.
b) Vergleichen Sie die Situation in Nordamerika.
2. Vergleichen Sie für beide Kontinente die bestimmenden Baumarten im borealen Nadelwald.
3. Erläutern Sie die bodenbildenden Prozesse und deren Auswirkungen auf das Pflanzenwachstum.

M 6 Die Tundra in Kanada

Polare und Subpolare Zone

Klima. „Die Jahresmittel der Lufttemperaturen liegen entsprechend der negativen Jahresstrahlungsbilanzen unter 0 °C ... Ökologisch bedeutsamer als dieser Jahreswert sind die Höhe und Dauer der sommerlichen Erwärmung über den Gefrierpunkt und über +5 °C (Schwellenwert für das Pflanzenwachstum): Für die Tundrenzone gilt die Regel, dass sich die Temperaturmittel der wärmsten Monate zwischen +6 °C und +10 °C halten und während maximal drei, in Ausnahmefällen vier Monaten über +5 °C bleiben; polwärts sinken die höchsten Monatsmittel spätestens mit Erreichen der Frostschuttzone unter die +5 °C-Isotherme.

Mit Annäherung an die Pole heben sich auch tageszeitliche Beleuchtungsunterschiede mehr und mehr auf. An die Stelle des täglichen Tag-Nacht-Wechsels tritt der halbjährliche Wechsel von Polarnacht zu Polartag. Es herrscht also ein thermisches und solares *Jahreszeitenklima*.

Rund die Hälfte der Kalten Zone mit insgesamt 22 Mio. km² ist ständig mit Eis bedeckt (Eiswüste), wovon die Antarktis allein 14 Mio. km² einnimmt. Die eisfreien Gebiete gliedern sich in *Tundren-* und *Frostschuttzone*. Sie unterscheiden sich dadurch, dass in der Frostschuttzone die Mitteltemperatur des wärmsten Monats auch unter 6 °C liegt und hier weniger als ein Zehntel der Fläche von Pflanzen bedeckt ist.

Die Jahresniederschläge liegen normalerweise unter 300 mm. ... Trotz der geringen Jahresniederschläge herrschen weithin (zumindest in der Tundra) ganzjährig humide Verhältnisse, da (wiederum temperaturbedingt) auch die Verdunstung gering ist. Die winterlich sich bildende Schneedecke erreicht kaum mehr als 20–30 cm Mächtigkeit."

Jürgen Schultz: Die Ökozonen der Erde. Stuttgart: Ulmer 1995
S. 102 ff.

M 7 Klimadiagramme der Polaren und Subpolaren Zone

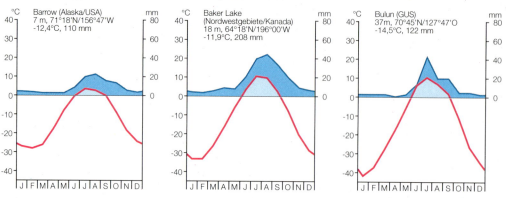

M 8 Thermo-isoplethendiagramm Framdrift

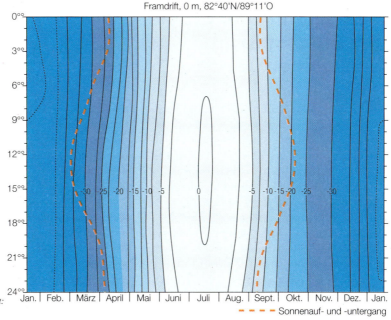

Nach Jürgen Schultz: Die Ökozonen der Erde. Stuttgart: UTB Ulmer 1988, S. 86

M 9 Mächtigkeit des Dauerfrostbodens und der Auftauschicht in Sibirien entlang 135° ö. L.

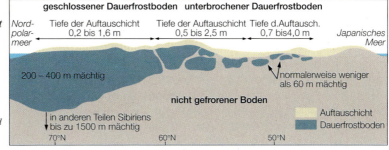

Nach D. C. Money: Kalte Zonen. Landschaftszonen und Ökosysteme. Stuttgart: Klett 1983, S. 13

Böden. Aufgrund der klimatischen Verhältnisse dominiert die physikalische Verwitterung. Der *Permafrostboden* verhindert während der kurzen sommerlichen Auftauphase das Versickern des Bodenwassers. Es dominiert der *Tundren-Gleyboden*.

Vegetation und Tierwelt. „Im Sommer dienen die Tümpel und Wasserläufe der Tundra unzähligen Wasservögeln als Brutplatz; die Wiesen sind mit den Nestern von Landvögeln übersät und durch die Höhlen der Lemminge untergraben. Über das Land ziehen Herden grasender Tiere. Die Seen wimmeln von Bisamratten, die an saftigen Wasserpflanzen nagen und von Fischen, die sich von Insekten und deren Larven ernähren. …

Die kurze Wachstumsperiode zwingt die Pflanzen zur Blüte zu kommen, bevor der Frost eintritt, und in schneller Folge entfalten sich ihre leuchtenden Blüten, lassen ihre Samen reifen, erglühen in herbstlichen Farben, welken und fallen wieder in Knospenruhe.

Im Winter erlischt dieses üppige Leben, das Land ist gefroren und verlassen. Was an Schnee fällt, bleibt bis zum Sommer liegen. …"

Willy Ley: Die Pole. Amsterdam: Time Life International 1974, S. 110f.

1. Beschreiben Sie die Beziehungen zwischen Klima, Boden und Vegetation in der Tundra mit Hilfe einer Strukturskizze.

2. „Die Tundra weist ein höchst labiles ökologisches Gleichgewicht auf." Erläutern Sie dies auf dem Hintergrund dieses Zitats.

Erschließung der Erdöl- und Erdgasprovinz Westsibirien

Mit der Entdeckung des Erdgasfeldes von Berjosowo im westlichen Teil Westsibiriens im Jahre 1953 begann die Erschließung des größten Erdöl- und Erdgasgebietes der Erde. Die großen Erdöllagerstätten im Mittel-Ob-Revier um Surgut wurden ab 1961 und die großen Erdgaslagerstätten von Medwesje, Urengoj und Jamburg in den 70er- und 80er-Jahren entdeckt und genutzt. 1995 und 1996 erfolgt die Ausdehnung der Förderung auf die Jamal-Halbinsel, und es werden Überlegungen angestellt, die Erdöl- und Erdgaslagerstätten in der Kara-See untermeerisch zu fördern. Motive der Erschließungsmaßnahmen waren zum einen die Notwendigkeit, den steigenden Inlandsbedarf zu decken, zum anderen war die Sowjetunion bzw. ist Russland gezwungen, den Devisenbedarf durch steigende Erdöl- und Erdgasexporte zu decken.

In den Beschlüssen des 23. Parteitages der Kommunistischen Partei der Sowjetunion (KPdSU) für den Fünfjahrplan zur Entwicklung der Volkswirtschaft 1966–1970 hieß es dann: „Auf dem Territorium Westsibiriens ist ein großer volkswirtschaftlicher Komplex auf der Basis der neu entdeckten Erdöl- und Erdgasvorkommen sowie auf der Basis der Waldreichtümer zu schaffen. ..."

„Die Presse der Sowjetunion", Ausgabe A, 51/1966, S. 386

„Der Erdöl- und Erdgasindustrie kommt die führende Rolle in der Wirtschaftsentwicklung der westsibirischen Senke zu. Doch diese Region besitzt große Vorräte auch an anderen Naturschätzen.
Die Erschließung der Bodenschätze und die Schaffung einer neuen industriellen Basis unseres Landes erfolgen auf einem Territorium von ungefähr zwei Millionen Quadratkilometer. Fast zweitausend Kilometer in nord-südlicher und 1200 Kilometer in west-östlicher Richtung erstreckt sich diese ‚Baustelle' von noch nicht dagewesenem Ausmaß.
Bis zur Gegenwart haben die Geologen schon mehr als hundert Erdöl- und Erdgasvorkommen erkundet. ... Die Fläche der Gebiete, die für die Erdöl- und Erdgasförderung aussichtsreich sind, umfasst mehr als eineinhalb Millionen Quadratkilometer. Den Prognosen der Gelehrten zufolge besteht jeder Grund zur Erwartung, dass hier neue Vorkommen entdeckt werden. ..."

D. Belorusov, V. Varlamov: Der westsibirische Komplex.
In: Osteuropa, A 685. Stuttgart: Deutsche Verlagsanstalt 1972

M 1 Erdöl- und Erdgasförderung in der Sowjetunion bzw. GUS

	1940	1950	1960	1970	1980	1987	1991	1993	1994
Erdöl (in Mio. t)									
SU/GUS gesamt	31	38	104	353	603	624	515	402	362
davon Westsibirien	–	–	–	9 %	52 %	66 %	66 %	ca. 64 %	ca. 70 %
Wolga-Ural-Gebiet	6 %	29 %	70,5 %	59 %	32 %	23 %	21 %	ca. 23 %	ca. 16 %
übrige Gebiete	94 %	71 %	29,5 %	32 %	16 %	11 %	13 %	ca. 13 %	ca. 14 %
Erdgas (in Mrd. m³)									
SU/GUS gesamt	3,2	6	45,3	198	435	727	811	761	677
davon Westsibirien	–	–	–	5 %	36 %	62 %	79 %	81 %	82 %
Mittelasien und Kasachstan	0,5 %	5 %	1,7 %	24 %	29,6 %	19 %	17 %	15 %	15 %
übrige Gebiete	99,5 %	95 %	98,3 %	71 %	44,4 %	19 %	4 %	4 %	3 %

Berechnet nach: Theodor Shabad: New Notes. In: Soviet Geography, verschiedene Jahrgänge; BP Statistical Review of World Energy, 1993, 1994, 1995

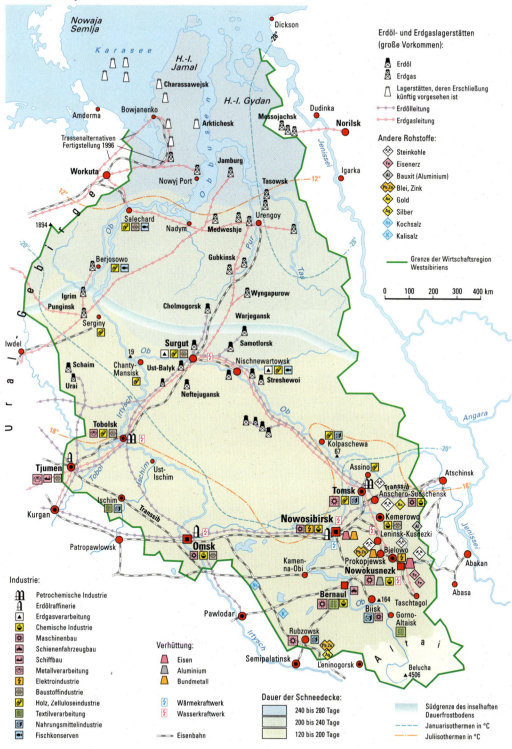

M 2 Wirtschaftsraum Westsibirien

M 3 *Sommer im Gebiet Surgut am Mittleren Ob, Moorsee in der Taiga. Über 100 000 solcher Seen befinden sich in den Nadelwäldern Westsibiriens. Die Wasserspeicherung dieser Seen entspricht dem zweijährigen Abfluss des riesigen Ob-Irtysch-Systems. Die wenig eingeschnittenen Flüsse mäandrieren stark, was den Abfluss hemmt. Das Frühlingshochwasser beginnt am Oberlauf des Ob und Irtysch eineinhalb Monate früher als die Schneeschmelze am Unterlauf, also dann, wenn im Norden die Flüsse noch vom Eis bedeckt sind. Es bilden sich mächtige Eisbarrieren, die zudem das Wasser aufstauen. Praktisch ohne Verzögerung folgt das Sommerhochwasser gespeist durch die Schnee- und Gletscherschmelze des Altai-Gebirges, in dem die Quellen des Ob entspringen. Der hohe Wasserstand der Flüsse (12 m über Niedrigwasser) dauert also praktisch den ganzen sibirischen Sommer an.*

M 4 *Kosten für einzelne Baubranchen: Vergleich Westsibirien – Region Moskau (europäische Zentralregion = 100)*

	Südzone	Naher Norden	Ferner Norden
Industriebauten			
– Energieerzeugung	164–180	220	271
– Brennstoffwirtschaft	165–182	228	265
– Chemie und Petrochemie	177–196	237	296
– Maschinenbau und Metallverarbeitung	180–200	242	300
Pipelinebau	181–200	262	387
Straßenbau			
– Erdarbeiten, Vorbereitung	169–208	254	312
– Fahrbahnbau	154–178	216	268
– Betonpisten	150	183	283
– Wohnungsbau	150–183	225	275

Südzone: Gebiete Tobolsk, Tjumen, Tomsk; Naher Norden: Gebiete Berjosowo, Niznewartowsk, Aleksandrowskoje; Ferner Norden: Gebiete Nadym, Urengoy, Jamal-Halbinsel

„Im Norden, da werden die normalen Vorstellungen vom Kopf auf die Füße gestellt – biegsames Metall wird spröde, elastisches Gummi bricht wie Glas, Rohrleitungen reißen wie Fäden. Die Ökonomik (des Nordens) überwältigt die Vorstellungskraft. Die Beförderung einer Tonne Last von Salechard (Eisenbahnendpunkt am Nordural) nach dem Gubinsker Erdgasfeld (östlich des unteren Ob) ist vergleichbar mit Transporten auf den Mond. ..."

T. Alekseeva: Die Leute die der Norden braucht. In: Osteuropa, A 761. Stuttgart: Deutsche Verlags-Anstalt 1972

◄ Helmut Klüter: Die territorialen Produktionskomplexe in Sibirien. Schriften des Zentrums für regionale Entwicklungsforschung der Justus-Liebig-Universität Gießen. Band 35. Hamburg: Verlag Weltarchiv 1991, S. 118, gekürzt

Der Schriftsteller Jeremj Aipin war einer der ersten, der Mitte der 80er-Jahre in seinem Beitrag „Wohin geht meine Sippe?" auf die Situation der Chanten aufmerksam machte. Der Heimatraum seines 23 000 Menschen zählenden Volkes erstreckt sich in einem nahezu 800 km breiten und 1100 km langen Band, das im Westen am Ural beginnt. Wichtige Orte in dieser Region sind Chanty-Mansisk, Schaim, Surgut und Nishnewartowsk (vgl. dazu M 2).

„Das Land unserer Vorfahren ist verendet. Mein 76-jähriger Vater hatte das längst begriffen, als noch niemand an das Ende des Landes und damit an das Ende der Sippe und des Stammes glaubte. Vielleicht hatte er es an jenem Januarabend begriffen, als sich ein LKW unmittelbar vor ihm auf dem menschenleeren Winterweg querstellte. Da ihm der Weg versperrt war, hielt sein Rentiergespann ebenfalls an. Aus dem LKW stiegen zwei Männer aus und kamen zum Schlitten. Der eine hielt den Alten an den Schultern fest und der Zweite zog ihm die Pelzstiefel aus. Dann stiegen beide in aller Ruhe wieder in den LKW und fuhren weiter. Mein Vater kam in Socken nach Hause.
Das geschah in dem Jahr, als die Arbeiter der Erdölreviere durch den Wald unserer Sippe einen Winterweg von Nischnewartowsk bis zu ihrer Basisbesiedlung Nowogansk verlegten. Damals begann mein Vater die Zeit auf eine neue Weise zu messen. ...
Er erlebte in den zwanzig bis dreißig Jahren des Erdölbooms zahlreiche solcher Erlebnisse. Im nächsten Winter wurde ihm in einer Holzfällersiedlung sein Rentiergespann gestohlen.
In der Beerenzeit landete neben der Sommersiedlung ein Helikopter und nahm alle Rentierhäute und Pelze für Winterkleidung mit ... Auf dem Heiligen Hügel wurde ein Bohrturm aufgestellt und schändete ihn mit Dreck ... Holzfäller holzten die Bäume auf dem Sippenfriedhof ab und zerstörten so die ewige Ruhestätte. ...
Mein Vater fühlte sich wie eingekesselt. ...
‚Was brauchst du, Vater? Wie kann ich dir helfen?' fragte ich meinen Vater.
‚Ich brauche nichts', sagte er nach langem Schweigen. ‚Gebt mir nur Land. Gebt mir Land, wo ich meine Rentiere züchten, Tiere und Vögel jagen und Fische fangen kann. Gebt mir Land, wo keine Wilderer und Fahrzeuge meine Jagdpfade zerstören, wo die Flüsse und Seen nicht durch das brennende Fett (Erdöl – Anm. des Autors) verschmutzt sind. Ich brauche Land, wo mein Haus und mein Heiligtum nicht angegriffen und die ewige Ruhestätte nicht zerstört werden. Ich brauche Land, wo ich nicht am helllichten Tag ausgeraubt werde. Gebt mir mein Land, nicht das Land eines anderen. Wenigstens ein Fleckchen meines Landes. ...'"

Juri Kasakow: Haben Chanten und Mansen wieder eine Zukunft? In: Wostok, Nr. 3/95, S. 21 ff.

„Auf Hunderte von Kilometern wird die Taiga von einer geraden Schneise durchzogen. Und wohin man vom Hubschrauber aus blicken mag – ringsum Taiga und Wasser. Der Frühling ist in der hiesigen Gegend spät und regnerisch gekommen. Auch jetzt noch steht die ganze Ob-Niederung unter Wasser. Zwar treten die Flüsse jedes Jahr über ihre Ufer, aber die diesjährige Attacke des Elements hat die Bauleute unvorbereitet getroffen. Etwa siebzig Kilometer Rohrleitungen, die sich aus dem Graben losgerissen haben, schwimmen buchstäblich im Wasser. Das ist das Ergebnis von Verstößen gegen die Technologie der Leitungsverlegung, wie sie im Winter begangen wurden. Die Leitung wurde in den Graben gesenkt, ohne daß man die Betonklötze zum Beschweren hinzufügte, die die Stahllinie am Boden des Grabens festhalten sollen. Fügen wir hinzu, dass man nicht rechtzeitig Wasser in die Leitung gepumpt hat, sodass diese – leer – sich in einen gigantischen Schwimmer verwandelte. ...
Ich bin über dem ganzen nördlichen Abschnitt entlanggeflogen – von Tomsk bis Alexandrowskoje. Auf einem Abschnitt ist der Graben ausgehoben, aber es fehlen die Rohre. Auf einem anderen liegen die Rohre, aber der Graben fehlt. Oder aber es gibt weder Rohre noch Graben, sondern nur die Schneise. An einer anderen Stelle liegen die Rohre, sind schon zusammengeschweißt, und auch der Graben ist ausgehoben, aber das Verlegen hat noch nicht begonnen. ..."

V. Kadzaja: Die Zeit aber vergeht. In: Osteuropa, A 767. Stuttgart: Deutsche Verlags-Anstalt 1972

Georgi Watschnadse war früher Journalist bei TASS und APN, heute ist er Mitglied der Akademie der Wissenschaften in Russland und UNESCO-Mitarbeiter. Er hat seit Aufhebung der Zensur aus frei zugänglichen Quellen eine ökologische, wirtschaftliche und politische Momentaufnahme der Russischen Föderation erstellt.

„**Das vergiftete Sibirien** (…) Der Sozialismus hat die Menschen ausgeplündert, verdorben und zugrunde gerichtet. Alle sechs Stunden ereignet sich auf den Erdölfeldern Russlands eine Katastrophe wie jene des voll beladenen Tankers ‚Exxon Valdez', der vor der Küste Alaskas auf ein Riff auflief; in den Ozean flossen über 11 Millionen Gallonen Rohöl. In Russland aber strömen jeden Tag 38,64 Millionen Gallonen Öl in die Umwelt (1 amerikanische Gallone = 3,7854 Liter). Das amerikanische Magazin U.S. News and World Report teilte mit, dass man in Sibirien schon ein ‚Ölmeer', 1,8 Meter tief und 71,68 Quadratkilometer groß, entdeckt habe, das niemandem gehört.

Beim Transport und der Verarbeitung von Rohöl (beispielsweise bei der Säuberung der Behälter und bei anderen Vorgängen) gelangen Millionen Tonnen Öl, bis zu 7 Prozent der Gesamtmenge, in die Umwelt. Diese Öl-Wasser-Gemische werden in keiner Weise genutzt, man kann sie lizenz- und kostenfrei ausführen; alle Auffangbehälter sind überfüllt. …

Auf den Ölfeldern in Tjumen wird das gesamte Erdölgas einfach abgefackelt: Man beheizt den Himmel mit rund 10 Milliarden Kubikmeter Gas im Jahr. Die Japaner verhandeln seit vielen Jahren mit den politischen Verantwortlichen über die Alternativen: entweder einen Gas-Chemie-Komplex vor Ort zu errichten oder das benzinhaltige Gas in Tankwagen zur Pazifikküste zu bringen und auf japanische Tankschiffe umzuladen. … Nachts ist Tjumen, aus dem Weltraum betrachtet, der am hellsten beleuchtete Fleck der Erde. Indessen stellt man über ganz Russland und besonders über Sibirien eine Verdünnung der Ozonschicht fest. …"

Georgi Watschnadse: Rußland ohne Zensur. Eine Bilanz. Frankfurt am Main: Zweitausendeins, 1993, S. 44 f.

„**Massenabwanderung wegen sozialer Benachteiligung.** Das Gebiet Tjumen hat eine äußerst schlechte soziale Infrastruktur. Es liegt hinsichtlich der Wohnraumversorgung unter den 79 russischen Regionen an 62. Stelle, der Anzahl der Kindergärten nach an 52. Stelle, der Versorgung mit Krankenhäusern und Oberschulen an 67. Stelle und der Anzahl der Telefonapparate nach an 73. Stelle. …

Tjumen lockt Arbeitskräfte vor allem mit hohen Verdiensten und mit der Möglichkeit, vorfristig in Rente zu gehen und in Regionen mit angenehmeren natürlichen Bedingungen zurückzukehren. Da die Erdölförderung sinkt und Personal abgebaut wird, haben in den vergangenen zwei bis drei Jahren immer mehr Menschen das Gebiet um den Mittellauf des Ob verlassen. Die Abwanderung nahm in dem Maße zu, wie die Inflationsraten eskalierten und damit die Ersparnisse entwertet wurden. Durch die Verteuerung der Flugtickets können zudem viele Einwohner des Gebietes ihre Verwandten und nächsten Familienangehörigen im europäischen Teil Russlands nur noch selten besuchen.

Nachdem 1990 aus der Region 9000 Personen mehr weg- als zugezogen waren, verlor das Gebiet auf diese Weise 1991 50 000 Einwohner. Nach vorläufigen Angaben muss man mittlerweile bereits von einer Massenabwanderung aus den Erdöl- und Erdgasprovinzen sprechen. Die Führung des Gebiets Tjumen und der Russichen Föderation wird dazu gezwungen sein, das gesamte Erschließungskonzept für den Norden grundlegend zu revidieren und dort ungeachtet der hohen Kosten langfristige Ansiedlungen zu fördern. …"

Galina Tschinarichina: Russische Föderation. Das Gebiet Tjumen. In: Wostok Nr. 2/1993, S. 52 f.

„**Schwierige Gasförderung bei 55 Grad Frost …** Auf Jamal, das nördlich des Polarkreises im westlichen Sibirien liegt und von der Kara-See umgeben ist, werden Gasreserven von mindestens 10,4 Billionen Kubikmetern vermutet. Damit befände sich auf der Halbinsel ein Fünftel sämtlicher Vorkommen Russlands. Die lokalisierten Mengen übersteigen bei weitem die Potentiale der bisher größten Gasfel-

M 5 Bruch einer Pipeline

der Russlands in Urengoj (7,4 Billionen Kubikmeter), Jamburg (4,4 Billionen Kubikmeter) und Orenburg. ..."

Sechs parallele Pipelines sollen aus dem Jamal-Gebiet in den Südwesten führen und dort zunächst auf die bereits vorhandene Pipeline ‚Northern Lights' stoßen, die über die Ukraine nach Westeuropa reicht. Um die enormen Kapazitäten transportieren zu können, muss ‚Gazprom' zusätzlich ein eigenes 4200 Kilometer langes Pipeline-Netz installieren, das über Weissrußland und Polen nach Deutschland führt. Die Investitionen für das Leitungssystem betragen 30 Mrd. $, die Aufwendungen für die Exploration auf Jamal werden auf etwa 10 Mrd. $ geschätzt. ...

Rund 3000 Gasarbeiter befinden sich schon jetzt ständig auf Jamal und haben bei dem nordwestlich gelegenen Ort Bowjanenko die ersten Bohrungen abgeteuft. Das geförderte Gas wird bislang zu eigenen Zwecken, wie dem Aufbau der Infrastruktur, eingesetzt. ...

Nikolaj Michailow, Chefingenieur, sieht gerade in der Verlegung der Rohre durch die 67 Kilometer lange und jedes Jahr monatelang zugefrorene Bucht die schwierigste Aufgabe.

Die Bucht weist eine maximale Tiefe von 20 Metern auf. Auf der gesamten Durchquerung muss nach Angaben von Michailow auf dem Meeresgrund ein Graben ausgehoben werden, in den die mit einer 40 Zentimeter dicken Zementschicht ummantelten Rohre eingebettet und beschwert werden können. ...

Michailow kennt allerdings auch die Folgen, die eine Verlegung des gesamten Pipelinestranges auf dem Festland nach sich ziehen würde. Nicht nur, dass dieser Weg 200 Kilometer länger wäre und den Bau zusätzlicher Verdichterstationen bedeuten würde. Der über 600 Meter breite Pipeline-Korridor brächte eine weitere Umweltzerstörung mit sich. Die Futtergebiete der Elche liegen exakt in dieser Trasse. Und eben von der Rentierzucht, der Jagd und dem Fischfang leben die Ureinwohner, die Jamal-Nenzen, deren Zahl außerhalb der Städte auf rund 30000 geschätzt wird. ...

Beteiligt an der Lösung der technischen Probleme sind über 100 russische Forschungsinstitute. ..."

Markus Ziener: Schwierige Gasförderung bei 55 Grad Frost. In: Handelsblatt, 11. 10. 95, S. 26

„'**Sibirische Forscher können Russland vergolden.**' So betitelte die ‚Istwestija' (vom 2. 6. 1992) ihr Interview mit Iwan Nesterow; Direktor des Westsibirischen Instituts für geologische Forschung und Erdöl, das in Tjumen seinen Sitz hat. Diese Forschungseinrichtung ist für Putidoil berühmt, das ihre Experten erfunden und zu produzieren begonnen haben. Putidoil ist ein Präparat zur Reinigung des Wassers und Bodens von Erdöl, das wirksam wie kein anderes ist. Ausländer aus den USA, Spanien, Kuweit und Argentinien überhäufen das Institut mit Aufträgen. Die Kosten für die Wiederherstellung eines Hektar Bodens liegen weltweit bei 50 000 US-Dollar. Die Erdölförderer aus Surgut, Nojabrsk und Nischnewartowsk bieten dem Institut eine Bezahlung von umgerechnet 200 US-Dollar pro Hektar an.

Nesterow hat noch viele andere Ideen parat, die er unter der ineffizienten, primitiven, halbkolonialen Wirtschaftsführung nicht realisieren konnte.

... Russland wäre es besser ergangen, wenn der Grund und Boden, die natürlichen Ressourcen und die Arbeit einen realen Preis gehabt und der Staat die strikte Einhaltung der Gesetze gesichert hätte. Den Experten schenkten die Behörden kein Gehör, wenn diese ihnen vorrechneten, daß 1 Rubel, vorsorglich in Filteranlagen investiert, 2 Rubel ökologische Folgekosten einsparen würde bzw. 1 Rubel Investition in den Gewässerschutz am Ende 4,5 Rubel einspare. ... Seit 1917 jedoch richtet sich das russische Leben nicht nach dem gesunden Menschenverstand. Die Gesellschaftsordnung unterschied sich von der kolonialen nur dadurch, dass jene fremde Völker ausplünderte, während Russland sich selbst bestahl. ..."

Georgi Watschnadse: a. a. O., S. 46 ff.

Die beiden Focus-Journalisten Jürgen Scriba und Christina Eibl berichten über Pläne, die Förderung von Erdöl und Erdgas unter dem polaren Eismeer durchzuführen. Das Bündnis zwischen dem weltgrößten Gasproduzenten „Gazprom" in Russland und der Elite der russischen Rüstungsindustrie soll dies ermöglichen. Rund ein Fünftel der russischen Industriebeschäftigten arbeiten für die Rüstungsindustrie; dazu kommen noch mehrere Hunderttausende hochqualifizierter Ingenieure und Wissenschaftler, die für den Rüstungssektor entwickeln und planen.

„**Schätze unter Eis.** Mit 100 Stundenkilometern peitscht der Sturm bei minus 50 Grad über die arktische See. Schroffe Eismonumente türmen sich bis zu 15 Meter hoch auf und zermalmen alles, was sich ihnen in den Weg stellt. In dieser unwirtlichen Packeiswüste soll das Wirtschaftswunder Russlands stattfinden. Unter dem Boden der Meere am Polarkreis lagern etwa 90 Prozent der russischen Öl- und Gasreserven (11 Milliarden Tonnen Öl, 46 Milliarden Kubikmeter Erdgas). Bislang unerreichbar.

Hier Bohrinseln zu errichten wäre ein Himmelfahrtskommando. Doch Wjatscheslaw Kusnezow vom Kurtschatow-Institut in Moskau, das einst die russische Atombombe entwickelte, will den Naturgewalten Paroli bieten. Der Physiker wischt die Bedenken vom Tisch: ‚Wo liegt das Problem? Wir versenken Betriebe und Personal auf den Meeresgrund.' Der Mann ist kein einsamer Phantast. Als einer der Direktoren von ‚Rosshelf' steht er an der Spitze eines schlagkräftigen Bündnisses aus dem weltgrößten Gasproduzenten ‚Gazprom' und der Elite der russischen Rüstungsindustrie. Militärische Technik und Investoren im Goldrausch bereiten den Angriff auf die Schätze unter dem Eis vor.

Die Pläne wirken auf den ersten Blick wie eine Fortsetzung aus Jules Vernes utopischen Romanen: Komplette Bohr- und Förderanlagen sollen in 300 Meter Tiefe auf dem Boden der Kara-See errichtet werden. Tief unter der zerstörerischen Eisschicht werden Öl und Gas getrennt und von Wasser gereinigt. Rohrleitungen verbinden die verschiedensten Teile der Anlagen. Ist der Weg zum Festland für eine Leitung zu weit, speichern große Unterwassertanks die Rohstoffe.

Von Zeit zu Zeit bahnt sich ein eisbrechender Tanker den Weg zu einer der schwimmenden Verladestationen und übernimmt die kostbare

Fracht. U-Boote oder ferngesteuerte Roboter legen Pipelines. Unterseeische Fabriken produzieren die benötigten Bauteile. Zur Versorgung und zum Personalwechsel landen Hubschrauber auf pilzförmigen Plattformen, die bei Bedarf von der Unterseestadt durch die Eisschicht gebohrt werden. …

Mit den Milliardengewinnen, so hat ‚Rosshelf' versprochen, entstehen auch 250 000 neue Arbeitsplätze. Ein Hoffnungsträger für die marode russische Wirtschaft. Über mögliche Umweltschäden spricht man da nicht. … "

Scriba, Jürgen, Eibl, Christina: Schätze unter Eis.
In: Focus 17/1994, S. 141

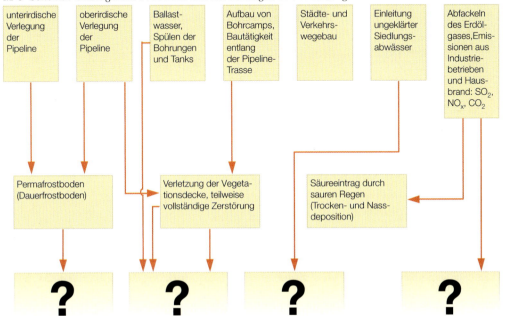

M 6 Schema: Ökologische Probleme und deren mögliche Vernetzung

1. Hauptfördergebiet des Erdöls ist die Region um Surgut. Stellen Sie mit Hilfe der vorliegenden Materialien die Merkmale des Naturpotentials zusammen.

2. Die Erschließung der Halbinsel Jamal ist in vollem Gange. Erarbeiten Sie die wichtigsten Merkmale des dortigen Naturraumes. Stellen Sie dies in Form einer Strukturskizze dar.

3. Stellen Sie anhand der Materialien die Auswirkungen der Erschließungsmaßnahmen auf Natur und Menschen in Westsibirien zusammen. Berücksichtigen Sie bei den Texten die Stellung des Autors/der Autoren, seine/ihre Intention(en), die Textart sowie Zeitpunkt und Ort der Veröffentlichungen.

4. Abbildung M 6 (unvollständiges Strukturschema) enthält wesentliche Eingriffe in den Naturhaushalt. Übernehmen Sie diese Abbildung in Ihr Heft und erläutern Sie mit Hilfe von entsprechenden Pfeilen die Folgen dieser Eingriffe auf die Ökosysteme Taiga und Tundra. Ergänzen und verändern Sie, wo es Ihnen sinnvoll erscheint.

5. Wie wird sich möglicherweise das marine Ökosystem Kara-See bei der untermeerischen Erschließung der Erdgasfelder verändern?

6. Bewerten Sie abschließend die „planmäßige Eroberung des Westsibirischen Tieflandes" (so die sowjetische Bezeichnung aus den 70er- und 80er-Jahren) unter ökologischen und ökonomischen Gesichtspunkten.

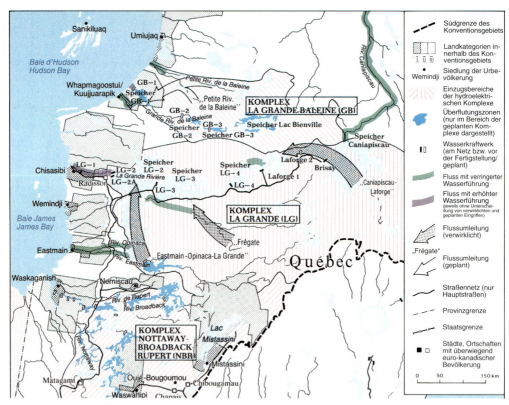

M 1 Baie James – Übersicht

Zur Wahrung der Interessen der Cree-Indianer und anderer Ethnien wurde 1975 eine Konvention abgeschlossen. Diese sieht für die autochthonen Volksgruppen folgende Rechte vor:
– das alleinige Recht der Nutzung und weitgehende Selbstverwaltung in den Gebieten der Kategorie I,
– das exklusive Recht auf Jagd, Fischfang und Fallenstellen in den Gebieten der Kategorie II,
– das Recht, allerdings in Abstimmung mit anderen euro-kanadischen Nutzern, im restlichen Konventionsgebiet ihren traditionellen Aktivitäten nachzugehen.

Dietrich Soyez: Hydro-Energie aus dem Norden Quebecs. In: Geographische Rundschau 1992, H. 9, S. 495

Hydroenergie aus der Waldtundra Kanadas

M 2 Hydroelektrische Komplexe an der Baie James

Komplex	Kraftwerke	Leistung (MW)	Speicher (km²)	Überflutetes Land (km²)
Verwirklicht				
La Grande I	3	10282	13520	10400
La Grande II	6	5437	2039	1105
In der Planung				
La Grande Baleine	3	3168	3576	1786
In der Vorplanung				
Nottaway-Broadback-Rupert (NBR)	8	8400	6500	3900

Dietrich Soyez: a. a. O., S. 496

An der Hudson Bay im Norden Quebecs wird gegenwärtig ein Energieprojekt verwirklicht, das zu den bedeutendsten hydroelektrischen Entwicklungsvorhaben nicht nur Kanadas zählt, sondern weltweit: das Baie-James-Projekt.
Die Erschließung des hydroelektrischen Potentials in dem bis dahin fast unberührten Waldtundrengebiet Kanadas begann im Frühjahr 1971. Ziele des Projekts:
– Sicherung der Energieversorgung der Provinz Quebec und Bedienung der Märkte im Nordosten der USA,
– Schaffung einer Basis für die Ansiedlung von vor allem energieintensiven Industriebranchen (z. B. Aluminiumhütten) in dieser Region.

M 3 La Grande Rivière: Flusslauf unterhalb des Hauptdamms von La Grande 2
Zur optimalen Ausnutzung der Fallhöhe wird das Wasser unterirdisch zu den Turbinen des einige Kilometer entfernten Kraftwerks LG-2 geleitet. Erst danach tritt dieses Wasser wieder in den urprünglichen Flusslauf ein. Das Zwischenstück zwischen Damm und Eintrittstelle fällt nahezu trocken. Um den negativen visuellen Eindruck solcher Flussabschnitte zu mildern, werden in der Regel künstliche Schwellen eingebaut, die selbst bei Niedrigstwasser die Illusion eines Flusses hervorrufen.

„Hinzu trat jedoch als treibende Kraft ein Motiv, das sich nur aus der speziellen historischen und psychologischen Situation der Provinz Quebec im Rahmen des kanadischen Bundesstaates erklären lässt: der Wille zur nationalen frankophonen Selbstbehauptung in einem anglophonen Politik- und Wirtschaftsraum. ‚Baie James' ist somit ... zu einem Symbol der Emanzipations- und Unabhängigkeitsbestrebungen der Frankokanadier geworden – ein Sachverhalt, der eine rationale Auseinandersetzung mit den Projekten ungemein erschwert."

Dietrich Soyez: a.a.O., S. 496

Von den Baumaßnahmen und den dadurch verursachten hydrographischen Auswirkungen ist ein Raum von über 360 000 km² betroffen, also ein Gebiet etwas größer als die Bundesrepublik Deutschland. Es wird fast ausschließlich von Cree-Indianern und einigen Hundert Inuit (Eskimos) bewohnt, die sich von den Projekten existenziell beeinträchtigt fühlen.

Abgesehen von den Staudämmen und Infrastruktureinrichtungen, wie Straßen, Siedlungen oder Flugplätze, werden umfangreiche Landschaftsveränderungen durch die großflächige Entnahme von natürlichen Baumaterialien und vor allem durch die Stauseen verursacht. Aufgrund des relativ ausgeglichenen Reliefs sind großvolumige und räumlich eng begrenzte Speicherseen wie z. B. in den Alpentälern hier im Bereich des Kanadischen Schildes nicht möglich. So wurden allein im Gebiet des Grande Rivière sechs Stauseen mit einer Gesamtfläche von 11 410 km² angelegt (zum Vergleich: Größe des Bodensees 539 km²).

1. Untersuchen Sie die naturräumlichen Gegebenheiten im Projektgebiet Baie James (Atlas).
2. Beschreiben Sie anhand der Karte M 1 die Maßnahmen, die im Zusammenhang mit dem Projekt verwirklicht bzw. geplant sind.
3. Bewerten Sie das Projekt unter ökonomischen und ökologischen Gesichtspunkten.
4. Stellen Sie die mit den Eingriffen in das Natur- und Sozialgefüge verbundenen Folgen in einem Wirkungsgeflecht dar.

M 1 Die Nordsee

Ökosystem Nordsee

M 2 Die Nordsee als „Mülldeponie"

M 3 Nordsee – Umweltbelastungen

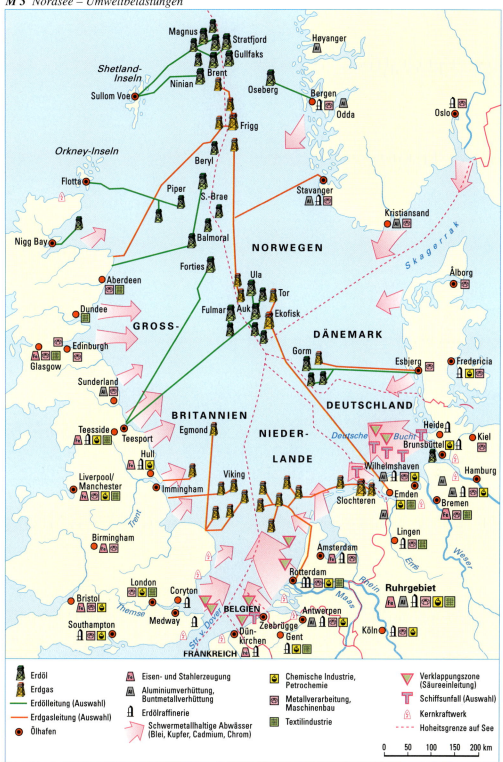

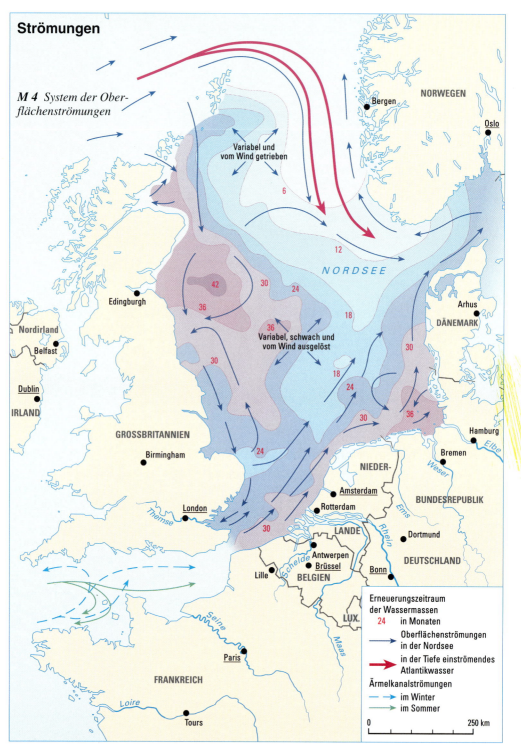

Nach DHI Meereskundliche Beobachtungen Nr. 61, Hamburg 1987, und Eike Rochar: Meeresverschmutzung und ihre Auswirkungen in der Nordsee. In: Geographische Rundschau 1983, S. 293

M 5 Die Lage der ungeschichteten (A) und der geschichteten (B–D) Wasserkörper in der Nordsee

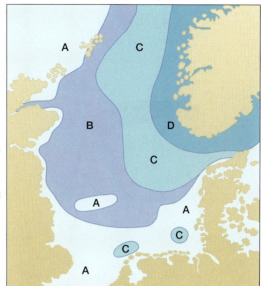

A: Keine Schichtung; ganzjährig gleicher Salzgehalt und gleiche Temperatur in allen Schichten; entsprechend Durchmischungsprozesse ganzjährig möglich im Gegensatz zu **B** bis **D**.

B: Jahreszeitliche oder ganzjährige Temperaturschichtung (thermische Schichtung); ganzjährig gleicher Salzgehalt in allen Schichten (homohalin).

C: Jahreszeitliche oder ganzjährige haline Schichtung. Geringe Jahresschwankung, unregelmäßig in den oberen Meeresschichten, regelmäßiger im Tiefenwasser.

D: Jahreszeitliche oder ganzjährige haline Schichtung; Jahresschwankungen im Oberflächenwasser sehr deutlich, in der Tiefenzone weniger ausgeprägt.

Nach Der Rat von Sachverständigen für Umweltfragen: Umweltprobleme der Nordsee. Stuttgart, Mainz 1980, S. 43

Die Nordsee ist ein flaches Randmeer des Atlantischen Ozeans mit einer Fläche von rund 575 000 km². Zweimal täglich wird ihr Wasserkörper von etwa 43 000 km³ von den Gezeiten hin und her bewegt. Die mittlere Tiefe der Nordsee beträgt ca. 70 m. Im Mittel nimmt die Tiefe von Norden nach Süden ab. Am Südostrand der Nordsee erstreckt sich das durch Ebbe und Flut geprägte Wattenmeer.

Verantwortlich für die Zusammensetzung der Wassermassen sind im Wesentlichen
– die atlantischen Zuflüsse zwischen Schottland und Norwegen sowie durch den Kanal,
– der Austausch mit dem salzärmeren Ostseewasser,
– in geringerem Maße die in die Nordsee mündenden Flüsse (0,5 % Anteil) und die Niederschläge.

Die in der Nordsee beobachtbaren Strömungen sind insbesondere von den Zuflüssen, den meteorologischen Verhältnissen (Wind und Luftdruck), den Gezeiten sowie dichtebedingten Austauschvorgängen abhängig. Das in M 4 dargestellte Zirkulationsschema gibt den mittleren Zustand des Strömungsverlaufes wieder. Die aktuelle Situation kann davon erheblich abweichen.

Aufgrund der unterschiedlichen Strömungsbedingungen benötigen die Wasserkörper der einzelnen Meeresgebiete unterschiedliche Zeiten, um von einer bestimmten Stelle aus die Nordsee zu verlassen *(Erneuerungszeiträume)*. Zu beobachten ist, dass gerade die häufig schadstoffbelasteten Wasserkörper entlang der Küste verfrachtet werden und eine besonders lange Verweildauer in der Nordsee haben. Teilweise beträgt die Aufenthaltszeit eines Wasserkörpers mehrere Jahre.

Die vertikalen Austauschvorgänge der Nordsee werden in erster Linie von den mit der Tiefe sich ändernden Strömungen sowie von Dichteänderungen beeinflusst. Insbesondere in den mittleren und nördlichen Bereichen der Nordsee gibt es *thermische* und *haline* (durch unterschiedlichen Salzgehalt bedingte) *Schichtungen*, die eine vertikale Durchmischung erschweren (M 5). Dadurch sind hier die Sauerstoffversorgung des Tiefenwassers und der Transport von Nährsalzen zur Oberfläche erschwert. In weiten Teilen der südlichen und südöstlichen Nordsee kommt es hingegen dank der Gezeiten zu einer vollständigen vertikalen Vermischung der Wassermassen, sodass keine Schichtung entsteht.

M 6 Die Nordsee als Lebensraum

1 Seeschwalbe
2 Austernfischer
3 Garnele
4 Strandkrabbe
5 Miesmuschel mit Seepocken
6 Wellhornschnecke
7 Rochen-Ei
8 Pierwurm
9 Sandklaffmuschel
10 Wattringelwurm
11 Herzmuschel
12 Tellermuschel

Bundesumweltministerium (Hrsg.): Wir und unsere Umwelt. Hamburg: Axel Springer

Ökosystem

In der obersten belichteten Schicht der Nordsee nehmen mikroskopisch kleine Pflanzen *(Phytoplankton)* Nährsalze, Kohlendioxid und Wasser auf. Das Phytoplankton wird von kleinen Tieren *(Zooplankton)* gefressen. Abgestorbene Organismen und Kotballen sinken zum Meeresboden und stellen für die dort lebenden und dabei Sauerstoff verbrauchenden Bodenorganismen *(Benthos)* die Nahrungsgrundlage dar.

Das Phytoplankton schafft somit Grundlagen für die verschiedenen Nahrungsketten und sorgt dafür, dass die Nordsee ein bedeutendes Fischereigebiet darstellt (M 7).

Im Sommer bildet sich häufig zwischen dem erwärmten, durchmischten Wasser der Deckschicht und dem kälteren Wasser der Bodenschicht eine Temperatursprungschicht, die die Durchmischung des Wasserkörpers verhindert. Erst die abnehmende Sonnenstrahlung im Herbst führt zur Abkühlung des Oberflächenwassers. Die in Bodennähe gelösten Stoffe gelangen dadurch oftmals erst im Herbst und Winter an die Oberfläche (M 8).

M 7 Jahreszeitliche Wechselbeziehung in der Deckschicht (vereinfacht)

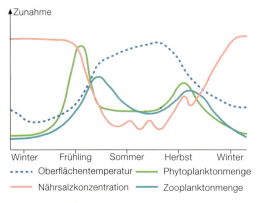

M 8 Grundlage der Nahrungsketten in der Nordsee

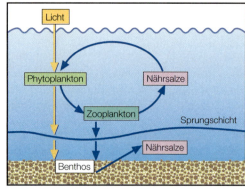

M 9 Wattenmeer – abiotische und biotische Grundfunktion

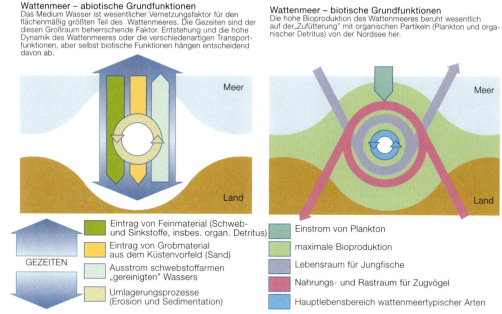

Nach H. Wesemüller: Das Wattenmeer als System. In: Schriftenreihe des Deutschen Rates für Landespflege 1983, H. 41, S. 111

Wattenmeer

Einen besonders empfindlichen und ökologisch wertvollen Teil der Nordsee bildet das entscheidend durch die Gezeiten geprägte Wattenmeer. In ihm leben in sehr großen Mengen viele hochspezialisierte Tier- und Pflanzenarten auf engem Raum. Die zugeführten Partikel (Plankton und organischer Detritus) sind die Basis für den reichen Organismenbesatz.

Dank des großen Nahrungsangebotes sowie der großen Ausdehnung und Störungsfreiheit nimmt das Wattenmeer als Rast- und Überwinterungsraum eine wichtige Stellung im Migrationsgeschehen zahlreicher Vogelarten ein. Für viele Fische ist das Wattenmeer als „Kinderstube" ein bestandsbestimmender Faktor. Das Wattenmeer steht daher mit benachbarten sowie mit weit entfernten Ökosystemen in direkter Wechselbeziehung und besitzt für diese eine Schlüsselstellung, die von keinem anderen Ökosystem in vollem Umfang übernommen werden könnte.

Als bevorzugter Ablagerungsraum für Sedimente erfüllt das Wattenmeer eine besondere Säuberungsfunktion für das Nordseewasser, die durch die Bodenorganismen erheblich verstärkt wird.

1. Beschreiben Sie auf der Grundlage von M 4 die Oberflächenströme der Nordsee.

2. Erklären Sie den Begriff „Erneuerungszeitraum", und erläutern Sie, dass der Erneuerungszeitraum kürzer ist als die Gesamtaufenthaltsdauer eines Wasserkörpers in der Nordsee.

3. Erklären Sie die jahreszeitlichen Wechselbeziehungen zwischen Temperatur, Nährsalzkonzentration, Phytoplankton und Zooplankton an der Wasseroberfläche (M 7).

4. Geschichtete Gebiete sind durch den anthropogenen Eintrag leicht abbaubarer organischer Abfälle ökologisch besonders gefährdet. Erläutern Sie diese Beobachtung.

5. Stellen Sie Aspekte zusammen, mit denen sich die Gefährdung des Wattenmeeres (M 2, 3) zeigen lässt. Beachten Sie in diesem Zusammenhang auch die dortigen Oberflächenströmungen und Erneuerungszeiträume des Wassers (M 4).

6. Die Ausweisung des „Nationalparks Wattenmeer" wird als ein Schritt zum Schutz dieses Naturraumes bezeichnet. Besorgen Sie sich über die Nationalparkverwaltung (Virchowstraße 1, 26382 Wilhelmshaven) Informationen. Stellen Sie die für den Nationalpark gültigen Schutzvorschriften dar und bewerten Sie deren Nutzen.

Schadstoffeintrag

Das Ökosystem der Nordsee befindet sich in einem empfindlichen Gleichgewicht, das durch anthropogene Einträge erheblich gestört werden kann. Die Schadstoffe stammen aus verschiedenen äußeren Quellen. Zu nennen sind u. a.
– Einleitungen über Flüsse,
– Einträge über die Atmosphäre,
– Direkteinleitung kommunaler und industrieller Abwässer vom Land,
– Abfallbeseitigung auf See,
– Offshore-Ölförderung,
– Schifffahrt.

Verölte Vögel und vermüllte Strände weisen eindringlich auf Belastungen im Küstenbereich hin. Zahlreiche Anzeichen, wie Krankheitsbefall bei Fischen und Änderungen in der Artenzusammensetzung von Bodentiergemeinschaften beispielsweise auf der Doggerbank (M 10), deuten jedoch darauf hin, dass auch die offene See zunehmend in Mitleidenschaft gezogen wird. Zu den Substanzen, die die Nordsee am stärksten belasten, gehören Nährstoffe, Schwermetalle (u. a. Blei, Cadmium, Quecksilber, Nickel) und chlorierte Kohlenwasserstoffe.

Die Nährstoffkonzentration ist im Küstenbereich besonders hoch. Im Zusammenhang mit der Überdüngung *(Eutrophierung)* kann es zu Sauerstoffmangel in tieferem Wasser und damit zu Massensterben von Meeresorganismen kommen. Schwermetalle werden sowohl aus natürlichen Quellen als auch durch den Menschen direkt oder indirekt in die Nordsee eingebracht. Das Schwermetall Blei gelangt beispielsweise zu großen Teilen aus der Atmosphäre ins Meer. Schwerpunkte des Eintrags von Blei liegen in der südlichen Nordsee. Da Schwermetalle biologisch nicht abbaubar sind, reichern sie sich in der marinen Nahrungskette an. Dabei können Konzentrationen erreicht werden, die toxische Wirkungen haben. Am stärksten sind die Endglieder der Nahrungskette gefährdet.

Im Gegensatz zu Schwermetallen kommen chlorierte Kohlenwasserstoffe in der Natur nicht vor. Eine Fülle dieser chemischen Substanzen wurde im Wasser und im Sediment der Nordsee nachgewiesen. Aufgrund ihrer extrem langsamen Abbaubarkeit können sie sich im Fettgewebe von Lebewesen anreichern. Bereits in niedriger Konzentration wirken sie toxisch.

Ein Teil der Schadstoffe ist im Wasser gelöst, ein anderer ist an anorganische Partikel oder Organismen gebunden. Bei Sturm wird abgesunkenes Material oftmals wieder aufgewirbelt, wodurch auch die anhaftenden Schadstoffe wieder zurück ins Wasser gelangen.

M 10 Vergleich der Bodenfauna 1951/52 zu 1985

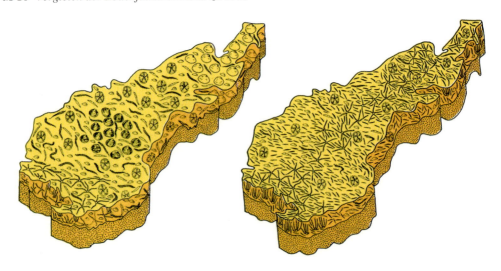

Jürgen Sündermann (Hrsg.): Die Nordsee. Hamburg 1989, S. 15

M 11 Verschmutzung durch die sechs wichtigsten Flüsse

Nach Jürgen Sündermann: a.a.O., S. 35

M 12 Eintrag von Stickstoff 1995

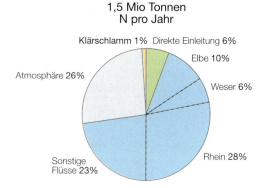

M 13 Eintrag von Phosphor 1995

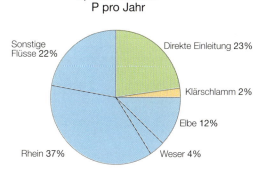

M 14 Eintrag von Blei in die Nordsee

Nach Jürgen Sündermann: a.a.O., S. 30

M 15 Einträge von Cadmium und Blei 1995

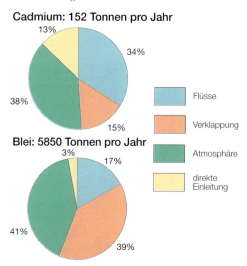

M 12,13 Nach Quality Status of the North Sea, London 1987, M 15 Nach R. Laane, R. Hisgen, A. v. Berge Henegouwen, Rob Leewis, F. Colijn: De zee, de zee, de Nordzee. Den Haag o.J., S. 87

7. Stellen Sie Informationen zusammen
a) über die Verwendungsmöglichkeiten von chlorierten Kohlenwasserstoffen und den Schwermetallen Blei, Cadmium und Quecksilber,
b) über deren Verhalten im Wasser sowie
c) über die Bedrohung, die von diesen Stoffen für Organismen ausgehen.

Stadtökologie

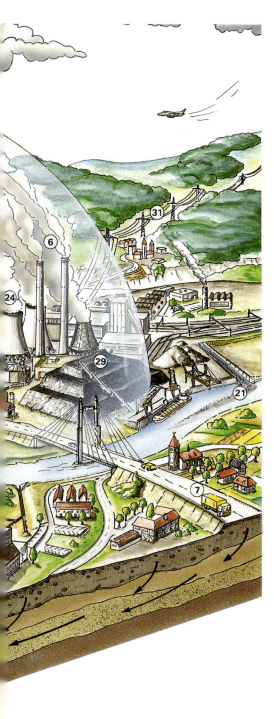

Lärmbelastung
1 Straßen- und Schienenverkehrslärm
2 Industrie- und Gewerbelärm
3 Fluglärm
4 Freizeitlärm

Luftverunreinigung
5 Luftvorbelastung aufgrund weit entfernter Schadstoffquellen
6 Luftbelastung durch Hausbrand, Industrie und Gewerbe, Kraftwerke, Müllverbrennungsanlagen u. a.
7 Luftbelastung durch Abgase des motorisierten Straßenverkehrs
8 Behinderung des Luftaustausches durch Verbau von „Frischluftschneisen"
9 Smog-Bildung bei Inversions-Wetterlagen
10 Überwärmung der Luft durch Kraftwerke, Industriebetriebe, Hausfeuerungen u. a.
11 Geruchsbelästigung durch Kläranlagen

Gefährdung der Wasserversorgung
14 Grundwasserabsenkungen, mangelnde Infiltration infolge Überbauung und Flächenversiegelung
15 Grundwasserabsenkungen durch Flussbegradigung
16 Schadstoffeinsickerung in das Grundwasser
17 Schadstoffbelastetes Uferfiltrat
18 Grund- und Oberflächengewässer-Verunreinigung durch Ölunfälle u. a.

Abwasserbeseitigung
19 Verschmutzung der Gewässer durch unzureichende Reinigung der kommunalen Abwässer
20 Einleitung umweltgefährdender Stoffe durch Gewerbe und Industrie in die kommunale Kanalisation und Kläranlage
21 Verunreinigung der Oberflächengewässer durch direkte Abwassereinleitungen aus Industriebetrieben

Abfallbeseitigung
22 Wachsende Abfallmengen; Energieverbrauch und Emissionen durch aufwendige Sammlung und Transport
23 Beanspruchung und Belastung von Flächen für die Ablagerung von Abfällen
24 Wachsende Umweltbelastung durch neue Stoffgemische in Produktion und Konsum (u. a. Chemisierung des Haushalts)
25 Boden- und Grundwassergefährdung durch Emissionen von Altablagerungen

Schädigung von Natur und Landschaft
26 Nitratbelastung des Bodens durch Überdüngung
27 Massiver Einsatz von Pflanzenschutzmitteln in der Landwirtschaft
28 Freiflächenverlust durch Zersiedlung
29 Aufschüttung von Materialhalden (Schadstoffeinsickerungen u. a.)
30 Vernichtung ökologisch empfindlicher Standorte
31 Landschaftszerstörung durch großflächige Verkehrsbauten, Überlandleitungen u. a.
32 Landschaftsschäden durch Gesteinsabbau u. a.

Nach Büro für Kommunal- und Regionalplanung, Aachen

Die Stadt – ein Ökosystem?

M 1 Ökosystem Stadt

„Haben Städte ein eigenes, ein eigenständiges ‚Wesen'? Oder sind sie gar ‚Lebewesen' natürlich eigener Art? Wenn Bewegung ein Kriterium für Leben ist, dann leben Städte. Städte wachsen und schrumpfen, entstehen scheinbar aus dem Nichts und verschwinden wieder. Städte atmen ein und aus, fressen und verdauen. Sie ziehen Menschen an und stoßen Menschen ab. Aber trotz aller Ähnlichkeit mit Naturwesen, trotz aller Bewegung in den Städten, in die Städte hinein, aus den Städten heraus, trotz aller urbanen Peristaltik: Städte sind und bleiben Kulturprodukte."

G. E. Ortner: Stadt und Ökologie. In: Umweltlernen 1990, H. 49/50, S. 65

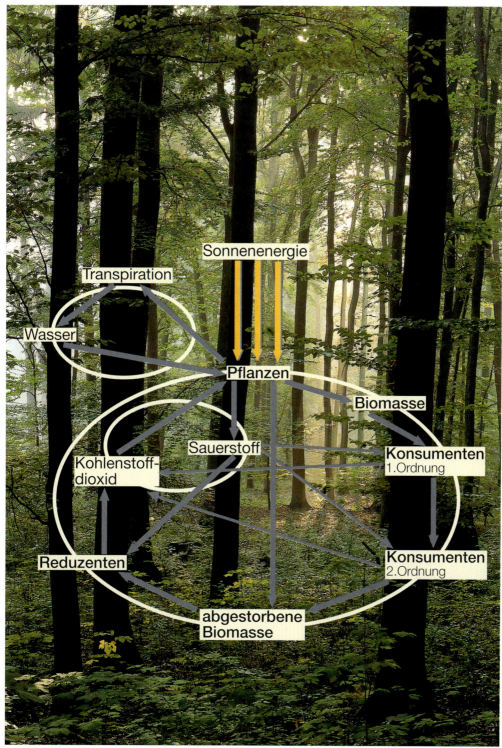

M 2 Der Wald – ein naturnahes Ökosystem

*I 12 000 Autos pro Tag: Anwohner haben die Nase voll.
Erhöhte Verkehrsbelastung in Fallersleben.*

*II Schließung des City-Rings?
Wolfsburg als Autostadt nicht in Frage stellen.*

*III VW-Kraftwerke: Bei Kästorfern sitzen Ängste tief.
Sondermüllverbrennung ist lukratives Geschäft.*

*IV Boom der Baugebiete: Fallersleben wächst.
Abwerbung von Bauwilligen aus Wolfsburg geht weiter.*

Überschriften aus Wolfsburger Zeitungen (25. 1. – 28. 2. 1996)

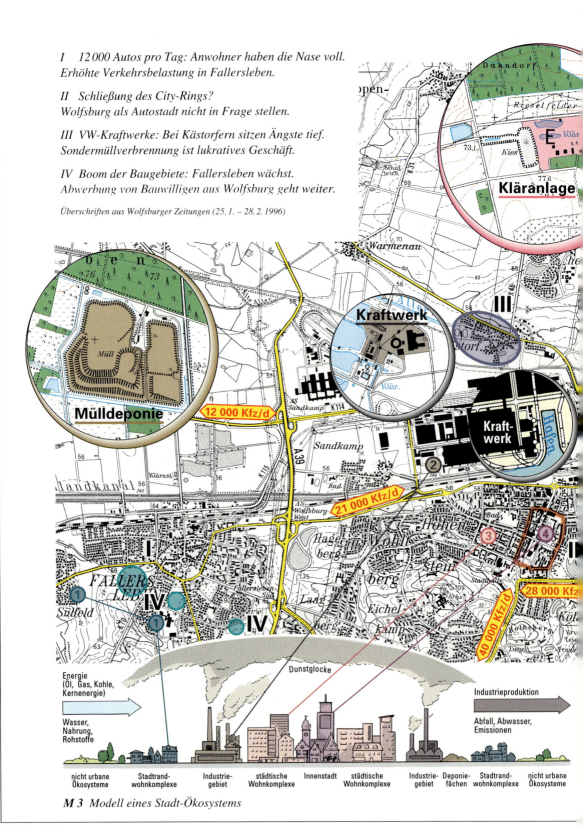

M 3 Modell eines Stadt-Ökosystems

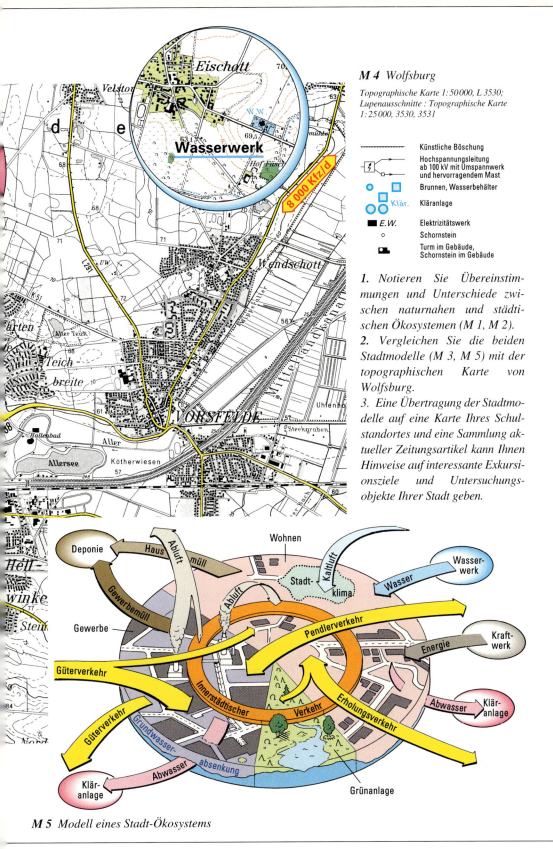

M 4 Wolfsburg
Topographische Karte 1:50000, L 3530;
Lupenausschnitte: Topographische Karte 1:25000, 3530, 3531

1. Notieren Sie Übereinstimmungen und Unterschiede zwischen naturnahen und städtischen Ökosystemen (M 1, M 2).
2. Vergleichen Sie die beiden Stadtmodelle (M 3, M 5) mit der topographischen Karte von Wolfsburg.
3. Eine Übertragung der Stadtmodelle auf eine Karte Ihres Schulstandortes und eine Sammlung aktueller Zeitungsartikel kann Ihnen Hinweise auf interessante Exkursionsziele und Untersuchungsobjekte Ihrer Stadt geben.

M 5 Modell eines Stadt-Ökosystems

Energieversorgung der Städte

M 1 *Kohlendioxidemission und Minderungsziel der Bundesregierung*

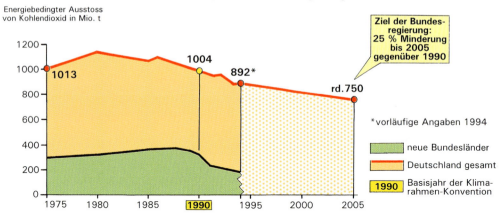

Nach Bundesumweltministerium (Hrsg.): Umwelt 1995, H. 12, S. III

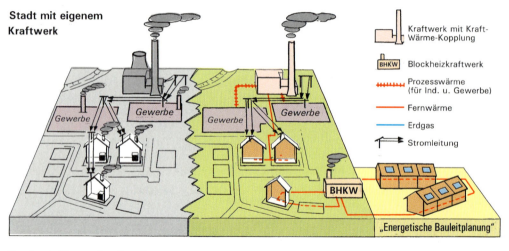

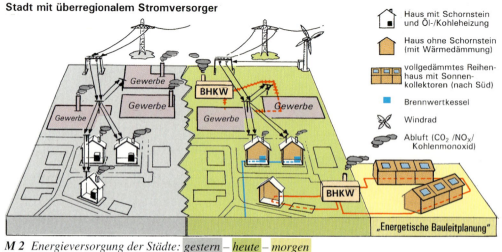

M 2 *Energieversorgung der Städte: gestern – heute – morgen*

M 3 Funktionsschema der Kraft-Wärme-Kopplung

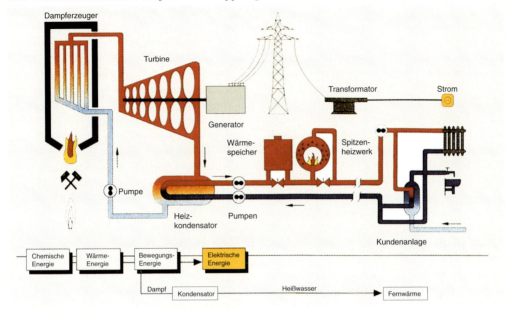

Informationszentrale der Elektrizitätswirtschaft (Hrsg.): Viele Wege führen zum Strom 1993, S. 14–15

Kraft-Wärme-Kopplung (KWK). Bei der Stromerzeugung durch Kraftwerke unterscheidet man Kondensationskraftwerke und Heiz-Kraftwerke mit Kraft-Wärme-Kopplung. Bei *Kondensationskraftwerken* wird nur Strom erzeugt. Ein erheblicher Teil der Energie geht über die Kühltürme als Wasserdampf verloren. Der Wirkungsgrad beträgt 35–50 Prozent.

Bei der *Kraft-Wärme-Kopplung* wird ein Teil des Wasserdampfes für die Wärmeerzeugung als Prozesswärme in Industriebetrieben oder für ein *Fernwärmenetz* verwendet. Der Wirkungsgrad von Kraftwerken mit Kraft-Wärme-Kopplung beträgt (im Winterhalbjahr!) 88–92 Prozent. Übers Jahr gerechnet kommt man auf Wirkungsgrade von 55–60 Prozent. Für kleine Wärmenetze *(Nahwärme)* z. B. in einem neuen Wohngebiet oder in einem Geschäftszentrum lohnen sich kleine *Block-Heiz-Kraftwerke (BHKW)* mit Kraft-Wärme-Kopplung.

M 4 Brennstoffausnutzung bei Kraft-Wärme-Kopplung (in %)

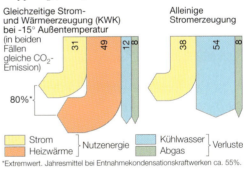

*Extremwert. Jahresmittel bei Entnahmekondensationskraftwerken ca. 55%.

Nach Informationszentrale der Elektrizitätswirtschaft (Hrsg.): Strom BASISWISSEN Nr. 100, S. 3

Brennwerttechnik. Auch bei modernen Feuerungskesseln wird ein nicht unerheblicher Wärmeanteil mit den Abgasen ungenutzt an die Luft abgegeben. Hier setzt die *Brennwerttechnik* an. Der Brennwertkessel macht zusätzliche Wärme aus den Abgasen verfügbar. Außerdem nutzt er die Energie, die bei der Kondensation des in den Abgasen enthaltenen Wasserdampfes frei wird. Gasbrennwertkessel sind wichtig v. a. für private Haushalte zur Energieeinsparung.

Energiesparmöglichkeiten

Wärmedämmung. Die Endenergie im Haushalts- und Kleinverbraucherbereich wird zu etwa drei Vierteln zur Deckung des Raumwärmebedarfs verwendet. Damit kommt der Einsparung von Heizenergie – z. B. durch *Wärmedämmung* eine hohe Bedeutung zu.

Für Neubauten schreibt die Wärmeschutzverordnung von 1995 einen gewissen Wärmedämmstandard vor. Dieser liegt jedoch noch erheblich unter dem in Schweden seit 1991 verbindlichen Anforderungen. Da die Wärmedämmung der heutigen Neubauten deren Heizenergiebedarf in den nächsten 20 Jahren bestimmen wird, ist jeder Neubau, der anstelle des Niedrigenergie-Standards nur die verbindliche Wärmeschutzverordnung einhält, eine auf Jahrzehnte verpasste Chance, die sich in den Heizkosten niederschlagen wird. Bei den Altbauten kann durch Wärmedämmmaßnahmen eine Heizenergieminderung bis zu 70 Prozent erreicht werden.

Energetische Bauleitplanung. Der Einsatz umweltverträglicher Energietechniken ist im Gebäudebereich in starkem Maße von einer *„energetischen Bauleitplanung"* abhängig, die Energie sparende Techniken ermöglicht oder festsetzt.

Die Planung der Grundstückerschließung, z. B.
– die Gebäudeausrichtung nach Süden,
– die Gebäudehöhe,
die Vorgabe kompakter Baukörper sollte so erfolgen,
– dass passive Sonnenenergienutzung (Sonnenwärmespeicherung in nach Süden gerichteten Bauteilen)
– und aktive Sonnenenergienutzung (Kollektoren für die Warmwassergewinnung und Fotovoltaikanlagen zur Stromgewinnung) möglich sind. Es kann auch
– die Nutzung von Fern- oder Nahwärmesystemen vorgeschrieben werden.

Wesentliche Grundlage für die kommunalen Festsetzungen in Bebauungsplänen ist das Baugesetzbuch (§ 9 Absatz 1, (23), (24)).
Zunehmend wird dieses so interpretiert, dass sich daraus weit reichende Kompetenzen für die Kommunen ableiten lassen. Ein Rechtsgutachten der Stadt Heidelberg kommt zu dem Schluss, dass
1. bestimmte Brennstoffe ausgeschlossen werden können (z. B. Ölheizungen),
2. zum örtlichen Immissionsschutz auch schärfere Emissionsgrenzwerte sowie sehr niedrige Wärmedurchgangswerte (k-Werte) festgesetzt werden können (die den Einsatz von Brennwertkesseln voraussetzen).
In Heidelberg und Frankfurt/M. gibt es Bebauungspläne mit Energiekennwerten, die niedriger als die der Wärmeschutzverordnung sind.

Nach Bundesumweltministerium (Hrsg.): Kommunaler Klimaschutz in der Bundesrepublik Deutschland, Bonn 1995

Städte machen Dampf beim Klimaschutz. 1992 haben sich eine Reihe europäischer Städte zum „*Klimabündnis* der europäischen Städte mit den indigenen Völkern der Regenwälder" zusammengeschlossen. Die Mitglieder dieses Bündnisses verpflichten sich, den Ausstoß des Klimagiftes Kohlenstoffdioxid (CO_2) bis zum Jahr 2010 um 50 Prozent zu vermindern und auf Tropenholz sowie die Verwendung von Fluor-Chlor-Kohlenwasserstoffen (FCKW) vollständig zu verzichten. Bis Ende 1995 sind dem Klimabündnis 492 europäische Kommunen beigetreten, darunter 273 aus Deutschland (Nordrhein-Westfalen: 48, Niedersachsen: 36).
Dem Beitritt ging jeweils eine häufig kontroverse Diskussion voraus, ob man eine kommunale Klimaschutz-, d. h. Energiepolitik betreiben und sich zur Verminderung des CO_2-Ausstoßes verpflichten solle. Um glaubwürdig zu bleiben, müssten dem Beitritt auch Taten folgen.
Im ersten Schritt muss ein Gutachten über den durch den Energieverbrauch von Bürgern und Gewerbe verursachten Ausstoß an Treibhausgasen angefertigt werden. Dies lässt sich heute durch Eingabe der lokalen Energiedaten in vorhandene Computerprogramme relativ kostengünstig erstellen.
Je nach dem Ergebnis der Energiebilanz und den örtlichen Gegebenheiten werden sich ortsspezifische Einsparpotentiale ergeben.

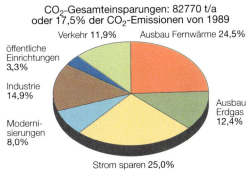

M 5 CO_2-Einsparpotential der Stadt Herten für das Jahr 2000

Nach Zeitschrift für Kommunale Wirtschaft 1992, Nr. 10

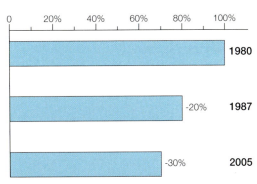

M 6 Rückgang der CO_2-Emissionen in Saarbrücken

Verband kommunaler Unternehmen (Hrsg.): Umweltschutzbeiträge der Stadtwerke-Agenda 21, Köln o. J.

Viele kleine Schritte, die Mut machen

– Beispiel 1: Das Aachener Modell. Die Stadt Aachen zahlt den Betreibern von Fotovoltaik-Anlagen 2,00 DM pro Kilowattstunde Solarstrom. Die Betreiber von Windkraftanlagen erhalten abhängig vom Standort bis zu 0,25 DM pro kWh zusätzlich zu den bundesweiten Einspeisungsvergütungen. Damit wird ein besonderer Anreiz gegeben, in regenerative Energiequellen zu investieren. Natürlich fragt man sich: „Woher haben die Aachener das Geld?" Beim Aachener Modell wird die Förderung der Solar- und Windenergie durch Umlegung der Kosten auf die Stromverbraucher finanziert. Die Erhöhung der Strompreise ist jedoch auf maximal 1 Prozent begrenzt, sodass der einzelne Stromverbraucher dies kaum bemerkt. Die rechtliche Genehmigung des Aachener Modells ist nicht nur für Nordrhein-Westfalen, sondern auch für Niedersachsen erfolgt. In kurzer Zeit wurden in Aachen 500 Kilowatt in einer Windkraftanlage und 90 kW in 30 Fotovoltaikanlagen installiert.

– Beispiel 2: Wärmeversorgung in Köln. Seit 1984 konnte der CO_2-Ausstoß aus der Wärmebereitstellung in Köln um mehr als 16 Prozent vermindert werden. Erreicht wurde dies durch „leitungsgebundene" Energieversorgung: Vier Fernwärmenetze und Erdgasleitungen versorgen mehr als 3/4 der Haushalte Kölns.

– Beispiel 3: „Zukunftskonzept Energie" der Stadt Saarbrücken. In Saarbrücken wurde schon 1980 mit der Energieeinsparung Ernst gemacht. In der Aktion „Dr. Hell" wurden in 50 000 Haushalten, die Strom fressenden Glühbirnen gegen Energiesparlampen ausgetauscht. Damit wurde der Bau eines 10 Millionen DM teuren Fünf-Megawatt-Kraftwerkes überflüssig.

1. Vergleichen Sie M 2 mit Ihrer örtlichen Situation und stellen Sie fest, welche Energieversorgungsstruktur Ihre Kommune aufweist, welche Einsparmaßnahmen umgesetzt und welche noch möglich sind.

2. Vergleichen Sie ein Kondensationskraftwerk mit einem Heiz-Kraftwerk (Kraft-Wärme-Kopplung) im Sommer- und Winterbetrieb (M 3 u. 4).

3. Erkundigen Sie sich in Ihrem Gemeindeamt (Dorf, Kleinstadt) oder dem Stadtplanungsamt (größere Stadt), ob bei der Ausweisung von Baugebieten eine „energetische Bauleitplanung" berücksichtigt wird.

4. Besorgen Sie sich die aktuelle Liste der Klimabündnismitglieder Ihres Bundeslandes (Klimabündnis, Philipp-Reis-Str. 84, 60486 Frankfurt), und klären Sie, ob Ihre Kommune (Stadt, Landkreis) Klimabündnis-Mitglied ist und ein Energiesparkonzept hat. Dieses können Sie mit M 5 und M 6 und dem Text oben vergleichen.

Kommunale Energiepolitik niedersächsischer Städte

Der unterschiedliche Anteil der Industrie am Energieverbrauch einer Stadt wirkt sich neben anderen Faktoren auf den Stromanteil an der CO_2-Bilanz aus. Hat eine Stadt eine eigene Stromerzeugung oder befinden sich stadtnah Kraftwerke überregionaler Energieversorgungsunternehmen, dann kann die Stadt andere Strategien des kommunalen Klimaschutzes verfolgen als eine Stadt ohne diese Möglichkeit.

M 1 *Stromanteil am CO_2-Ausstoß der Städte Göttingen, Osnabrück, Hannover und Braunschweig*

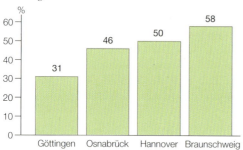

Nach Landeshauptstadt Hannover (Hrsg.): Energie- und Emissionsbilanzen 1992; CO_2-Reduzierungskonzept Osnabrück 1995; Energiekonzept für die Stadt Göttingen 1991, Energiegutachten Braunschweig

M 2 *Anteil am Energieverbrauch nach Verbrauchergruppen für Hannover, Osnabrück, Göttingen*

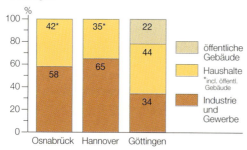

Nach Quellen wie M 1

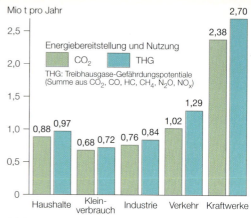

M 3 *Schadstoffbilanz der Stadt Hannover 1990*

M 4 *CO_2-Bilanz Hannover 1990*

CO_2-Bilanz Hannover 1990
– direkte und indirekte[1] CO_2-Emissionen

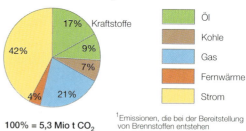

[1] Emissionen, die bei der Bereitstellung von Brennstoffen entstehen

CO_2-Bilanz der Verbrauchssektoren

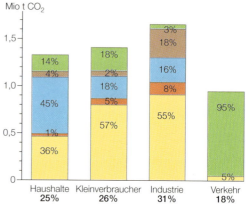

Nach Landeshauptstadt Hannover – Referat für Stadtentwicklung (Hrsg.): In: Schriftenreihe zur Stadtentwicklung, H. 57, S. 23

CO_2-Minderungsmaßnahmen auf der Energie-Bereitstellungsseite (Energieerzeugung, -verteilung)

Beispiel Hannover. In M 3 ist der Heizungsaufwand für Haushalte, Kleinverbraucher (u. a. Handel, Handwerk, Betriebe bis 20 Beschäftigte)

und Industrie dem CO_2-Ausstoß des Verkehrs und der Kraftwerke gegenübergestellt. M 4 zeigt dann, wo der von den Kraftwerken erzeugte Strom verbraucht wird. Der Bedeutung des Stromsektors für Hannover entsprechend wurde der Ersatz des Kraftwerkes Linden durch ein modernes Gas- und Dampfturbinen-Kraftwerk mit hohem Wirkungsgrad beschlossen. Dies wird ein Einsparpotential von 50 000–150 000 Tonnen CO_2 pro Jahr ermöglichen.

M 4 zeigt auch, dass die Stadtwerke Hannover für die Heizwärmeenergie das Leitungsnetz für das CO_2-arme Gas stark ausgebaut haben: 70 Prozent aller Haushalte sind an Gasleitungen angeschlossen. Gut 50 Prozent des gesamten Wärmemarktes, der von den Energieträgern Kohle, Öl, Fernwärme und Gas bedient wird, entfällt aufs Erdgas. Neben diesen beiden CO_2-Minderungsmaßnahmen auf der Bereitstellungsseite weist das ausgefeilte Klimaschutzprogramm der Landeshauptstadt auch erhebliche Einsparungspotentiale auf der Nachfrageseite auf.

Nach Kommunales Klimaschutzprogramm für die Landeshauptstadt Hannover, 1996

Beispiel Wolfsburg

M 5 Ausbau des Fernwärmenetzes in Wolfsburg

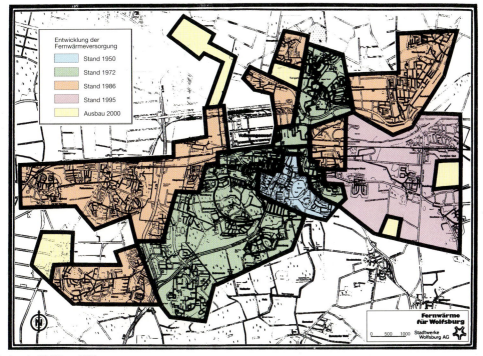

Stadtwerke Wolfsburg 1996

Bereits mit der Stadtgründung im Jahr 1938 war für Wolfsburg eine flächendeckende Fernwärmeversorgung vorgesehen. Die Fernwärme wird heute von zwei Kraftwerken der Volkswagen-AG in Kraft-Wärme-Kopplung erzeugt und von den Stadtwerken verteilt. Mit dem Ausbau der Stadt wurde das Leitungsnetz von heute ca. 400 km Länge kontinuierlich ausgebaut. Aber auch die älteren, erst 1972 eingemeindeten Stadtteile Vorsfelde, Fallersleben sowie die Dörfer Kästorf, Sandkamp, Sülfeld, Ehmen, Mörse, Wendschott, Reislingen und Neuhaus wurden nachträglich mit Fernwärme versorgt.

Heute sind ca. 85 Prozent der 128 000 Einwohner an die Fernwärme angeschlossen. Die Fernwärmeversorgung ist bis zu einem Umkreis von 10 km möglich. Einige Ortsteile liegen jedoch in einer größeren Entfernung.

CO$_2$-Minderungsmaßnahmen auf der Energie-Nachfrageseite

Beispiel Göttingen. Die Stadtwerke der Universitätsstadt Göttingen erzeugen keinen eigenen Strom. Sie haben fast das ganze Stadtgebiet mit Gasleitungen erschlossen und liefern mit Erdgas $2/3$ der Heizenergie. Da damit die CO$_2$-Einsparpotentiale auf der Energiebereitstellungsseite weitgehend erschöpft sind, konzentriert sich das Göttinger Energiekonzept auf Energieeinsparungen auf der Verbraucherseite.

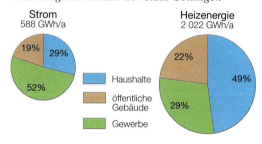

M 6 Anteile der Verbrauchssektoren am Endenergieverbrauch der Stadt Göttingen

Nach Energiekonzept für die Stadt Göttingen 1991

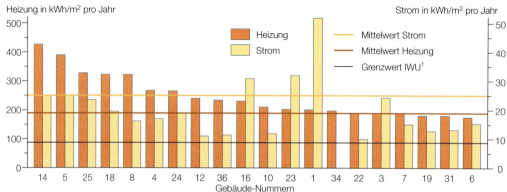

M 7 Spezifischer Endenergieverbrauch Göttinger Schulen

[1] IWU = Institut für Wohnen und Umwelt: Der von diesem Institut angegebene "Grenzwert" gibt den 1989 wirtschaftlich möglichen Heizenergie-Einsatz in Altbauten an.

Nach Energiekonzept für die Stadt Göttingen 1991

Eine Erfassung und fortlaufende Kontrolle des Energieverbrauchs aller öffentlichen Gebäude führte zu vergleichenden Darstellungen, wie M 7 dies für einen Teil der Schulen zeigt. Ziel ist die Absenkung des Heizenergiebedarfs auf den IWU-(Institut für Wohnen und Umwelt)-Grenzwert. Daraus ergibt sich, dass Hausmeister für kostenbewusstes Heizen geschult und Heizungen umgerüstet werden müssen: Ziel ist eine Erneuerung von ineffizienten Heizanlagen, eine bessere Steuerung der Heizungen und Wärmedämmung. Bundesweite Erfahrungen belegen, dass in öffentlichen Gebäuden Einsparpotentiale der Heizenergie von 25–60 Prozent vorhanden sind. Um ähnliche Energie-Einsparungen bei den privaten Haushalten zu erreichen, wurde eine intensive kostenlose Energieberatung und Öffentlichkeitsarbeit durchgeführt. Geplant ist bis 2020, den Endenergieverbrauch der Haushalte um über 50 % zu verringern.

Georgsmarienhütte. Heizenergie-Einsparung. 1992 beschloss der Stadtrat von Georgsmarienhütte, sich zur CO$_2$-Reduzierung zu verpflichten und damit einen Beitrag zur Abwendung der Klimakatastrophe zu leisten. Dazu werden kommunale Gebäude mit einer Wärmedämmung vom Standard von Niedrigenergiehäusern versehen, Heizungsanlagen modernisiert und die Fernwärmeversorgung ausgebaut.
Da Schulen und Sporthallen auf Grund ihrer großen Flächen wahre „Energiefresser" sind, fließt der größte Teil der Finanzmittel in die Modernisierung dieser kommunalen Bauten. Von 1993 bis 1996 werden hier umfangreiche Modernisierungsarbeiten wie der Austausch der Fenster, die Dämmung der Dächer und Außenwände sowie der Einbau einer modernen Heizanlage mit Blockheizkraftwerkmodulen vorgenommen.

M 8 Windkraftanlage Marschweg der Stadtwerke Norden

Windkraft an der Küste: Norden – Die Stadtwerke Norden haben seit 1987 zwei Windparks mit insgesamt 15 Windkraftanlagen erstellt. Außerdem errichteten die Stadtwerke Norden Blockheizkraftwerke mit Kraft-Wärme-Kopplung. Diese versorgen u. a. das Kreiskrankenhaus, das Wellenbad und eine Geschäfts- und Wohnanlage mit umweltfreundlicher Fernwärme und speisen den Strom ins Netz ein. Die Stadtwerke Norden erzeugen mit Windenergie und BHKWs ca. 25 % ihres Bedarfs.

KlinSch – Klimabündnis niedersächsischer Schulen, die sich verpflichtet haben, klima- und energierelevante Themen zu behandeln und über diese inhaltliche Beschäftigung im Unterricht hinausgehend zu einer Verringerung des Energieverbrauchs und somit des CO_2-Ausstoßes beizutragen.

Beispiel: Wilhelm-Raabe-Schule Lüneburg
Die Arbeitsgemeinschaft Energiehaushalt hat seit August 1992 wöchentlich Messungen des Energie- und Wasserverbrauchs vorgenommen. Schon bald stellte sich heraus, dass der schlecht koordinierte Betrieb der Heizungsanlage für den hohen Energieverbrauch verantwortlich war. Es wurde u. a. festgestellt, dass die durchschnittliche Temperatur in dem gesamten Gebäude bis zu fünf Grad Celsius über den empfohlenen Werten lag. Außerdem zeigte sich keine Differenz zwischen dem Heizenergieverbrauch während und nach der Unterrichtszeit. Durch eine Reihe von den Schülerinnen und Schülern vorgeschlagenen Maßnahmen konnte der Energieverbrauch ganz erheblich gesenkt werden.

Nach Deutsche Lehrerzeitung 1995, H. 20

Schulprojekt der Stadt Hannover
Mit 14 Schulen startete die Stadt Hannover im Herbst 1994 das Projekt „Energiesparen durch Änderung des Nutzerverhaltens". Dazu wurden an Schulen Teams aus Hausmeister, Lehrern und Schülern gebildet. Diese wurden in Seminaren darauf vorbereitet, Energiesparmöglichkeiten in ihren Schulen zu entdecken und umzusetzen. Im Durchschnitt sparten die Schulen im ersten Jahr bis zu 21 % Heizenergie und 17 % Strom ein. Das ist eine Kostenersparnis von ca. 110 000 DM. 30 % der eingesparten Energiekosten erhalten die Schulen zur freien Verfügung; 40 Prozent werden einem Fond für die energetische Sanierung hannoverscher Schulen zugeführt. Es ist das Ziel, mittelfristig alle 162 Schulen Hannovers an diesem Programm zu beteiligen.

Nach Landeshauptstadt Hannover (Hrsg.): Nachhaltige Umwelt-Entwicklung, 1995

1. Stellen Sie einige Energiesparstrategien von niedersächsischen Städten zusammen. Die Stadtwerke von Braunschweig haben zwei eigene Kraftwerke. Dem gegenüber erzeugen die Stadtwerke von Osnabrück keinen eigenen Strom. Obwohl die in M 1 und M 2 angegebenen Daten eine sehr schmale Basis darstellen, versuchen Sie Ansätze(!) einer Energiesparstrategie für Braunschweig und Osnabrück zu skizzieren. Berücksichtigen Sie dabei auch M 2 und die Seiten 115–117.
2. Notieren Sie von den Seiten 115–121 Anregungen zum Klimaschutz
a) für Ihre Kommune,
b) für Ihre Schule. Überlegen Sie sich, wer für diese Anregungen ansprechbar sein könnte (SMV, Rat der Stadt, Stadtwerke, Politiker, Lehrer).

Wasserversorgung niedersächsischer Großstädte
Warum es in Großstädten kaum Wasserwerke gibt!

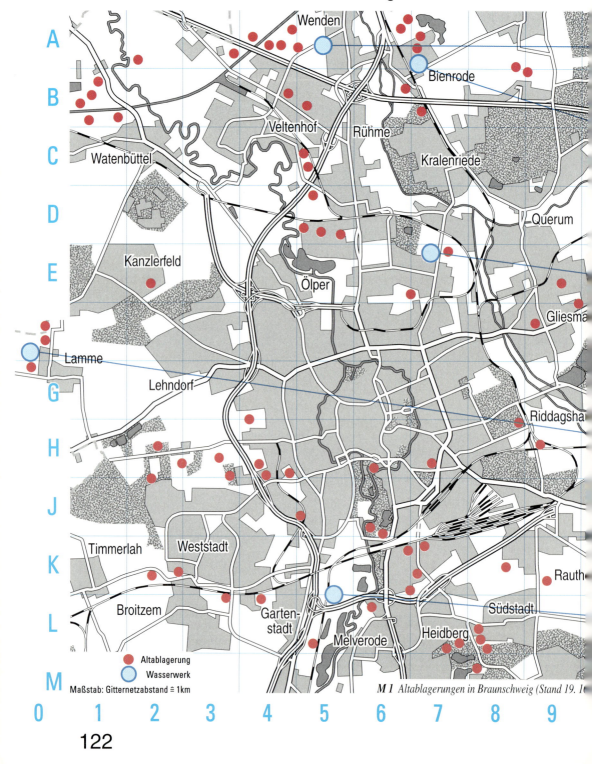

M 1 *Altablagerungen in Braunschweig (Stand 19. 1...)*

M 2 Wasserwerke in Braunschweig

Wasserwerk Wenden, 1975 stillgelegt

Wasserwerk Bienrode, nicht genutzt (Reserve)

Wasserwerk Bienroder Weg, nicht genutzt (Reserve)

Wasserwerk Lamme, geringe Förderung

Wasserwerk Rüningen, 1972 stillgelegt
<small>Ausschnitte aus den Topographischen Karten 1:25000,
Blatt 3729 und 3629 (1992)</small>

„Pro Tag eine Million Liter Wasser geklärt Braunschweig (co). Mit großem Aufwand reinigt die Stadt Braunschweig das Grundwasser rings um das Wasserwerk Bienroder Weg im Stadtteil Siegfriedviertel von chlorierten Kohlenwasserstoffen. Diese Lösungsmittel waren vom Gelände einer chemischen Reinigung ins Erdreich gelangt und wanderten mit dem Grundwasserstrom in Richtung Wasserwerk. Zur Sanierung des Grundwassers wurden fünf Brunnen und eine Reinigungsanlage installiert, in der pro Tag eine Million Liter gereinigt wurde."

Wolfsburger Allgemeine vom 18. 12. 95

Altablagerungen (s. M 1) in Braunschweig
Altablagerung im Planquadrat **E7**: Es handelt sich um ein mit Straßenaufbruch verfülltes Regenrückhaltebecken in unmittelbarer Nähe des Wasserwerkes Bienroder Weg. Die Analyse ergab erhebliche Konzentrationen an polycyclischen aromatischen Kohlenwasserstoffen (PAKs, im Wesentlichen Teerprodukte), die durch Regenwasser ausgelaugt und daher mobilisiert werden können.

Altablagerungen im Planquadrat **D5**: Bei diesen Altablagerungen handelt es sich um mit Abfällen verfüllte ehemalige Sandkuhlen. Um auszuschließen, dass nicht andere Quellen für die auftretenden Schadstoffe verantwortlich sind (z. B. stillgelegte Tankstellen), sind ergänzende Untersuchungen zu machen.

Altablagerungen im Planquadrat **F0/G0**: Im Grundwasser wurden auffällige Mineralölkohlenwasserstoff-Konzentrationen angetroffen.

Nach Sachstandsbericht Altablagerungen des Umweltamtes Braunschweig, 27. 9. 1995

1. Beschreiben und erklären Sie die Lage der (ehemaligen) Wasserwerke im Stadtgebiet von Braunschweig (M 1, M 2).

2. Die Braunschweiger Wasserwerke liefern nur etwa 1 Prozent der benötigten Wassermenge. Erläutern Sie, warum es in Großstädten kaum funktionsfähige Wasserwerke gibt.

M 1 Kartengrundlage: 1:80000, Stadt Braunschweig, Vermessungsamt Az. 62.22 – 8/96, ergänzt

Fernwasserversorgung niedersächsischer Großstädte

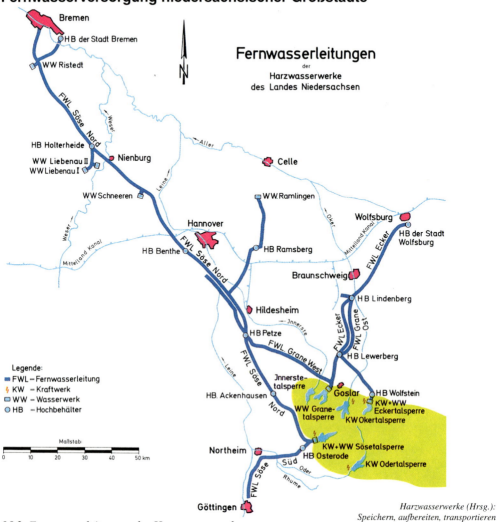

M 3 Fernwasserleitungen der Harzwasserwerke

Harzwasserwerke (Hrsg.):
Speichern, aufbereiten, transportieren
(Broschüre). Hildesheim 1992, S. 5

M 4 Jährliche Wasserlieferungen der Harzwasserwerke

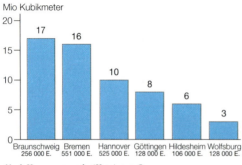

Nach Harzwasserwerke (Hrsg): a. a. O.

Die ersten Talsperren wurden ab 1928 zum Hochwasserschutz und erst später zur Trinkwassergewinnung errichtet. Die Innerstetalsperre (s. M 3) diente erst später der Trinkwassergewinnung. Ende der 70er-Jahre wurden die Pläne, im Harzer Siebertal eine weitere Talsperre zur Trinkwassergewinnung zu errichten, vorgestellt. In der Folgezeit entbrannte ein heftiger Streit zwischen den Harzwasserwerken und den Naturschutzverbänden um den Erhalt eines der letzten unverbauten Bergflusstäler. Insbesondere die Harzer forderten mit einem Logo:

UNSER HARZ!
NUR ZUM DURCHSPÜLEN ZU SCHADE!

M 5 Logo der Talsperrengegner

M 6 Verwendungszwecke für Trinkwasser im Haushalt

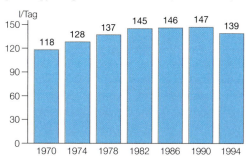

M 7 Täglicher Wasserverbrauch in Litern pro Kopf der privaten Haushalte (alte Länder)

Nach Statistisches Bundesamt 1996

Zum Planfeststellungsverfahren im Jahr 1985 gingen über 2000 Einwendungen ein. Die öffentliche Anhörung dauerte neun Tage lang. Infolge des massiven Widerstandes aus der Harzbevölkerung und durch die Umweltverbände gab die Niedersächsische Landesregierung die Talsperrenpläne im Harz auf. Ein Schwerpunkt der Wasserpolitik des Landes zielt seitdem verstärkt auf die Einsparung von Trinkwasser, da die Wasserressourcen nicht vermehrbar sind.

Ein Vorbild für erfolgreiche Wassereinsparbemühungen in einem Ballungsraum sind die Hamburger Wasserwerke. Diese unterstützten den Einbau von Wohnungswasserzählern in Mietwohnungen und die Installation von Wassersparamaturen. Die Wohnungswasserzähler ermöglichen den Verbrauchern eine bessere Kontrolle ihres Wasserverbrauches und führten zu einem Verbrauchsrückgang um 15%. In Kombination mit dem Einbau von Wassersparamaturen erfolgte eine Reduktion des Wasserverbrauches von 22 Prozent.

3. Der Trinkwasserverbrauch pro Person (ohne Industrie) beträgt pro Jahr ca. 55 Kubikmeter. Bestimmen Sie an Hand von M 4, welche Bedeutung die Harzwasserwerke für die Trinkwasserversorgung der genannten norddeutschen Großstädte haben.
4. Erläutern Sie den Ausspruch eines Umweltpolitikers: „Die Wasserbeschaffung für die Ballungsräume ist eine neue Dimension des Kolonialismus."
5. Erklären Sie das Logo der Talsperrengegner (M 5 im Zusammenhang mit M 6).
6. Analysieren Sie, wo die größten Trinkwassereinsparpotentiale für die privaten Haushalte liegen (M 6).

Abwasserentsorgung

Die Sammlung von Abwasser und Regenwasser (von versiegelten Flächen) kann auf zwei unterschiedliche Weisen erfolgen: Beim *Trennverfahren* werden Abwasser und Regenwasser in zwei getrennten Kanalisationsnetzen zur Kläranlage (Abwasser) bzw. zum nächsten Gewässer (Regenwasser) geleitet. Beim *Mischverfahren* werden Abwasser und Regenwasser gemeinsam in einem Kanalisationsnetz gesammelt. Da das Verhältnis von Abwasser und Regenwasser bei starken Regenfällen 1:300 betragen kann, muss das Kanalnetz durch Regenüberläufe entlastet werden. Das Abwasser oder das Mischwasser fließt zur *Kläranlage*.

In der *mechanischen Stufe* werden feste und nicht gelöste Stoffe zurückgehalten:
– Gröbere Stoffe werden durch einen *Rechen (1)* oder ein Sieb im Zulauf entnommen.
– Im *Sandfang (2)* fließt das Abwasser langsam, sodass schwere Bestandteile absinken. Das Sandfanggut wird regelmäßig geräumt und mit dem Rechengut in der Regel auf einer Deponie entsorgt.

Das *Vorklärbecken (3)* trennt langsamer absinkende Feststoffe vom durchfließenden Wasser. Aufschwimmende (leichte) Stoffe werden zusammengeschoben und ebenfalls abgeräumt. Der abgesunkene wie der aufschwimmende Schlamm wird als *Primärschlamm* der Schlammbehandlung zugeführt. Das Kernstück der Kläranlage bildet die *biologische Stufe* mit den runden oder quadratischen *Belebungsbecken (5)*. Dort bauen Kleinstlebewesen (z.B. Bakterien) die im sogenannten Belebungsschlamm gelösten oder fein verteilten *organischen Schmutzstoffe* ab. Der dafür notwendige Sauerstoff wird über eine Druckbelüftung in das Becken geblasen oder durch installierte Rotoren, Kreisel oder Bürsten in das Wasser hineingeschlagen.

Damit dem Wasser die gewässerbelastenden Nährstoffe Phosphat und Stickstoffverbindungen entzogen werden, erfolgen weitere Maßnahmen: Durch Zusatz von Fällungsmitteln *(4)* wird Phosphat ausgefällt. Dies erfolgte früher in einer gesonderten chemischen (dritten) Klärstufe. Die Stickstoffverbindungen werden durch Bakterien in einem ersten Schritt zu Nitrat oxidiert *(Nitrifikationsbecken 6)*. Dazu benötigen sie Sauerstoff. Andere Bakterien können das Nitrat dann unter sauerstoffarmen Bedingungen zu molekularem Stickstoff reduzieren *(Denitrifikation 7)*. Dieser entweicht in die Luft.

Im anschließenden meist runden *Nachklärbecken (8)* sinken die Bakterienklumpen als Belebtschlammflocken ab und werden ähnlich zum Vorklärbecken vom gereinigten Abwasser getrennt. Dieser *Sekundärschlamm* wird z.T. zum Belebungsbecken zurückgepumpt, z.T. der Schlammbehandlungsanlage zugeführt.

Da der anfallende Schlamm zu 96 bis 99 Prozent aus Wasser besteht, wird er zuerst im Eindicker vorentwässert, bevor er in den *Faulturm (9)* gepumpt wird. Dort wird er ohne Sauerstoff von Bakterien zersetzt. Dabei entsteht das brennbare Methan *(Klärgas)*. Der ausgefaulte Schlamm ist praktisch geruchlos und wird nach nochmaliger Entwässerung landwirtschaftlich verwertet. Enthält er aber Schadstoffe (z.B. durch Problemabfälle aus Haushalten oder industrielles Abwasser) muss er teuer entsorgt, d.h. deponiert oder verbrannt werden.

Da die Reinigungsqualität nicht von der Verdünnung des Abwassers, sondern von seiner Verweilzeit in der Kläranlage abhängt, sollten die Abwassermengen vermindert werden. In ökologischen Siedlungen wird das sogenannte *Grauwasser* (weniger verschmutztes Wasser aus Dusche, Badewanne, Spül- und Waschmaschine) in *Pflanzenkläranlagen* gereinigt und anschließend für die Toilettenspülung also zweimal benutzt. Das Regenwasser sollte, soweit der Boden einer Wohnsiedlung durchlässig ist, dort versickern und damit dem Grundwasser zugeführt werden.

1. Vergleichen Sie das Idealmodell (M 1) mit der Realität (M 2), die großen Elemente [3, 5, 8, 9] sind erkennbar. Erläutern Sie die Funktion der einzelnen Kläranlagenelemente.
2. Um wie viel Prozent lässt sich die Abwassermenge eines Haushaltes durch die Nutzung des Grauwassers vermindern (M 6, Seite 125)?
3. Suchen Sie auf einer topographischen Karte 1:25 000 Ihres Schulstandortes den Standort einer Kläranlage. Planen Sie eine Exkursion.

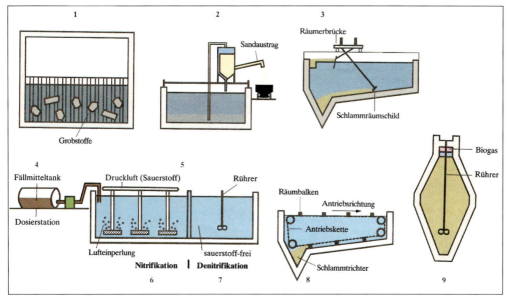

M 1 Elemente einer kommunalen Kläranlage
Abwassertechnische Vereinigung e.V. (Hrsg.): Abwasser im Klartext. Hennef 1993

M 2 Kläranlage Göttingen

Abfallwirtschaft in Deutschland

M 1 *Abfallmengen nach Abfallarten in Deutschland (in Mio. t)*

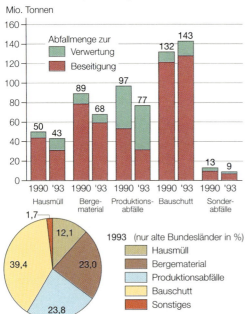

Nach Statistisches Bundesamt 96–0002 und 0003

M 2 *Zusammensetzung des Hausmülls*

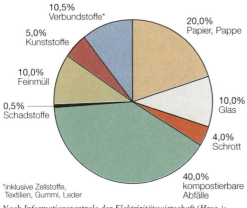

*inklusive Zellstoffe, Textilien, Gummi, Leder

Nach Informationszentrale der Elektrizitätswirtschaft (Hrsg.): Strombasiswissen Nr. 114, S. 2

M 3 *Öffentliche Entsorgung in der Bundesrepublik Deutschland 1990, alte und neue Bundesländer*

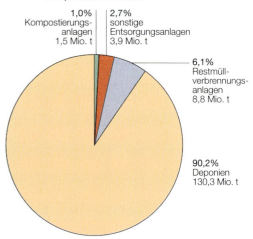

Nach Informationszentrale der Elektrizitätswirtschaft (Hrsg.): Foliensammlung Abfallwirtschaft 7.3, 1/94

M 4 *Deponiearten*

Öffentliche Deponien	
Hausmülldeponien	270
Bodenaushub- und Bauschuttdeponien	1 552
Bodenaushubdeponien	692
sonstige Deponien	82
gesamte öffentliche Deponien	2 596
Betriebseigene Deponien	874

Statistisches Bundesamt 1996

M 5 *Voraussichtliche Restlaufzeiten der Hausmülldeponien in Deutschland*

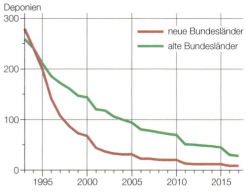

Nach Umweltbundesamt Berlin (Hrsg.): Jahresbericht 1993. Berlin 1994, S. 267

Deponierung

Sickerwasser. Der auf eine Deponie fallende Regen durchsickert diese und nimmt dabei unterschiedliche Stoffe auf. Im Sickerwasser spiegeln sich die vielen chemischen und biologischen Prozesse und das Deponiestoffgemisch wider. Etwa 35 bis 40 Prozent des Niederschlagswassers werden über Drainagerohre als Sickerwasser an der Basis der Deponie aufgefangen und abgeleitet. Damit dieses hoch kontaminierte Sickerwasser nicht ins Grundwasser gelangt, müssen Deponien unten abgedichtet sein. Die älteren Deponien wurden mit einer Folie abgedichtet, bei den neueren wurde zusätzlich eine Tondichtung verlangt. Da das Sickerwasser so stark mit Schadstoffen angereichert ist, kann es nicht ohne vorherige Reinigung in einen Bach oder auch nur in eine kommunale Kläranlage eingeleitet werden. Es sind im Wesentlichen zwei Stoffgruppen, die das Sickerwasser belasten:
Stickstoffverbindungen entstehen durch die Zersetzung von organischem Müll. Sie werden in der biologischen Stufe einer Sickerwasserkläranlage mehr oder weniger vollständig abgebaut.
Organische Kohlenwasserstoffe und *Schwermetalle* stammen aus dem weiten Spektrum von Problemabfällen wie Farben, Lacken, Batterien, Kunststoffen. Ihre Entfernung aus dem Sickerwasser ist schwierig und teuer. Sie erfolgt in der chemisch-physikalischen Stufe der Sickerwasser-Kläranlage. Wäre der abzulagernde Müll frei von organischen Bestandteilen, d.h. würde der Biomüll vollständig abgetrennt, dann könnte die Kommune erhebliche Kosten bei der Sickerwasserreinigung einsparen.

Deponiegas. Durch die Zersetzung organischen Materials (Biomülls) entsteht im Deponiekörper ein Gasgemisch aus Kohlenstoffdioxid und dem brennbaren Methan. Das Deponiegas wird über ein im Deponiekörper verlegtes Röhrensystem gesammelt und abgesaugt. Es kann in einem Blockheizkraftwerk energetisch genutzt werden. Auf vielen Deponien wird es aber ohne Energiegewinn „abgefackelt", d.h. bei hohen Temperaturen in einer sogenannten Deponie-Gasfackel verbrannt.
Auch hier werden die Kosten für die Abfackelung vor allem durch den Anteil des im Restmüll verbliebenen Biomülls bestimmt. Je mehr Biomüll der Kompostierung zugeführt wird, desto geringer sind die Kosten für die Deponiegasbeseitigung und damit die Hausmüllentsorgung.

M 6 Querschnitt durch eine geordnete Deponie

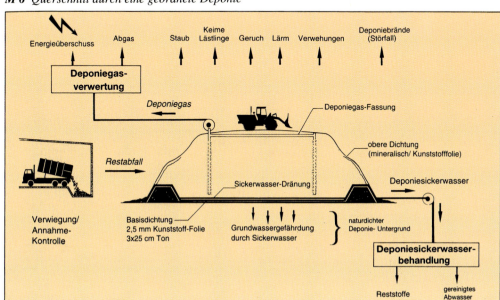

Heiko Doedens: Abfallwirtschaft. In: Praxis Geographie 1993, H. 5, S. 9

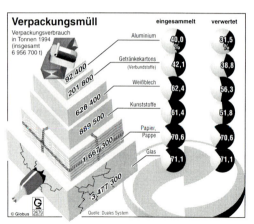

M 7 Verpackungsverbrauch und Wiederverwertung 1993

Verpackungsabfall

Die Verpackungsverordnung von 1991 schreibt vor, dass der Handel Verkaufsverpackungen im Laden zurücknehmen muss, um sie der Wiederverwertung zuzuführen. Der Handel kann dieses vermeiden, wenn die Wirtschaft neben der kommunalen Abfallentsorgung ein zweites Abfallentsorgungssystem für Verpackungen einrichtet („Duales" = zweites System). Das *Duale System Deutschland (DSD)* ist ein Zusammenschluss von Unternehmen des Handels der Konsumgüterindustrie und der Verpackungsindustrie. Das DSD sammelt durch Subunternehmer in „gelben Säcken" oder „gelben Tonnen" die Leichtverpackungen. In Sortieranlagen werden sie in verschiedene Materialien getrennt. Nach Verpackungsverordnung (Novelle 1996) sollen ab 1.1.1996 verwertet werden: Weißblech und Glas zu 70%, Aluminium, Kunststoff, Papier/Pappe und Kartonverbunde zu 50%. Bei Verbundmaterial soll mindestens eine Komponente stofflich verwertet werden. Man unterscheidet „werkstoffliches" und „rohstoffliches" Recycling. *Werkstoffliches Recycling* bedeutet, dass aus Altglas Neuglas, aus Altpapier neues Papier hergestellt wird. *Rohstoffliches Recycling* bedeutet die Gewinnung der Rohstoffe aus dem Sortiergut: Z. B. kann aus Kunststoffflaschen ein Syntheseöl zurückgewonnen werden.

Duales System Deutschland, Stand: Juni 1995

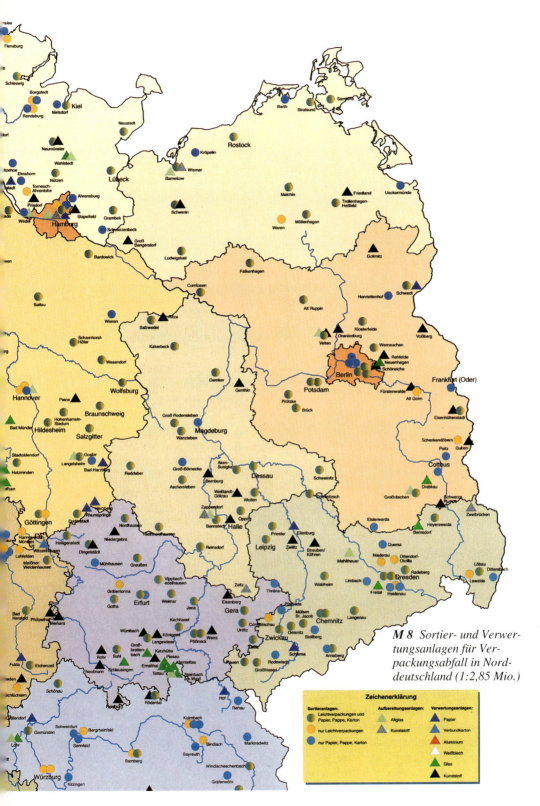

M 8 Sortier- und Verwertungsanlagen für Verpackungsabfall in Norddeutschland (1:2,85 Mio.)

M 9 Sortierband für Leichtverpackungen mit „Grünen Punkten"

M 10 Ökologischer Vergleich zwischen Mehrwegflasche und Dose

Nach BUND (Hrsg.): In: Natur und Umwelt 1995

Pro und contra „Grüne Punkte"

„Grüner Punkt" bedeutet: Der Hersteller zahlt für diese Verpackung an DSD einen Beitrag zur Sammlung, Trennung und Verwertung. An dem DSD und den „Grünen Punkten" gibt es massive Kritik von den Umweltverbänden:
– Die Wahl des „Grünen" Punktes signalisiere dem Käufer Umweltfreundlichkeit der Verpackung, die aber gar nicht gegeben sei, wenn man die Weißblechdose mit dem „Grünen Punkt" mit der umweltfreundlichen Pfandflasche ohne „Grünen Punkt" vergleiche. Damit werde eine Verdrängung des umweltfreundlichen Mehrweg(Pfand)-systems durch die Einwegverpackungen gefördert.
– Das System diene nicht der Müllvermeidung.
– Der „Grüne Punkt" verheiße Recycling der Verpackung, obwohl dies bei Kunststoff und Verbundmaterial nur zum Teil gewährleistet sei.
– Mangelnde Absatzchancen für die vergleichsweise teuren Recyclingstoffe (Syntheseöl statt Erdöl) könnten notgedrungen zur „thermischen Verwertung", d.h. zur Verbrennung der Verpackungen führen.

Demgegenüber betont die Bundesregierung:
– Ein Rückgang des Mehrweganteils bei Getränkeverpackungen werde verhindert.
– Der Packmitteleinsatz werde durch den „Grünen Punkt" verteuert und damit ein Anreiz zur Verminderung gegeben. Zwischen 1991 und 1993 sei der Packmitteleinsatz aus Haushalten und Kleingewerbe um 7,7% zurückgegangen.

Aktionsmöglichkeiten für Schüler

Besichtigung der Abfalldeponie

Da die Abfallentsorgung Angelegenheit der Landkreise oder kreisfreien Städte ist, befindet sich eine Entsorgungsanlage (überwiegend Deponie) meist in guter Erreichbarkeit, sodass man an einem Schulvormittag eine Exkursion dorthin durchführen kann. Dort könnte man Folgendes beobachten und untersuchen:
– Welche Wertstoffe können von Kleinanlieferern (Bürgern, Handwerksbetrieben) dort getrennt abgegeben werden (z.B. Styroporverpackungen, Eisen- und Elektronikschrott)?
– Wird Biomüll kompostiert?
– Wie wird die Müllanlieferung kontrolliert und dokumentiert, sodass z.B. kein Sondermüll angeliefert wird?
– Besonders interessant ist es, auf ein Müllfeld zu gehen, einen Quadratmeter abzustecken und mit Müllzangen noch Verwertbares in getrennte Gefäße zu sammeln. Damit bekommt man einen guten Einblick, in welchen Bereichen die getrennte Sammlung noch nicht gut funktioniert.
– Wie wird das Deponiesickerwasser gereinigt? (Deponiesickerwasser-Kläranlage)
– Was geschieht mit dem Deponiegas?
– Wie ist die Deponie nach unten abgedichtet?

M 11 Eine Schulklasse untersucht den Müll

Besichtigung der Sortieranlage für Leichtverpackungen

Sortieranlagen für Leichtverpackungen (Dosen, Getränkeverbundverpackungen, Kunststoffe) können ebenfalls besichtigt werden. Man könnte erfragen, wie hoch der Anteil der Sortierreste (d. h. der Fehlwürfe und nicht verwertbaren Materialien) ist, wohin die einzelnen Fraktionen geliefert werden, und eine Karte über die Transportwege der „Grüne-Punkt-Verpackungen" anfertigen.

Abfallwirtschaftsberater

Alle Entsorgungsunternehmen der Landkreise und kreisfreien Städte haben Abfallwirtschaftsberater, die man in die Schule einladen und nach dem Entsorgungskonzept befragen kann. Ein Vergleich mit Pro-Kopf-Müllmengen und Recyclingquoten anderer Kommunen könnte Defizite und Chancen für eine Verbesserung aufzeigen.

1. Stellen Sie stichwortartig die wichtigsten Herkunftsbereiche und den Verbleib des deutschen Abfallaufkommens dar (M 1 – M 4).

2. Welche Konsequenzen könnte man aus M 5 für die deutsche Abfallwirtschaft ziehen?

3. Analysieren Sie, welches die drei kostentreibenden Bestandteile einer Mülldeponie sind und wodurch die Kosten vermindert werden können (M 6 und Text S. 161).

4. Legen Sie dar, wie das Hausmüllaufkommen vermindert werden könnte (M 2, M 7).

5. Erörtern Sie (schriftlich) die Pro- und Contra-Argumente zur Verpackungsverordnung und zum „Grünen Punkt" und begründen Sie eine eigene Meinung (M 10).

6. Notieren Sie in Frageform, was Sie über die Abfallwirtschaft Ihrer Stadt gern erfahren würden und machen Sie Vorschläge für entsprechende Untersuchungen.

Abfallwirtschaft in Niedersachsen

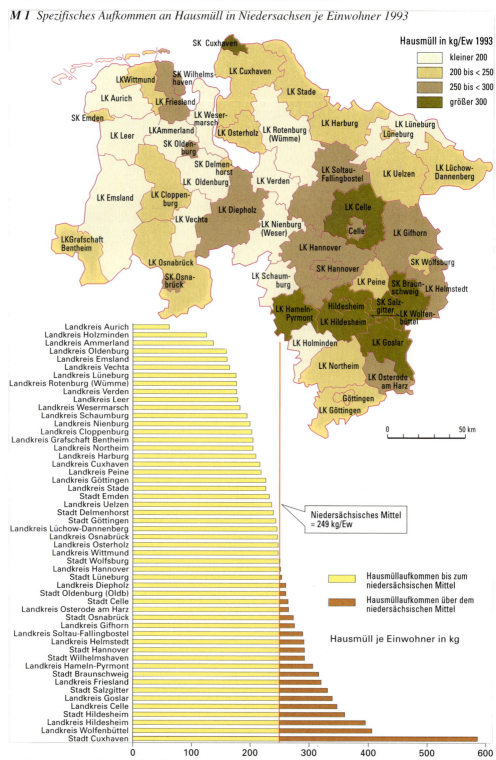

M 1 Spezifisches Aufkommen an Hausmüll in Niedersachsen je Einwohner 1993

M 2 Spezifisches Hausmüllaufkommen in Niedersachsen nach Kommunen 1993

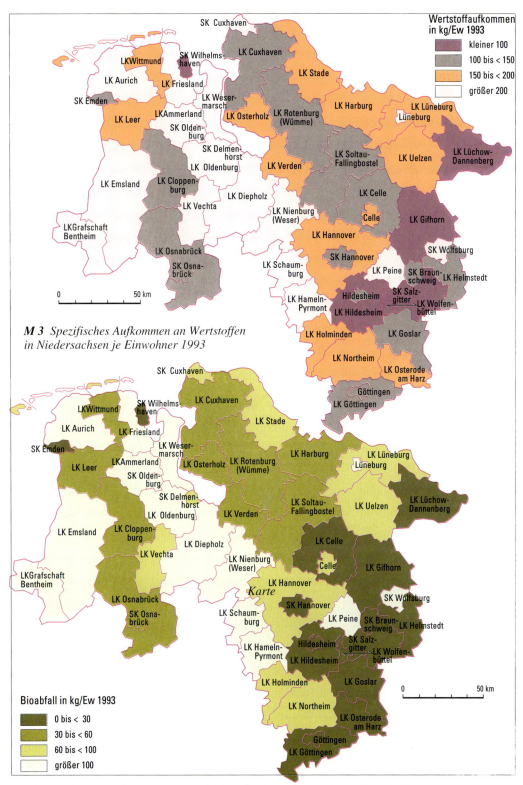

M 3 Spezifisches Aufkommen an Wertstoffen in Niedersachsen je Einwohner 1993

M 4 Spezifisches Aufkommen an Bioabfall in Niedersachsen je Einwohner 1993
Nach Niedersächsisches Umweltministerium (Hrsg.): Niedersächsische Abfallbilanz 1993

Der Streit um die Restmüllentsorgung

Auch nach Wertstoffsammlung und Kompostierung bleibt ein zu entsorgender Restmüll. Da die Hausmüll-Deponien durch ihr Sickerwasser und Deponiegas sowie mögliche Setzungserscheinungen Risiken bergen, soll die heutige Form der Deponierung ab dem Jahr 2005 in Deutschland nicht mehr zulässig sein. Die „Technische Anleitung Siedlungsabfall" (kurz TASI) schreibt vor, dass dann nur noch Stoffe abgelagert werden dürfen, die *inert* (erdähnlich) sind, also kein Sickerwasser und kein Deponiegas bilden und somit mehr oder weniger frei von organischen Stoffen sind. Am leichtesten ist dies durch eine Verbrennung zu erreichen. Die Naturschutzverbände und viele Bürgerinitiativen wehren sich aber gegen die Müllverbrennung und bevorzugen die *„Mechanisch-biologische Vorbehandlung"* (MBV), eventuell mit einer nachgeschalteten Teilverbrennung. Diese Form der Restmüllbehandlung ist noch in Entwicklung begriffen.

Mechanisch-biologische Vorbehandlung Wilhelmshaven

1993 wurde die Deponie Wilhelmshaven in nur drei Monaten auf die MBV umgestellt. Am „Schredderplatz" erfolgt die zentrale Anlieferung. Hier werden nicht geeignete Abfälle sofort aussortiert: Wertstoffe, Metalle, schadstoffhaltige Kondensatoren u. ä. Der Schredderplatz als zentraler Anfahrpunkt für die Abfallanlieferer erfüllt auch „erzieherische" Aufgaben, da „Fehlwürfe" sofort entdeckt werden. Durch den Schredder wird das Material dann zerkleinert und mit Klärschlamm gleichmäßig vermischt. Dieses homogenisierte Material wird zu ca. 20 m breiten und ca. 2,5 m hohen „Mieten" aufgesetzt, deren besonderer Aufbau eine gute Belüftung mit Sauerstoff ermöglicht. In den kommenden 6–8 Monaten zersetzt sich („verrottet") das organische Material durch bakterielle Prozesse ähnlich wie bei der Kompostierung. Der Gewichtsverlust beträgt 15–20%; die Volumenverminderung bis zu 50 Prozent. Nach dieser „Hauptrotte" wird das nunmehr erdähnliche Material zur „Nachrotte" auf die spätere Deponiefläche gebracht und nach zweimonatiger Rottezeit verdichtet und endgültig eingebaut.

Die bisherigen Erfahrungen mit dieser sehr einfachen Form der Restmüllbehandlung:
– Verdopplung der Deponielaufzeit (50 % Volumenreduzierung),
– Verringerung der Deponiegasentwicklung um 90 %,
– Reduzierung der Sickerwasserbelastung um 90 %,
– vergleichsweise geringe Kostensteigerung um nur 25,– bis 30,– DM pro Tonne,
– Erstellung eines homogenen, erdähnlichen Deponiekörpers mit nur geringer Setzungsneigung,
– kurze Umstellungszeit von nur 3 Monaten.

M 5 Mechanisch-biologische Vorbehandlung Wilhelmshaven

Mechanisch-biologische Restmüll-Vorbehandlungsanlage (MBV) Lüneburg

Im Dezember 1995 ging die neue MBV in Betrieb. Im Gegensatz zu der älteren Freilandanlage in Wilhelmshaven erfolgt hier die Rotte innerhalb von 4 Monaten in einer Halle unter leichter kontrollierbaren Rottebedingungen.

M 6 Modell der MBV Lüneburg

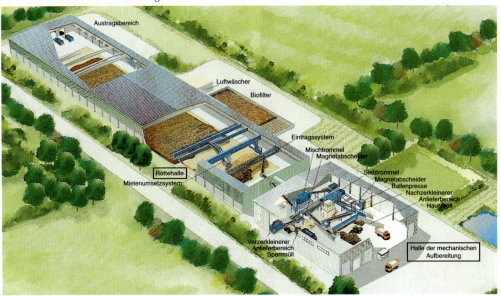

M 7 Schema des Bearbeitungsablaufs der MBV

Beide Abbildungen: Gesellschaft für Abfallwirtschaft Lüneburg

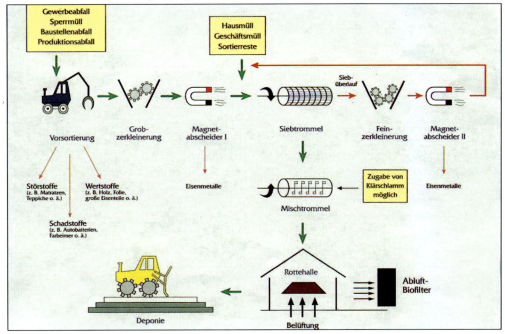

M 8 Stoffströme in der MBV-Anlage Lüneburg

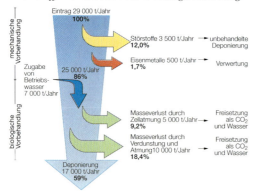

Nach Gesellschaft für Abfallwirtschaft

Entwicklungspotentiale. Das deponierte Rottematerial lässt sich relativ leicht in eine gröbere (über 40 mm) kunststoff- und textilreiche Fraktion und eine feinere (unter 40 mm), erdähnliche Fraktion trennen. Die eine Hälfte der feineren Fraktion (0–20 mm Größe) ist nicht allein brennfähig und könnte ohne Bedenken deponiert werden. Die andere Hälfte der feinen Fraktion (20–40 mm) brennt wie Braunkohle (d. h. relativ schlecht). Die grobe Fraktion (über 40 mm) brennt zwar nicht so gut wie Steinkohle, hat aber einen relativ hohen Heizwert. Durch MBV könnte man den Restmüll vermindern und anschließend trennen für eine teilweise Deponierung und teilweise Verbrennung. Damit würde man vergleichsweise weniger Verbrennungsanlagen wie bei der kompletten Müllverbrennung benötigen.

Nach Michael Turk: Aerob-Mechanisch-Biologische Restabfallbehandlung auf der Deponie Wilhelmshaven-Nord. TU Braunschweig 1995

Pressemitteilung des Niedersächsischen Umweltministeriums vom 12. 6. 1995. Der Bau einer mechanisch-biologischen Vorbehandlungsanlage für Restmüll ist nach Auffassung des Niedersächsischen Umweltministeriums für Städte und Landkreise eine lohnende Investition … „Wer jetzt eine große Müllverbrennungsanlage baut, bindet nicht nur viel Geld, das sinnvoller ausgegeben werden kann, sondern macht auch die Anstrengungen bei der Abfallvermeidung wieder zunichte", sagte die Ministerin.

Argumente der Befürworter der Restmüllverbrennung
– Die „thermische Verwertung" nutzt einen Teil der im Abfall steckenden Energie.
– Die Emissionen aus der Abfallverbrennung spielen mit Ausnahme von Cadmium und Quecksilber im Rahmen der Gesamtemissionen aus Kraftwerken, Industrie, Verkehr und Haushalten eine untergeordnete Rolle.
– Neue MVAs (Müllverbrennungsanlagen), die die verschärften Grenzwerte einhalten, haben wirksame Abgasreinigungsanlagen. Ihre Emissionen sind gesundheitlich unbedenklich.
– Die MVA ist zur Zeit die einzige Großtechnologie, die eine Inertisierung, das heißt, ein weitgehendes Unschädlichmachen des Restmülls ermöglicht. Dabei kommt es auch zur Zerstörung organischer Schadstoffe.
– Es geht nicht an, dass die Entsorgung der von uns heute produzierten Abfälle den nachfolgenden Generationen als Altlast übertragen wird.

Argumente der Gegner der Restmüllverbrennung
– Eine Unterauslastung von MVAs treibt die Entsorgungskosten in die Höhe. Der Zwang zur Abfallverminderung und Verwertung entfällt.
– Eine Gesundheitsgefährdung durch Emissionen ist nicht auszuschließen. Die Emission von Schwermetallen und Dioxin ist belegt.
– Bei der MVA entsteht unter anderem (2–3 Gew.-%) hochgiftiger Sondermüll (Filteraschen).
– Eine Verwendung der Schlacke aus der MVA als Straßenbaumaterial ist wegen der hohen Salz- und Schwermetallgehalte nicht unbedenklich.
– Eine intensivere Forschung im Bereich mechanisch-biologischer Restmüllbehandlungsverfahren würde weitere Fortschritte in dieser umweltentlastenden Technologie bringen.
– Die Müllverbrennung, die teuerste Restmüllentsorgung, erfordert zentrale, große Anlagen, zu denen der Müll über weite Strecken transportiert werden muss. Die mechanisch-biologische Restmüllbehandlung kann ohne großen Kapitalaufwand am Ort der derzeitigen Deponien, also dezentral durchgeführt werden.

M 9 Schülerinnen- und Schüleraktion „Total tote Dose"

M 10 Schülerinnen und Schüler verhängen mit 20 000 Getränkedosen das Göttinger Rathaus

Am 6. 5. 1992 demonstrierten an vielen Orten in Deutschland Jugendliche für eine Eindämmung der Verpackungsflut. Unter anderem verschwand das Brandenburger Tor hinter einem Dosenvorhang.
Ein Jahr später waren erste Erfolge zu verzeichnen. In Berlin stellte eine Brauerei unter Bezug auf die Aktionen auf Mehrweg um; in Göttingen wurden zwei „dosenfreie" Stadtteile eingerichtet. Diese Idee fand bundesweit Nachahmer von anderen Schülergruppen. Inzwischen gibt es rund 100 dosenfreie Zonen im gesamten Bundesgebiet.

1. Stellen Sie den „Rang" Ihres Land-/Stadtkreises bezüglich Abfall- und Wertstoffaufkommen in Niedersachsen fest (M 1 – M 4). Gibt es in Ihrer Kommune Handlungsbedarf?
2. Vergleichen Sie die beiden Anlagen zur mechanisch-biologischen Restmüllvorbehandlung untereinander (M 5–8) und mit der Restmüllentsorgung Ihrer Kommune.
3. Informieren Sie sich darüber, ob Ihr Restmüll jetzt oder in Zukunft ganz oder teilweise verbrannt werden soll. Stellen Sie Argumente dafür oder dagegen zusammen.

Stadtklima und Lufthygiene am Beispiel von Hannover

M 1 Thermalaufnahmen von Hannover vom 19. 8. 89

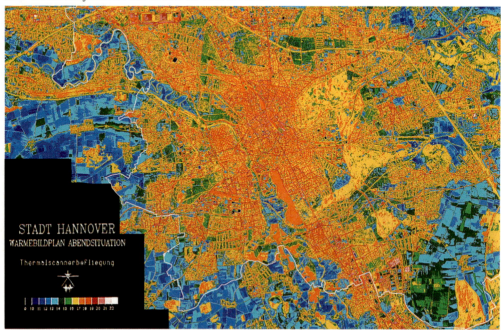

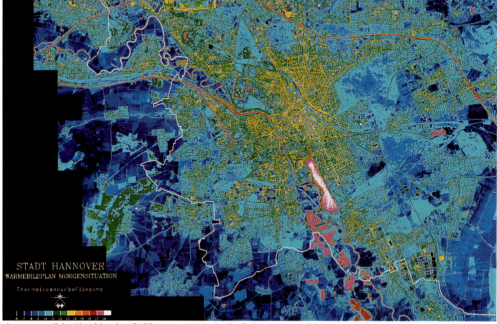

oben: sommerliche Abendsituation (21 Uhr); rote und gelbe Farbtöne: warme Gebiete;
unten: sommerliche Morgensituation (6 Uhr)   blaue Farbtöne: kältere Bereiche
Physische Geographie und Landschaftsökologie. Geographisches Institut – Universität Hannover

M 2 Topographische Übersichtskarte 1: 200 000, Blatt CC 3918 Hannover, mit Profillinie von M 4

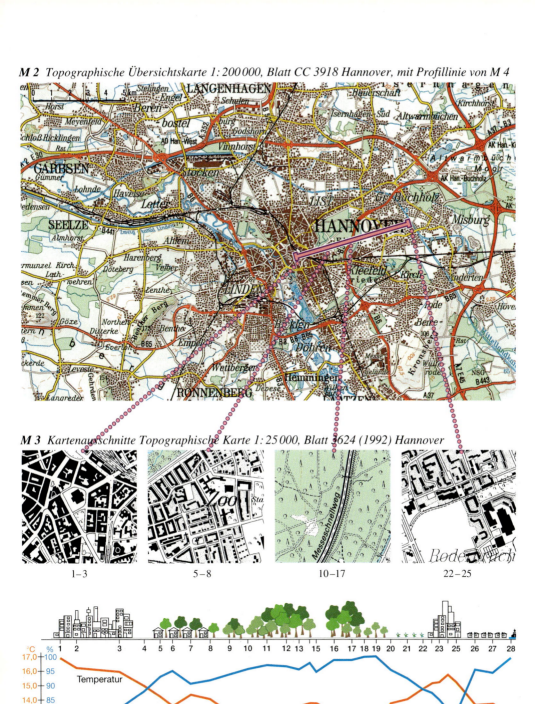

M 3 Kartenausschnitte Topographische Karte 1: 25 000, Blatt 3624 (1992) Hannover

M 4 Lufttemperatur und relative Luftfeuchtigkeit auf einem Profil Innenstadt zum Stadtrand Hannover

Messpunkte: **1** Oper, **2–3** Innenstadt, **4** Emmichplatz, **5–8** Zoo-Viertel, **9** Zoo, **10–14** Eilenriede, **15** Brücke über den Messeschnellweg, **16–17** östliche Eilenriede, **18–19** Kleingärten, **20–21** Brachland, **22–25** Roderbruchgebiet, **26–27** Vogelsiedlung, **28** Mittellandkanal

Nach Wolfgang Eriksen: Grundlagen, bioklimatische und planungsrelevante Aspekte des Stadtklimas. In: Geographie und Schule, H. 36, 1985, S. 5

M 5 Temperaturen verschiedener Oberflächen an einem Hochsommertag

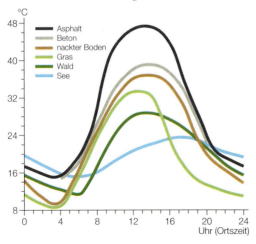

Wolfgang Eriksen: Die städtische Wärmeinsel. In: Geographische Rundschau 1976, H. 9, S. 372

„Wer von uns ist nicht schon an einem schönen Sommertage von der Schottenkirche längs der Weißen Mauer gegen die Renngasse gegangen, wo er sich fast die Schuhsohlen geröstet und die Haare verbrannt hat? Aus dem, glaube ich, geht zur Genüge und objektiv hervor, dass in unserer Stadt ein ungleich heißeres Klima ist als auf dem umliegenden Land ... Das Stadtklima steht dem Schlittenfahren sehr entgegen, indem es in unseren Mauern, wie wir oben sagten, immer wärmer ist als draußen. ..."

Zitiert nach Fritz Fezer: Das Klima der Städte. Gotha 1994, S. 16

Da Beton und Asphalt die Sonneneinstrahlung stärker speichern als naturnahe Bodenoberflächen und andererseits durch fehlende Transpiration keine – abkühlende – Luftfeuchtigkeit abgeben, gibt es in stark *versiegelten* (bebauten, betonierten, asphaltierten) Stadtbereichen ein sich vom Umland unterscheidendes *Stadtklima*. Dieses zeigt M 1: Bei *Thermalaufnahmen* wird die Temperatur der Oberflächen (Straßen, bebaute Flächen, Freiflächen) gemessen. Dieses „Temperaturbild" ändert sich im Tagesverlauf erheblich. Die auffälligsten Unterschiede zwischen bebauten und unbebauten Flächen sind nachts feststellbar, wenn die tagsüber aufgeheizten Flächen auf Grund ihrer Wärmespeicherung länger warm bleiben. Dies ist auch noch am frühen Morgen (s. M 1 unten) im Thermalbild feststellbar. Man spricht daher von der städtischen „Wärmeinsel". Bei Waldflächen ist zu berücksichtigen, dass im belaubten Zustand die Temperatur an der Baumkronenoberfläche, nicht im Schatten der Bäume gemessen wird.

Der Begriff „Stadtklima" wurde um 1843 von dem österreichischen Dichter Adalbert Stifter geprägt. Er studierte in Wien Jura, hörte aber auch Physik. Er schrieb:

Die Faktoren des Stadtklimas sind:
– Wärmespeicherung in Baumaterial und Asphalt,
– geringere Transpiration wegen weniger Pflanzen und damit eine geringere Abkühlung,
– geringere Verdunstung von Regenwasser, da dieses sogleich durch die Kanalisation abgeführt wird,
– Abwärme von beheizten Gebäuden, Fabriken, Kraftfahrzeugen, Fernwärmeleitungen, Abwasser,
– Windbremsung durch Gebäude vermindert Abkühlung, Veränderung der Flurwinde.

Es gibt verschiedene Auswirkungen des Stadtklimas, die man z.T. negativ, z.T. positiv beurteilen kann:
– Die nächtliche Wärmeabstrahlung der tagsüber erhitzten Beton- und Asphaltflächen führt dazu, dass die Abende länger warm sind.
– Der Blühbeginn im Frühjahr erfolgt einige Tage bis zu einer Woche früher, d.h. die Vegetationsperiode wird verlängert.
– Die Schneedecke liegt kürzere Zeit; die Frostperiode ist kürzer.
– Im Stadtzentrum wird weniger Heizenergie benötigt als im Umland.
– Bei Hitzewellen kommt es im Zentrum der „Wärmeinsel" zu Hitzestress und vermehrten Todesfällen.
– Die Luftfeuchtigkeit ist geringer.

M 6 Wärmeinsel-Intensitäten verschiedener Siedlungstypen

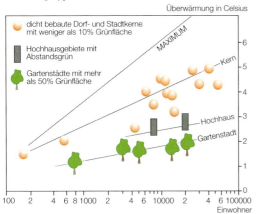

Überwärmung bedeutet hier der durchschnittliche Temperaturunterschied zwischen „Wärmeinsel" und Umland
Nach Fritz Fezer: Das Klima der Städte. Gotha 1994, S. 39

Lufthygiene

Auf Grund der enormen Verdichtung von Wohngebäuden, Industrie- und Gewerbeanlagen sowie des hohen regionalen und überregionalen Verkehrsaufkommens werden, im Vergleich zum Umland, wesentlich höhere Mengen an Schadstoffen emittiert. Gekoppelt mit den höheren Temperaturen und der häufigen Verlangsamung der Windgeschwindigkeiten kommt es vor allem im innerstädtischen Raum zu teilweise gesundheitsgefährdenden lufthygienischen Situationen.

M 7 Anteile der verschiedenen Emittenten an der Freisetzung von Luftverunreinigungen in städtischen Gebieten

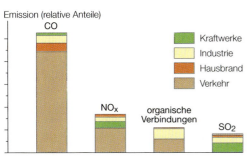

Nach Niedersächsisches Sozialministerium (Hrsg.): Mensch – Stadt – Klima, Hannover 1994, S. 30

Sommersmog = „fotochemischer Smog"
Bodennahes Ozon wird bei schönem Wetter durch UV-Strahlung aus Stickoxiden (NO_x), v.a. bei Überschuss von Stickstoffdioxid (NO_2) gebildet. Gefördert wird diese Bildung durch organische Verbindungen (siehe S. 177).

M 8 Mittlere Schadstoffkonzentrationen im Jahr 1992 bei Kohlenmonoxid (CO), Schwefeldioxid (SO_2), Stickstoffdioxid (NO_2), Stickstoffmonoxid (NO)

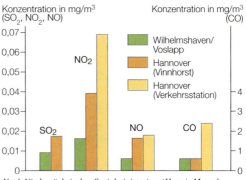

Nach Niedersächsisches Sozialministerium (Hrsg.): Mensch – Stadt – Klima, Hannover 1994, S. 30

M 9 Überschreitungshäufigkeiten des Ozon-EU-Schwellenwertes von 180 Mikrogramm/m^3 (Einstundenwert) in Hannover und Braunschweig

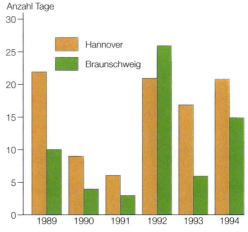

Nach Niedersächsisches Landesamt für Ökologie (Hrsg.): Ozonkonzentration in Niedersachsen 1984–1994. Hildesheim 1994, S. 20

M 10 Verkehrswegekarte Hannover 1993 (PKW)

Die Breite der Streckenabschnitte kennzeichnet den Straßentyp: Schnellverkehrsstraße (breitester Typ), Hauptverkehrsstraße, Hauptsammelstraße, Anliegerstraße, Anbindungsstraße (schmalster Typ)

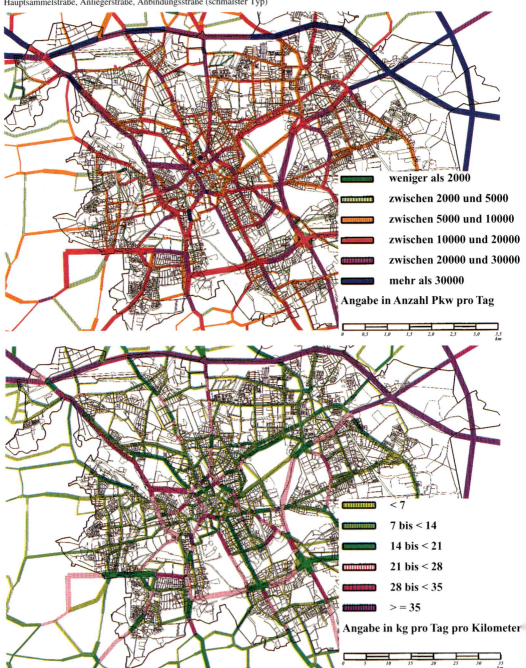

M 11 Stickoxid (NO_x)-Emissionen durch PKW-Verkehr in Hannover, berechnet aus den Kfz-Mengen

Beide Karten: Landeshauptstadt Hannover – Der Stadtdirektor – Amt für Umweltschutz 1995

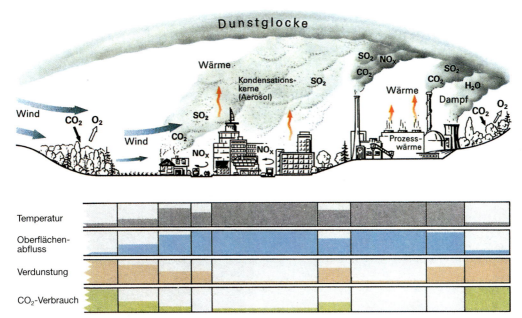

M 12 Modell zum Stadtklima

1. Untersuchen Sie an Hand von M 1 und M 5 die „städtische Wärmeinsel".
a) Welche Oberflächen speichern die Wärme am stärksten, sind also nach nächtlicher Abkühlung an einem Sommermorgen am wärmsten (Farben rot, rosa, weiß)?
b) Welche Flächen kühlen nachts am stärksten aus, sind also Kaltluftentstehungsgebiete (mittel-dunkelblaue Farben)?

2. Wald, Gras- und Wasserflächen zeigen ein deutlich unterschiedliches Temperaturverhalten. Klären Sie mit M 5, welche Flächen für die nächtliche Kaltluftentstehung besonders wichtig sind und welche Flächen an Strahlungstagen (wolkenfreie Tage mit hoher Sonneneinstrahlung) tagsüber für Abkühlung sorgen. In M 1 und M 4 lassen sich Beispiele finden.

3. Vergleichen Sie M 1 und M 2:
a) Wie machen sich Industriegebiete im Temperaturbild bemerkbar?
b) Wie könnte sich die im Rahmen der Expo geplante Wohnsiedlung auf dem Kronsberg (südöstl. von Hannover) auf das Stadtklima auswirken? Welche Flächen sollten von der Bebauung ausgespart bleiben?

4. Erklären Sie den unterschiedlichen Grad der Luftfeuchtigkeit (M 4) unter Beachtung der Oberfläche, des Versiegelungsgrades (M 2, M 3) und der Temperatur.

5. Inwiefern ist die „Wärmeinsel" von der Einwohnerzahl und der Bebauung abhängig (M 6)? Durch Vergleich einer topographischen Karte (im Maßstab 1:200 000!) Ihres Heimatortes mit M 2 und M 1 können Sie die zu erwartende Intensität der Wärmeinselausprägung Ihres Wohnortes abschätzen. Ein Vergleich mit Ihrer örtlichen Topographischen Karte 1:25 000 mit M 3 und M 4 gibt Hinweise auf ein geeignetes Messprofil.

6. Stellen Sie Vor- und Nachteile der Wirkungen des Stadtklimas einander gegenüber.

7. Erläutern Sie an Hand von M 7 – M 11 die Bedeutung des Verkehrs für die Lufthygiene in Großstädten.

8. Fassen Sie Ursachen und Ausprägungen des Stadtklimas und der städtischen Luftqualität zusammen (M 12).

M 1 Verkehr in der Innenstadt

Innerstädtischer Verkehr: „Dicke Luft"

M 2 Anteil des Straßenverkehrs an den Schadgasemissionen in Deutschland 1990

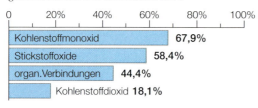

Kohlenstoffmonoxid 67,9%
Stickstoffoxide 58,4%
organ. Verbindungen 44,4%
Kohlenstoffdioxid 18,1%

Nach BMV (Hrsg.): Verkehr in Zahlen 1995

M 3 Kraftstoffverbrauch auf Kurzstrecken

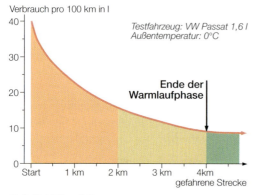

Nach ADAC-Umwelt-Tip

M 4 Anteil der PKW-Fahrten nach der Länge der Fahrtstrecken

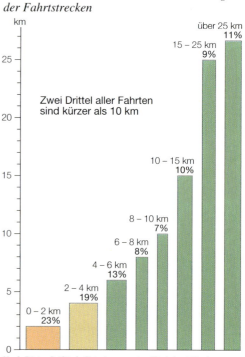

Zwei Drittel aller Fahrten sind kürzer als 10 km

über 25 km 11%
15 – 25 km 9%
10 – 15 km 10%
8 – 10 km 7%
6 – 8 km 8%
4 – 6 km 13%
2 – 4 km 19%
0 – 2 km 23%

Nach Dieter Seifried: Gute Argumente – Verkehr. München: Beck 1990, S. 28

Die Bedeutung von Kurzstrecken für die Abgasbelastung in den Innenstädten liegt in den hohen Abgasmengen. Da der Katalysator erst seine Arbeitstemperatur von ca. 700 °C erreichen muss, bevor er seine volle Wirksamkeit erreicht, ist bei Kurzfahrten mit kaltem Motor (M 3) der Unterschied zwischen Fahrzeugen mit und ohne Katalysator geringfügig. Kurzfahrten erzeugen überproportional hohe Schadgasemissionen.

Schadstoffkonzentrationen in PKW-Innenräumen. „Schon seit 1972 untersucht die Pilotstation Frankfurt (des Umweltbundesamtes) die Schadstoffbelastung im Innenraum von fahrenden PKW und LKW. Die Station verfügt über ein Messfahrzeug, das eigens für diese Untersuchungen umgerüstet wurde. Die Ergebnisse sind zum Teil Besorgnis erregend: Die Schadstoffbelastungen im PKW-Innenraum sind durchweg höher als die am Straßenrand gemessenen Werte ... Der Grund für diese Werte ist, dass die Fahrzeuge ständig in der noch nicht sonderlich verdünnten Abgasfahne des vorangehenden Fahrzeugs fahren. Die Konzentrationen erreichen teilweise gesundheitlich bedenkliche Werte, was insbesondere für Personen, die sich beruflich bedingt lange in Fahrzeugen aufhalten, von Bedeutung ist. Die Kfz-Insassen sind in besonders hohem Maße Konzentrationen an Krebs erzeugendem Benzol ausgesetzt. Die Werte lagen zwischen 15 und 54 Mikrogramm pro Kubikmeter. Für Innenstädte ist ab 1995 als Jahresmittelwert ein Schwellenwert zur Einleitung von verkehrlichen Maßnahmen von 15 Mikrogramm/m³ und ab 1998 von 10 Mikrogramm/m³ vorgesehen (M 7). Auch Stickoxide wurden in hohen Konzentrationen gemessen. Bei Kohlenmonoxid, einem Atemgift, wurden Konzentrationen bis zur Hälfte des für Arbeitsplätze gültigen Grenzwertes festgestellt."

Presseinformation des Umweltbundesamtes vom 23. 9. 1994

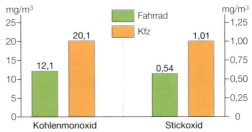

M 5 *Immissionsbelastung von Kfz-Insassen und Fahrradfahrern. Beispiel: Stark befahrene Pendlerrouten in Frankfurt*

Nach Wolfgang Mücke: Zur Beurteilung gesundheitlicher Auswirkungen von Luftverschmutzungen in Kraftfahrzeugen. In: Haury u. a. (Hrsg.): Dicke Luft in Innenräumen. Neuherberg 1991, S. 26

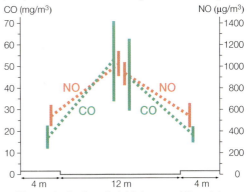

M 6 *Kohlenmonoxid (CO)- und Stickoxid (NO)-Konzentration im Straßenraum/Frankfurt*

Wolfgang Mücke: a.a.O.
Die Unterschiede von rechter und linker Straßenseite erklären sich durch unterschiedliche Meßzeiten.

M 7 *Benzolgehalt in und außerhalb von Kraftfahrzeugen*

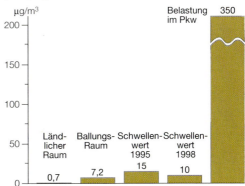

Umweltbehörde Hamburg (Hrsg.): Autoverkehr und Umwelt. Hamburg 1993 und Christoph Stein: Dicke Luft im Auto. In: Praxis Geographie 1994, H. 7/8, S. 46

M 8 *Wege nach Verkehrszwecken im Laufe eines Tages. Beispiel Wolfsburg 1992*

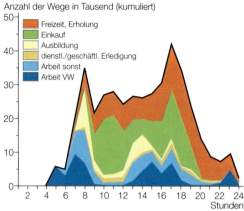

Nach Verkehrsentwicklungsplan Wolfsburg. Erläuterungsbericht März 1995, Teil I

M 9 *PKW-Fahrten nach Verkehrszweck, Deutschland 1993 (Personen-km in %)*

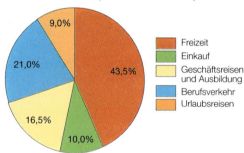

Nach Christoph Stein: Die Fahrt ins Wochenende – ein Problem für die Umwelt. In: Praxis Geographie 1994, H. 7/8, S. 42

M 10 *Verkehrsmittelwahl (modal split) in Prozent*

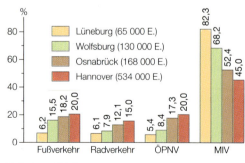

Nach eigenen Erhebungen

Einige wichtige Begriffe:
Emission: Die Schadstoffkonzentration an der Ausstoß-(Emissions-)quelle, d. h. die am Auspuff oder am Schornstein gemessen wird.
Immission: Die Schadstoffkonzentration an einem Ort abseits der Emissionsquelle, d. h. die Konzentration, die z. B. eingeatmet wird.
MIV: Motorisierter Individualverkehr, d. h. der private PKW- und Kraftradverkehr.
ÖPNV: Öffentlicher Personen-Nahverkehr, d. h. in den Städten der Bus-, U-Bahn-, Straßenbahn-Verkehr.
modal split: Der Anteil der Wege nach Verkehrsarten (Fuß-, Radverkehr, ÖPNV, MIV) in Prozent.
Benzol gehört zu den Krebs fördernden Stoffen. Es wird im Körper umgewandelt, gespeichert und angereichert. Die Abbauprodukte schädigen u. a. das Knochenmark und können 5 bis 30 Jahre nach der Aufnahme des Benzols zu Leukämie (Blutkrebs) führen.
Kohlenmonoxid (CO) blockiert als Atemgift den Sauerstofftransport der roten Blutkörperchen. Unverdünnte (!) Autoabgase führen bei längerem Einatmen zu Bewusstlosigkeit oder Tod. Zur Verdünnung des Kohlenmonoxids werden große Luftmengen benötigt, wie das Foto M 16 zeigt.

Eine stark befahrene Großstadtstraße. In der Göttinger Straße in Hannover steht seit 1989 ein Luftmesscontainer des LÜN (Lufthygienisches Überwachungssystem Niedersachsen). Die automatisch messenden LÜN-Container stehen an 33 Orten in Niedersachsen. Ihre Werte sind öffentlich zugänglich. Die Diagramme M 11 charakterisieren die Verkehrs- und Schadstoffsituation in dieser Großstadtstraße; in anderen Städten mit gleich stark befahrenen Straßen ist die Schadstoffbelastung ähnlich.
Die Luftschadstoffkonzentrationen weisen neben der Abhängigkeit von der Kfz-Zahl einen deutlichen Tagesgang bedingt durch die täglichen Witterungserscheinungen auf. Im Sommerhalbjahr bewirkt das temperaturbedingte Aufsteigen der sich erwärmenden Luft vor allem mittags und z. T. nachmittags eine Durchlüftung der Straßen.

M 11 Mittlerer Tagesgang an Werk- und Sonntagen der Kfz-Zahlen, der Benzol- und Kohlenmonoxid-Immission am Straßenrand einer stark befahrenen Einfallstraße in Hannover (Göttinger Straße)

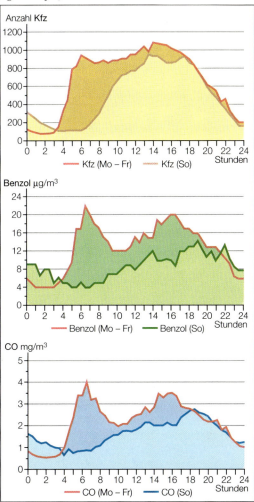

Nach Niedersächsisches Landesamt für Ökologie (Hrsg.): Lufthygienisches Überwachungssystem Niedersachsen, Luftschadstoffbelastung in Straßenschluchten. Hildesheim 1994, S. 62–64

Mit ca. 71 Dezibel (A) am Vormittag ist der Verkehrslärm an der Göttinger Straße 7 Dezibel über der Verkehrslärmschutzverordnung. In der Dezibel-(dB A)-Messskala entspricht einer Zunahme von 10 dB (A) eine Verzehnfachung der Kfz-Zahl. Vom menschlichen Ohr wahrgenommen wird diese Änderung nur als Verdopplung. Die gute Nachricht ist also: „Eine Verzehnfachung des Verkehrs wird nur als Verdopplung des Lärms empfunden." Die schlechte Nachricht ist: „Will man an einer Straße den Lärm halbieren, muss man die Zahl der Kfz nicht nur halbieren, sondern um 90% (!) reduzieren."
Beispiel: Kfz-Zahl-Halbierung an der Göttinger Straße bedeutet Änderungen von 71 auf 68 dB (A). Der Grenzwert der Verkehrslärmschutzverordnung für Mischgebiete beträgt tags 64 dB (A).

1. Bodennahes Ozon („Sommersmog") entsteht bei Strahlungswetter im Wesentlichen durch das Zusammentreffen von Stickoxiden und Kohlenwasserstoffen (= organische Verbindungen). Erläutern Sie die Rolle des Straßenverkehrs bei der Entstehung des „Sommersmogs" (M 2).
2. Erläutern Sie die Bedeutung von Kurzstreckenfahrten für die Schadstoffbelastung von innerörtlichen Straßen (M 3 – M 4).
3. Stellen Sie dar, wodurch die Gesundheit von Autofahrern besonders gefährdet wird (Text und M 5 – M 7). Berücksichtigen Sie dabei, dass das Schadgas Kohlenmonoxid (CO) selbst bei Gesunden zur Blockierung des Blutfarbstoffes Hämoglobin führt und über die Beschränkung des Sauerstofftransportes im Blut die Fahrtauglichkeit einschränkt (M 2). Vergleichen Sie M 6 mit M 11.
4. Vergleichen Sie die Verkehrsmittelwahl in vier unterschiedlich großen Städten (M 10).
5. Beschreiben Sie die Verteilung der Ortsveränderungen im Laufe eines Tages, d.h. zu welchen Tageszeiten welche Verkehrsfunktionen bedeutsam sind, und erläutern Sie die Bedeutung des Freizeitverkehrs (M 8/9).
6. Charakterisieren Sie den Tagesverlauf an Werk- und Sonntagen in der Göttinger Straße in Hannover (M 11).
7. Das Bundesumweltministerium äußerte sich 1992 zur Innenraumbelastung von Kfzs: „Es ist aber anzunehmen, dass selbst ein nur einstündiger täglicher Aufenthalt in einem Kraftfahrzeug einen nicht zu vernachlässigenden Beitrag zur Gesamtdeposition (Belastung) vor allem durch organische Verbindungen (z. B. Benzol) leisten kann." Erläutern Sie diese Aussage am Beispiel eines Pendlers, der täglich die Göttinger Straße (M 11) oder eine ähnlich belastete Straße mit dem PKW fahren muss. Vergleichen Sie dazu M 11 mit M 5 – M 7.

Was Schülerinnen und Schüler im Erdkundeunterricht zum Thema „Verkehr" unternommen haben:

M 12 Abgasmessung mit der Gasspürpumpe

M 15 Wie Motorabgase sauren Regen erzeugen

M 13 Verkehrszählung

M 16 Darstellung des Luftvolumens, das bei einer PKW-Fahrt von 1,6 Metern zur Verdünnung der dabei entstehenden Abgase benötigt wird

M 14 Flächenverbrauch durch MIV

M 17 Flächenverbrauch durch ÖPNV

Was Sie als Schülerinnen und Schüler im Erdkundeunterricht, in einer Projektwoche oder privat tun können:

– Verkehrszählungen durchführen
– Befragung von Passanten zu einer geplanten Verkehrsberuhigung
– Schallpegelmessungen
– eine Ausstellung über die Verkehrssituation am Schulstandort
– Verbesserungsmöglichkeiten für den ÖPNV den Verkehrsbetrieben vortragen
– Beteiligung an der jährlichen Aktion „Mobil ohne Auto", Zusammenarbeit mit den örtlichen Umweltverbänden
– Stadtplan mit den Wegstrecken der Lehrer zur Schule aushängen, unterteilt nach PKW-, Bus- und Fahrradbenutzung
– Projektwoche „Verkehr und Umwelt"
– kreative, provokative Darstellung der Umweltgefahren des Verkehrs
– auf Fahrradwegen falsch geparkte PKWs mit scheinbaren „Strafzetteln" versehen
– Entsiegelung und Begrünung eines Parkplatzes vor der Schule
– falls er noch fehlt: einen Verkehrsentwicklungsplan für den Schulstandort einfordern (Unterschriftenliste, Podiumsdiskussion)

Einige Themen, die Jugendliche beim Bundesumweltwettbewerb bearbeitet haben (ab Klasse 9, bis 21. Lebensjahr)

– Verkehrslärm in Berlin-Zehlendorf: eine Bestandsaufnahme und Verbesserungsvorschläge
– Hilbeck – oder die Probleme eines Durchfahrts-Dorfes. Entwicklung und Folgen des Verkehrs
– Verkehrskonzept für die Stadt Paderborn zur Entlastung der Umwelt: Robert Dübbers (damals 18 Jahre) und Silvia Schulte (damals 17 Jahre) haben als Alternative zur derzeitigen kommunalen Verkehrspolitik ein eigenes Verkehrskonzept für die Paderborner Innenstadt entwickelt. Das Konzept wurde als Bürgerantrag in den Haupt- und Finanzausschuss der Stadt eingereicht und in Ausstellungen der Öffentlichkeit präsentiert.

M 18 Demonstration für eine bessere Luft

M 1 Lüneburg 1993 „An den Brodbänken"

Verkehrsprobleme und ihre Lösungen in niedersächsischen Städten

„Autoarme" Innenstadt am Beispiel der Mittelstadt Lüneburg

In Lüneburg stöhnte man seit Anfang der 90er Jahre immer häufiger über die Folgen des ruhenden und fließenden MIV (= Motorisierter Individualverkehr). 1990 beschloss der Rat der Stadt einen Verkehrsentwicklungsplan (VEP), der 1993 umgesetzt wurde. Die bis dahin zulässigen Querungen der Innenstadt für den PKW-Verkehr wurden durch die Ausdehnung der Fußgängerzone unterbrochen und auf den „Stadtring" (siehe Stadtplan) umgelenkt. Ein elektronisches Parkleitsystem gibt Auskunft über freie Parkplätze und vermindert den Parksuchverkehr. Ein Vorher/nachher-Vergleich der Schallimmissionen belegt die deutliche Lärmminderung in der Innenstadt. Außerdem wurde die Unfallquote drastisch reduziert. Der MIV verringerte sich in Lüneburg bis 1995 um ca. 15 Prozent.

M 2 Passantenbefragung in Lüneburg

1. Mit welchem Verkehrsmittel sind Sie heute in die Innenstadt gekommen?

PKW	Bus	zu Fuß	Fahrrad	Bahn
36,5%	24,2%	20%	14,4%	3,7%

2. Was ist Ihr Hauptanliegen, um heute in die Innenstadt zu kommen?

Einkauf	Heimweg	Zur Arbeit	Bummel	Sonst.
43,5%	14,3%	14,3%	7,7%	20,2%

3. Ist die Innenstadt attraktiver als vor der Verkehrsberuhigung?
ja: 54,6%   nein: 38,2%   weiß nicht: 7,2%

Stadt Lüneburg (Hrsg.): Lüneburg – eine verkehrsberuhigte Stadt entsteht. Lüneburg 1994

1. Suchen Sie den Standort der Fotos im Stadtplan.

2. Vergleichen Sie die Ergebnisse einer Passantenbefragung (M 2) mit dem modal split des gesamten Lüneburger Verkehrs (M 10, S. 148).

3. Stellen Sie fest, wie die Parkhäuser an den Stadtring angebunden sind. Unterscheiden Sie „Stichstraßen" und „Schleifen-Konzept" (Einbahnstraße führt am Parkplatz vorbei).

M 3 Lüneburg 1996 „An den Brodbänken"

M 4 Stadtplanausschnitt von Lüneburg mit Kohlenstoffmonoxid-Belastung vor und nach der Umgestaltung der Innenstadt (in ppm)

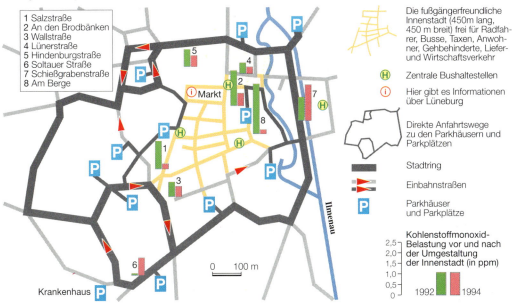

Nach Hermann Knoflacher: Lüneburg, Schadstoffimmissionsmessungen im Straßenraum 1994, Vergleich 1992 mit 1994. Lüneburg o. J., Abb. 24

4. Vergleichen Sie die Abgasbelastung an acht Standorten vor und nach der Verkehrsberuhigung und finden Sie Gründe für die unterschiedliche Entwicklung (M 4).

153

Vorrang für Busse und Parkraumbewirtschaftung in der Großstadt Osnabrück

Auch in der Innenstadt von Osnabrück wurden die Verkehrsprobleme im letzten Jahrzehnt immer größer, sodass die Stadt 1989 eine Analyse der Verkehrssituation und einen Verkehrsentwicklungsplan in Auftrag gab. Dieses Gutachten lag 1992 vor.

Eine Lösung der Verkehrsprobleme ist nur möglich, wenn die Menge des Autoverkehrs deutlich reduziert wird und der verbleibende notwendige Autoverkehr so umwelt- und stadtverträglich wie möglich abgewickelt wird.

Der ÖPNV-Anteil beträgt im Binnenverkehr (!) der Stadt Osnabrück rund 18 %. Er liegt damit deutlich über den ÖPNV-Anteilen vergleichbarer Städte (Durchschnittswert 13 %–14 % (s. M 10, S. 148). Die Pendlerstruktur und die räumliche Verteilung der Pendler zeigt die enge Verknüpfung zwischen Stadt und Umland und unterstreicht die oberzentrale Funktion der Stadt Osnabrück. 13 % der Pendler benutzen ein öffentliches Verkehrsmittel, 84 % das Auto und 3 % andere Verkehrsmittel. Einen überdurchschnittlichen ÖPNV-Anteil mit nahezu 20 % besitzt nur die Gemeinde Belm. Hier zeigt sich, dass durch ein gutes ÖPNV-Angebot auch eine überdurchschnittliche ÖPNV-Nutzung erreicht werden kann.

Nach Stadt Osnabrück: Der Stadtdirektor – Stadtplanungsamt (Hrsg.): Verkehrsentwicklungsplan Osnabrück 1992, verschiedene Seiten

Maßnahmen zum Gesamtverkehrskonzept
– Verkehrsberuhigung der Innenstadt,
– Flächendeckende *Parkraumbewirtschaftung* und Einführung von Anwohnerparken in der erweiterten Osnabrücker Innenstadt,
– Linienergänzungen und Taktverdichtungen im Stadtbusnetz,
– deutliche Verbesserungen der ÖPNV-Verbindungen zwischen Osnabrück und Umland,
– Beschleunigung des ÖPNV durch
a) die Anlage besonderer Busspuren und/oder *Umweltspuren*,
durch Vorrangschaltung für Busse an
b) Lichtsignalanlagen,
c) durch Rückbau von Busbuchten.

„Wichtigstes Element der *Busbeschleunigung* ist die Vorrangschaltung an Lichtsignalanlagen, da auch besondere Busspuren nur in Verbindung mit solchen Vorrangschaltungen ihre volle Wirkung erzielen können. Die Wartezeiten an roten Ampeln betragen im heutigen Stadtbusnetz 18 bis 30 % der Gesamtfahrzeit.

Wenn man Umverteilung des Verkehrs vom Auto auf öffentliche Verkehrsmittel ernsthaft und in größerem Umfang will, dann reichen Fahrplanverdichtungen, Vorrangschaltungen an Lichtsignalanlagen und Busspuren nicht aus; sie müssen flankiert werden von einer konsequenten flächendeckenden *Parkraumbewirtschaftung*, zumindest in der Innenstadt ...

Zur Lösung der Verkehrsprobleme der Osnabrücker Innenstadt ist die Parkraumbewirtschaftung die wichtigste und effektivste Stellschraube."

Stadt Osnabrück: a. a. O., verschiedene Seiten

– Um eine Stabilisierung der Wohnnutzung in den innenstadtnahen Wohngebieten zu erreichen, bedarf es einer Parkraumpolitik, die den Bewohnern das Abstellen ihrer Fahrzeuge wohnungsnah ermöglicht.

– Auch der (kurzzeitige) Parkraumbedarf des Wirtschaftsverkehrs (Liefer- und Serviceverkehr) muss zur Funktionserhaltung der Innenstadt abgedeckt werden.

– Um die wirtschaftliche Attraktivität und Erreichbarkeit der Innenstadt zu sichern, ist ein

M 5 Umweltspur

ausreichendes Angebot von Parkraum für Besucher (Kunden) vorzusehen.

– Parksuchverkehr lässt sich verringern, indem den Kunden und Besuchern der Innenstadt vornehmlich Stellplätze in Parkhäusern und Tiefgaragen angeboten werden und nur wenige Stellplätze im öffentlichen Straßenraum.

M 6 *Buspreis und Parktarif auf Cityparkplätzen in Osnabrück (Januar 1995)*

Buspreis im Stadtgebiet (Einheitstarif)			2,00
Parkgebühren:			
bis 30 Min.	1,50	bis 60 Min.	3,00
bis 2 Stunden	5,00	bis 3 Stunden	7,00
jede weitere Std.	2,00	Tageshöchstpreis	21,00

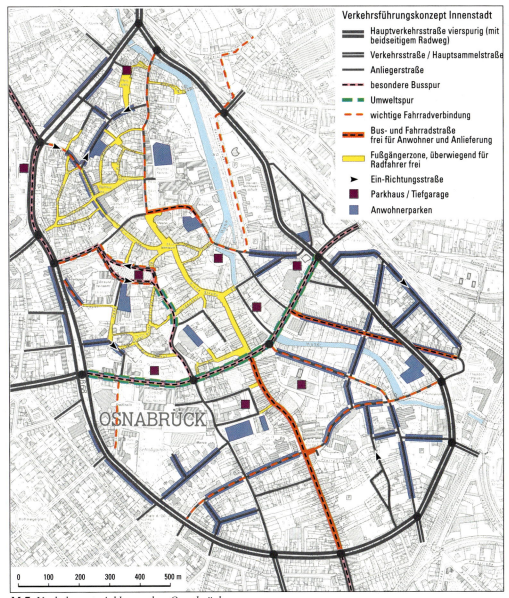

M 7 *Verkehrsentwicklungsplan Osnabrück*

Stadt Osnabrück: a.a.O., S. 56–58

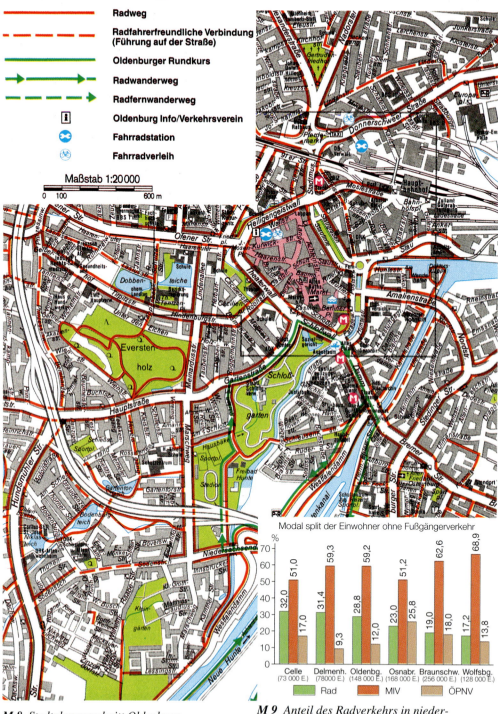

M 8 *Stadtplanausschnitt Oldenburg*

Stadt Oldenburg: Der Stadtdirektor – Stadtplanungsamt

M 9 *Anteil des Radverkehrs in niedersächsischen Städten (ohne Einpendler)*

Eigene Erhebungen

Während für überregionale Straßen der Bund (Bundesstraßen, Bundesautobahnen) bzw. das Land (Landesstraßen) zuständig ist, liegt die Entscheidungsbefugnis über innerstädtische Straßen und über die kommunale Verkehrspolitik in den Händen des Stadtrates. Die Planung und Ausführung der Maßnahmen besorgt in der Regel das *Stadtplanungsamt*. Der Verkehrsplaner im Stadtplanungsamt ist der wichtigste Ansprechpartner, wenn man Informationen über den Verkehr einer Stadt erhalten will. Dort kann man häufig folgende Informationen bekommen:
– modal split der Stadt,
– Zahlen von Verkehrszählungen,
– Unterlagen zur Verkehrsentwicklungsplanung,
– Planungsentwürfe für neue Straßen oder Radwege.

Viele Städte haben einen eigenen *Radwegebeauftragten*. Dieser ist für die Verbesserungen des Radwegenetzes zuständig. Er nimmt u. a. Hinweise auf Mängel im Radwegenetz entgegen und wäre der geeignete Gesprächspartner, wenn eine Klasse eine Radweg-Mängelkartierung vorgenommen hat.

Um den ÖPNV zu verbessern und die Wünsche der Nutzer einzubeziehen, wurden *Fahrgastbeiräte* gebildet. Diese sind Beratungsgremien, welche Vorschläge der Bürger zur Verbesserung des ÖPNV mit den Vertretern der Verkehrsbetriebe beraten. Ein Anruf bei den örtlichen Verkehrsbetrieben oder beim Verkehrsplaner (s. o.) gibt Auskunft über die Existenz eines solchen Fahrgastbeirates. Wenn noch kein Fahrgastbeirat eingerichtet wurde, sollte man einen Antrag an den Stadtrat stellen, da die meisten Verkehrsbetriebe städtisch (Stadtwerke) sind.

Einige Kommunen sind besonders fortschrittlich und haben einen „*Runden Tisch Verkehr*" zur kommunalen Verkehrspolitik eingerichtet. Beispiel Osnabrück: Alle am Verkehr interessierten oder vom Verkehr betroffenen Gruppen tagen in regelmäßigem Abstand unter dem Vorsitz des Oberbürgermeisters und beraten die Umsetzung des Verkehrsentwicklungsplanes.

Für einen umwelt- und menschenfreundlichen Verkehr setzen sich u. a. auch folgende Umweltverbände ein:

VCD: Verkehrsclub Deutschland,
ADFC: Allgemeiner Deutscher Fahrradclub,
BUND: Bund für Umwelt und Naturschutz Deutschland.

Eine Kontaktaufnahme (Telefonbuch, Verkehrsplaner) mit den örtlichen Gruppen dieser Verbände lohnt sich meistens.

5. Klären Sie, welches eine wesentliche Ursache für das Verkehrsproblem in der Osnabrücker Innenstadt ist und mit welcher Doppelstrategie der Verkehrsentwicklungsplan (VEP) das Problem vermindern will.
6. Welche Maßnahmen der im VEP geforderten Parkraumbewirtschaftung (S. 154) zeigt die Karte M 7?
7. Welche Maßnahmen zur Förderung des ÖPNV, die der VEP (S. 154) beschreibt, lassen sich in der Karte (M 7) wiederfinden?
8. Warum sind hohe Parkgebühren in der Innenstadt (M 6) für die Ziele des VEP unverzichtbar und damit gesellschaftlich erwünscht?
9. Klären Sie, welche Arten von Fahrradwegen der Stadtplan von Oldenburg (M 8) unterscheidet und wo diese bevorzugt angelegt wurden. Wie lässt sich das Verteilungsmuster der Radwege erklären?
10. Vergleichen Sie die Verkehrsmittelwahl einiger niedersächsischer Städte mit der Ihres Schulortes. Wovon hängt ein höherer oder niedrigerer Anteil des Radverkehrs ab (M 8, 9)?
11. Klären Sie, ob es an Ihrem Schulstandort aktuelle Daten zum modal split und auch einen Verkehrsentwicklungsplan wie z. B. in Osnabrück (M 7) oder Lüneburg (M 4) gibt.
12. Vergleichen Sie das Radwegenetz Ihrer Stadt (Schulstandort) mit dem von Oldenburg. Beachten Sie dabei den Maßstab des Stadtplanes (M 8).
13. Klären Sie, welche Umwelt- und Verkehrsverbände sich mit Verkehrsproblemen Ihrer Stadt befassen, wer bei Ihnen für die Verkehrsplanung zuständig ist und wie man sich daran beteiligen kann. (Fahrgastbeiräte, Runde Tische, Bürgerforen …).

Ökologische Stadtplanung

Versiegelung – Entsiegelung

M 1 Versiegelung und Wasserhaushalt

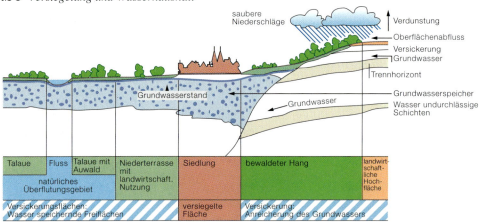

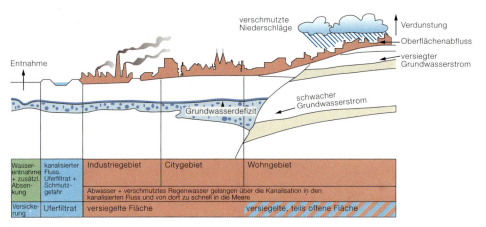

Nach Ministerium f. Ernährung, Landwirtschaft, Umwelt und Forsten Baden-Württemberg (Hrsg.): Begleitheft zur Ausstellung Natur und Stadt – Über die Problematik der Freiräume in Stadtlandschaften. Stuttgart o. J.

Abfluss und Versickerung in der freien Landschaft. Die dauernde Nutzung von Grundwasser setzt die Versickerung von Niederschlag in ausreichender Menge voraus. Die durchlässige Oberfläche der freien Landschaft ermöglicht dies. Neben der Grundwasserneubildung sorgt die freie Landschaft durch Speicherung des Wassers an der Oberfläche, in Seen und im Untergrund sowie durch die Pflanzenverdunstung für ausgeglichene Abflüsse und beeinflusst dadurch ganz entscheidend das Kleinklima.

Abfluss und Versickerung bei versiegelten Flächen. Versiegelte Flächen verhindern das Versickern des Niederschlagswassers und damit die Grundwasserneubildung. Der Großteil der Niederschläge fließt als Oberflächenwasser in die Kanalisation (Trennkanalisation s. Seite 126) und über diese zum nächsten Vorfluter (Bach) ab. Dies führt zu extremen Hochwasserspitzen in den Bächen und Flüssen. Als Folge müssen im Stadtgebiet zur Verminderung der Abflussspitzen *Regenrückhaltebecken* angelegt werden.

M 2 Versiegelungsgrad städtischer Nutzungen (Bandbreite in Prozent)

Anteil der Versiegelung in %	20	40	60	80	100
Parks / Friedhöfe	▓				
Einfamilienhäuser (frei steh.)		▓			
Reihenhäuser			▓		
Blockrandbebauung			▓▓		
Blockrandbeb. / Stadtkern				▓	
Industrie- / Gewerbegebiete			▓▓▓		
Verkehrsflächen					▓

Nach Ministerium für Umwelt, Raumordnung und Landwirtschaft (MURL) – NRW(Hrsg.): Ökologische Qualität in Ballungsräumen – Methoden zur Analyse und Bewertung – Strategie zur Verbesserung. Düsseldorf 1986, S. 65

Entsiegelung = Begrünung

Entsiegelungsmaßnahmen bieten sich u. a. für Mittelstreifen, Straßen mit randlichem Baumbestand und Schulhöfe an. An mehreren niedersächsischen Schulen haben Schüler häufig in Projektwochen Entsiegelungen von Schulhöfen vorgenommen. Bäume benötigen eine *Baumscheibe* (d. h. der unversiegelte Bereich um den Stamm) von mindestens 4 m². Die erste Maßnahme wäre die Vermessung und Vergrößerung von zu kleinen Baumscheiben.

Soweit der „Baumstreifen" (s. M 3) zwischen den Baumscheiben versiegelt ist, sollte dieser entsiegelt und z. B. mit Trittrasen begrünt werden (s. M 4).

Fassaden- und Dachbegrünung. Die Begrünung von Fassaden und Hausdächern trägt besonders bei dichter Bebauung und damit hoher Versiegelung zur Verbesserung des Stadtklimas bei. Das Grün auf Dächern und an Fassaden verbessert die Luftqualität, indem es Staubpartikel filtert, den Sauerstoffgehalt der Luft erhöht und für eine höhere Luftfeuchtigkeit sorgt. Der größte Teil des Niederschlagswassers wird von der Pflanzenschicht aufgenommen und anschließend langsam an die Außenluft wieder abgegeben.

Während an den besonnten Hausfassaden (Süd-/Westseiten) Rankgewächse gepflanzt werden sollten, die im Herbst ihre Blätter verlieren und somit im Winter die Fassaden für eine intensive Sonnenbestrahlung freigeben (passive Sonnenenergienutzung), sind auf der Nord- und Nordostseite des Hauses immergrüne Pflanzen wie Efeu zu bevorzugen. Diese tragen im Winter zum Wärmeschutz und im Sommer durch ihre Verdunstung zur Kühlung bei.

Für Gründächer eignen sich Dachneigungen zwischen 0 und 30 Grad, z. B. Garagendächer. Schüler eines Wolfsburger Gymnasiums haben auf den Dächern ihrer Pausengänge eine Dachbegrünung angelegt. Bei einer standortgerechten Bepflanzung des Daches ist der Instandhaltungsaufwand oft geringer als gedacht.

Nach Niedersächsisches Sozialministerium (Hrsg.): Aspekte des ökologischen Bauens, Hannover 1995

M 3 Fußweg mit Baumstreifen stark versiegelt Schunterstraße/Braunschweig

M 4 Fußweg mit Baumstreifen, entsiegelt Glückstraße/Braunschweig

Wie viel Siedlungsfläche braucht der Mensch?

M 6 Karikatur „Der Architekt"

Brenda Vale, Robert Vale: Ökologische Architektur. Frankfurt: Campus 1991, S. 19

„Das frei stehende Einfamilienhaus im Grünen ist mein Wunschtraum. Ein schöner Garten, gute Luft, kein Lärm. Dafür sparen wir und nehmen auch weite Wege auf uns. Wir möchten in der Natur, mit der Natur, eben ökologisch leben."

M 7 Flächenverbrauch und Versiegelung durch Siedlungsflächen in Deutschland 1993

Nach Bundesforschungsanstalt für Landeskunde und Raumforschung (Hrsg.): Mitteilungen und Informationen 1996, H. 1, S. 5–6

M 8 Flächenverbrauch für ca. 134 000 Einwohner in Göttingen

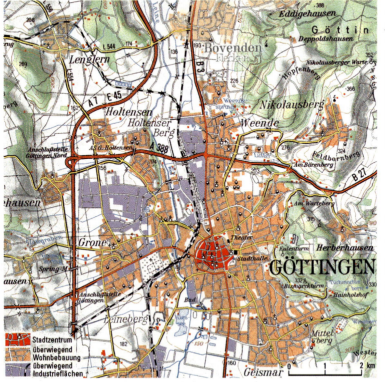

Topographische Karte 1 : 100 000 C 4722, Blatt Kassel

M 9 Verhältnis Einfamilienhäuser zu Mehrfamilienhäusern

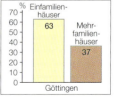

Göttingen:
133 562 Einwohner (1993)
11 687 ha Fläche
Bebaute Fläche für Wohnzwecke, einschl. Garagen, Zuwege, Hausgärten, Abstandsgrün:
78 m²/Einwohner
Verkehrsfläche:
77 m²/Einwohner
Freifläche:
639 m²/Einwohner

M 10 Luftbild Hildesheim-Drispenstedt

M 11 Flächenverbrauch für ca. 134 000 Einwohner in Oldenburg

M 12 Verhältnis Einfamilienhäuser zu Mehrfamilienhäusern

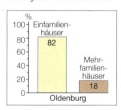

Oldenburg:
149 691 Einwohner (1994)
10 297 ha Fläche
(zu Vergleichszwecken sind auf der Karte nur die Wohngebiete von ca. 134 000 E. dargestellt)
Bebaute Fläche für Wohnzwecke, einschl. Garagen, Zuwege, Hausgärten, Abstandsgrün:
165 m²/Einwohner
Verkehrsfläche:
86 m²/Einwohner
Freifläche:
348 m²/Einwohner

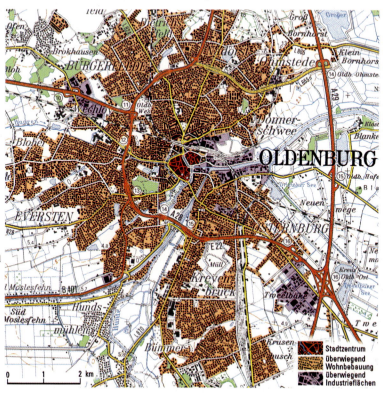

Topographische Karte 1 : 100 000, C 3114, Blatt Odenburg

Autofreie – verkehrsarme Wohngebiete

27 Prozent der Haushalte in den alten Bundesländern haben kein Kraftfahrzeug. Dabei handelt es sich nur zum Teil um Haushalte, die sich aus finanziellen Gründen kein Auto leisten. Eine zunehmende Zahl auch besser verdienender Menschen verzichtet freiwillig auf ein eigenes Auto, um einen persönlichen Beitrag zur Lösung der Umweltkrise zu leisten.
„Was haben diese Menschen mit einem Nichtraucher gemeinsam?"
Wie der Nichtraucher häufig dem Zigarettenrauch nicht ausweichen kann, so ist der autolose Mensch dem Verkehrslärm, den Abgasen und der Unfallgefahr genauso ausgesetzt.
„Und was ist der Unterschied zwischen einem Nichtraucher und einem Menschen ohne eigenes Auto?"
Für Nichtraucher gibt es in jeder Stadt rauchfreie Zonen in Büros, Schulen, Restaurants sowie Nichtraucherabteile in der Bahn und im Flugzeug. Aber wo sind die autofreien Wohngebiete? Seit Anfang der 90er-Jahre entstehen bundesweit vor allem in den Großstädten Initiativen zur Realisierung autofreier Wohngebiete. In *autofreien Wohnvierteln* gibt es natürlich keinen Durchgangsverkehr. Das Wohngebiet wird durch „Wohnstraßen" von 2,5–5 Meter Breite für Feuerwehr, Notfälle und Versorgungsfahrzeuge erschlossen. Im Übrigen gibt es Fahrrad- und Fußwege. Anstelle der sonst üblichen Kfz-Stellflächen für fast jeden Haushalt und jedes Einfamilienhaus gibt es nur am Rande (!) des Wohngebietes eine vergleichsweise geringe Zahl von Parkplätzen für Besucher und „carsharing"-Autos. *Carsharing* nennt man die gemeinschaftliche Nutzung von Autos durch mehrere Personen. Um die Bewohner einer autofreien Siedlung in ihrem Mobilitätsbedürfnis nicht zu beeinträchtigen, gehören zu solchen ökologischen Wohngebieten neben „carsharing"-Angeboten gute ÖPNV-Verbindungen zur Innenstadt. Einkaufsmöglichkeiten für den alltäglichen Bedarf sollten in fußläufiger Entfernung vorhanden sein.

Autofreie Wohngebiete haben folgende Vorteile:
– Kinderspiel ist vor der Haustür möglich
– kein Verkehrslärm („Oasen der Ruhe")
– bessere Luft (keine Autoabgase)
– flächensparendes Bauen
– Verminderung der Versiegelung durch weniger Straßen- und Parkflächen
– Verzicht auf eine Kanalisation zur Ableitung des Regenwassers von den versiegelten Flächen
– Kosteneinsparung von 3–10 %
– sicheres Wohnen: Da Fremdfahrzeuge in der Regel nicht in das Wohngebiet hineinfahren können, nimmt die Einbruchsgefahr ab.

M 13 Kriterienliste für die Standortentscheidung von autofreien Wohngebieten (Stadtplanungsamt Bielefeld 1995)

– **ÖPNV:** max. Haltestellenabstand 300 m zur Stadtbahn/Stadtbus, max. Fahrzeit zum Hauptbahnhof 30 min.
– **Radverkehr:** Geschlossenes Radwegenetz; max. Entfernung zum Bezirkszentrum 5 km
– **Fußverkehr:** Hauptfußwegeverbindung (selbstständig geführt) zum nächsten Zentrum
– **Soziale Infrastruktur:** Erreichbarkeit fußläufig in max. 10 min. (500–600 m); Grundschule, Kindergarten; Sportplatz, Turnhalle; Kirche/Gemeindehaus; Bezirksvertretung, Post
– **Dienstleistung, Einzelhandel:** Erreichbarkeit fußläufig in max. 10 min. (500–600 m): Supermarkt, Kiosk, Bäckerei; Apotheke, prakt. Arzt; Kreditinstitut; Friseur, Reinigung; Café, Gaststätte
– **Kleingärten** (bei Geschosswohnungen): Erreichbarkeit fußläufig in max. 15 min. (750 bis 900 m)
– **stadtteilbezogene Erholung:** Erreichbarkeit fußläufig in max. 15 min. (750–900 m)
– **Hallen/Freibad:** Erreichbarkeit fußläufig in max. 15 min. (750–900 m)

Einen Kompromiss stellen verkehrsarme Wohngebiete dar. Die Bewohner verzichten nicht auf eigene PKWs. Die Garagen oder Stellplätze befinden sich aber am Rande des sonst verkehrsfreien Wohnviertels.

Die ökologische Stadtplanung, die u. a. das Leitbild der „Stadt der kurzen Wege" verfolgt, kann längerfristig einen Beitrag auch zur Verringerung des MIV leisten, indem PKW-Fahrten für die alltägliche Versorgung überflüssig werden.

Deshalb sollte nach dem Bundesumweltministerium (1995) die Ausweisung neuer Baugebiete „an schlecht versorgten Standorten völlig unterbunden werden." In den meisten Kommunen würde es Fortschritte geben, wenn jede (11.) Klasse nur ein am Ort unterentwickeltes Element ökologischer Stadtplanung einfordern würde. Gefragt sind Leserbriefe, Gespräche mit den Vertretern der Parteien und der Verwaltung, Ausstellungen, Podiumsdiskussionen, fantasievolle Aktionen.

M 14 Planungsraum für ein autofreies Wohngebiet in Hannover

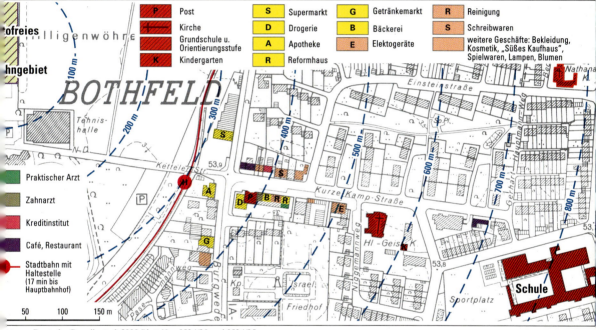

Deutsche Grundkarte 1:5000 Blatt-Nr.: 3524/20 und 3524/25

M 15 Elemente der Ökologischen Stadtentwicklungsplanung

Politik-bereiche	Verkehrspolitik	Baupolitik	Klimaschutz-politik	Abfallwirt-schaftspolitik
Konzepte der Verwaltung	Verkehrsentwicklungsplan	Wohnbau- und Gewerbeflächenplan	Klimaschutzkonzept (u. a. Energiekonzept)	Abfallwirtschaftskonzept
Maßnahmen; Methoden	Autofreies Wohngebiet[1]; Busspuren, Umweltspuren; Radwegenetz; ÖPNV-Beschleunigung, Parkraumbewirtschaftung, Verkehrsberuhigung in der Innenstadt, Tempo-30-Zonen u. a.	Flächensparendes Bauen, Entsiegelung Begrünung, Regenwasserversickerung, Freihaltung von Kaltluftbahnen u. a.	Energetische Bauleitplanung[1], Förderung von Niedrigenergiehäusern[1], Fernwärmeversorgung[1], Nahwärme-Netz (BHKW)[1], Förderung von regenerativen Energien, Energieberatung, Energiemanagement öffentlicher Gebäude	Mechanisch-biolog. Vorbehandlung, Deponiegestaltung (z. B. Gasverwertung)[1], Kompostierung, Abfallverbrennung[1], Sortieranlage für Leichtverpackungen, Wertstoffsammlung, Recyclinghöfe, Gewerbeabfalltrennung

[1] Die Maßnahme kann auch einem anderen Politikbereich zugeordnet werden.

M 16 Ein ökologischer Stadtführer

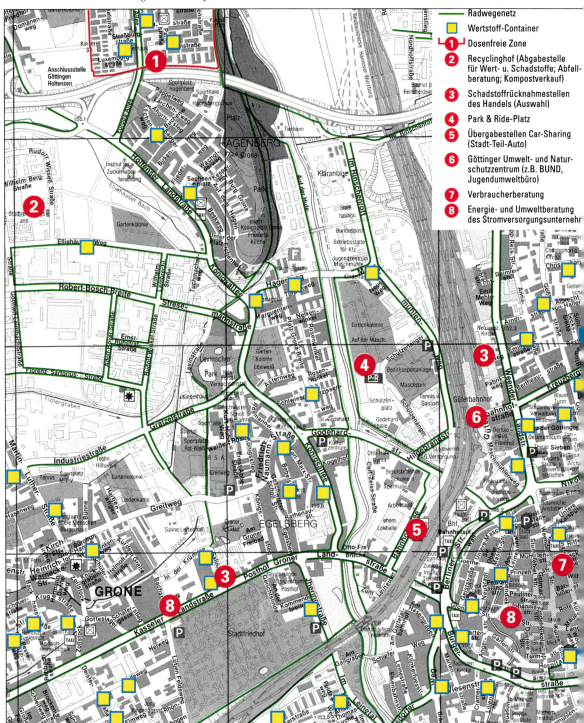

Ausschnitt aus dem amtlichen Stadtplan M 1:20000 der Stadt Göttingen
Vervielfältigt mit Genehmigung der Stadt Göttingen – Stadtvermessungsamt – vom 17.6.96 (Az. 622314), ergänzt

Amtliche Stadtpläne enthalten vielfältige Informationen über Straßen, Gebäude, das Gewässernetz, Gewerbegebiete, Sehenswürdigkeiten, Hotels usw. Nur für wenige Städte aber gibt es Pläne, in denen auch über umweltbedeutsame Sachverhalte (z. B. Buslinien, Fahrradwege, Standorte von Wertstoff-Containern oder Abgabestellen für Sondermüll) informiert wird. Demgegenüber haben wissenschaftliche Untersuchungen ergeben, dass Umweltbelastungen zum Teil nur deshalb entstehen, weil Informationen über umweltgerechtes Verhalten entweder fehlen oder nur schwer zugänglich sind.

Dieses Missverhältnis ist vor Jahren auch den Schülerinnen und Schülern eines Erdkunde-Leistungskurses in Göttingen aufgefallen. Folgerichtig entstand die Idee zu einem Ökologischen Stadtführer für Göttingen. Die Umsetzung der Idee stieß jedoch auf erhebliche Schwierigkeiten: Viele Informationen, die in den Plan aufgenommen werden sollten, mussten durch zeitaufwendige Recherchen und eigene Kartierungen erhoben werden. Hartnäckigkeit und Engagement (auch außerhalb der eigentlichen Unterrichtszeit) führte schließlich zu einem Stadtplan, der neben den traditionellen Inhalten auch umweltbezogene Informationen enthielt.

In einer Ausstellung in der Schule wurde im Jahr 1990 der erste Ökologische Stadtführer für Göttingen präsentiert. Karteninhalte waren:
- Bus- und Radwegenetz,
- Standplätze für Wertstoff-Container,
- Tankstellen mit bleifreiem Benzin,
- Sondermüll-Abgabestellen,
- Bio- und Naturkostläden.

Im Stadtreinigungsamt war man von der Idee des Leistungskurses sehr angetan: Alle Haushalte in Göttingen wurden mit einem Auszug aus dem Ökologischen Stadtführer über die Standplätze der Wertstoff-Container informiert. Der Norddeutsche Rundfunk sendete ein Interview mit den Schülerinnen und Schülern des Leistungskurses. Die Idee eines Ökologischen Stadtführers wurde auch in den folgenden Jahren von anderen Klassen und Kursen in Göttingen aufgegriffen und weiterentwickelt. Inzwischen (1996) plant die Göttinger Stadtverwaltung tatsächlich die Herausgabe eines amtlichen Stadtplans mit umweltbezogenen Informationen.

1. Beschreiben Sie Weg und Wirkung des Regenwassers
a) in der freien Landschaft,
b) bei versiegelten Flächen oder stellen Sie dies in zwei Pfeildiagrammen dar (M 1).
2. Kartieren Sie in einem begrenzten Teil Ihres Wohngebietes oder in unmittelbarer Schulumgebung entsiegelungswürdige Flächen und zu kleine Baumscheiben (Text S. 159, M 3–4).
3. Stellen Sie Vor- und Nachteile von frei stehenden Einfamilienhäusern einander gegenüber. Berücksichtigen Sie dabei auch mit Kategorien groß/klein, gut/schlecht o. ä. im Vergleich zu Mehrfamilienhäusern den ungefähren Flächenverbrauch, versiegelte Fläche pro Person, Einbruchsgefahr, Wohlbefinden, Stadtklima, Freiflächen (u. a. Erholungsflächen) pro Person und Weglänge zum Einkaufen (Text S. 160, M 10).
4. Vergleichen Sie die Siedlungsflächen von M 8 und M 11. Wie würde sich die Siedlungsfläche von Göttingen verändern, wenn der Anteil der Mehrfamilienhäuser nur halb so groß wäre?
5. Nennen Sie Unterschiede zwischen einem autofreien und einem verkehrsarmen Wohngebiet.
6. Wenden Sie die Kriterien M 13 auf das in Hannover geplante autofreie Wohngebiet M 14 an.
7. Stellen Sie fest, welche Elemente einer ökologischen Stadtplanung (M 15) in Ihrer Stadt verwirklicht sind (Anruf Planungsamt).
8. Ermitteln Sie, welche umweltbedeutsamen Informationen im amtlichen Stadtplan Ihres Schulortes enthalten sind.
9. Diskutieren Sie, ausgehend von der spezifischen Umweltsituation in Ihrem Schulort, welche Informationen in einem solchen Plan eigentlich enthalten sein müssten, um umweltgerechtes Verhalten zu ermöglichen.
10. Stellen Sie Argumente zusammen, aus denen sich die Notwendigkeit eines Ökologischen Stadtführers für Ihren Schulort ergibt.
11. Erarbeiten Sie einen Ökologischen Stadtführer für Ihren Schulort (bzw. Teilbereich).
12. Diskutieren Sie, welche organisatorischen und finanziellen Gesichtspunkte der Realisierung Ihrer Idee entgegenstehen könnten.
13. Spezielle Aufgabe für Klassen in Göttingen: Erarbeiten Sie einen Ökologischen Stadtführer für Bereiche des Stadtgebietes, die in M 16 nicht dargestellt sind.

Flächennutzungs-konflikt und Bauleitplanung

Flächennutzungskonflikt um ein Gewerbegebiet

1987 suchte die Stadtverwaltung von Wolfsburg ein neues Gewerbe- und Industriegebiet für Zulieferfirmen des Wolfsburger Volkswagenwerkes. Unter anderem wurde ein Gebiet südöstlich des Ortsteiles Vorsfelde (siehe Karte auf Seite 113) – genannt Vogelsang – ins Auge gefasst.
Dabei handelte es sich um überwiegend landwirtschaftlich genutzte Flächen.
Voraussetzung für eine Realisierung war die Änderung des Flächennutzungsplanes von landwirtschaftlicher Nutzfläche zu Industriefläche. Schon vor der öffentlichen Auslegung der Unterlagen kam es zu Bürgerprotesten:

Bürger gegen Industriegebiet
„Vorsfelde (on) ‚Wir wollen keinen Industriepark und auch keine Mülldeponie am Vogelsang haben!' Mit diesem Satz drückte ein Bürger während der Bürgerversammlung über das geplante Industriegebiet bei Vorsfelde aus, was die meisten der Anwesenden dachten ... Über 100 Menschen kamen in den Saal der Gaststätte ..., der für diese Menge nicht ausreichte. So mussten viele Zuhörer stehend den Ausführungen der Verwaltung und der anschließenden Diskussion folgen ... Man wollte wissen, was für Unternehmen bereits ihr Interesse an einer Ansiedlung bekundet hätten. Wie hoch die zusätzliche Lärmbelästigung sei, wurde gefragt und ob es denn wirklich keine günstigeren Gebiete in Wolfsburg gäbe, die nicht so dicht an einer Wohnsiedlung liegen. Außerdem sei der Drömling in der Nähe, und somit zusätzlich ein Naturschutzgebiet gefährdet. Auch auf den verminderten Freizeitwert in den nahe gelegenen Kleingärten wurde hingewiesen ... Eines jedoch wurde klar: In Vorsfelde wird sich kaum eine Mehrheit innerhalb der Bürgerschaft für den Industriepark Vogelsang finden."
Wolfsburger Allgemeine vom 23. 10. 1987

Auch eine 11. Klasse eines Wolfsburger Gymnasiums schaltete sich in die öffentliche Diskussion ein. Die Schülerinnen und Schüler entnahmen mit einem Bodenbohrer an zwei für Industriegebiete diskutierten Standorten Bodenproben. Damit wurden Wasserdurchlässigkeitsexperimente durchgeführt. Für das Gebiet Vogelsang ermittelten die Schüler eine sehr hohe Durchlässigkeit. Das Grundwasser dieses Standortes ist also durch Wasser gefährdende Stoffe bedroht. Das Stadtplanungsamt berücksichtigte dies im späteren Bebauungsplan durch den „Ausschluss der Verarbeitung, Lagerung, Herstellung und ähnlichem Wasser gefährdender Stoffe".

M 1 Planung eines Gewerbegebietes

In der folgenden Zeit ließ die Verwaltung eine Reihe von Untersuchungen durchführen: schalltechnisches, hydrogeologisches Klimagutachten, Biotopkartierung und eine zusammenfassende Umweltverträglichkeitsprüfung. Außerdem plante sie einen größeren Abstand der Industrieflächen von dem Wohngebiet ein.

1990 wurden die Unterlagen zur Änderung des Flächennutzungsplanes öffentlich ausgelegt. Es gab wenige Einwendungen einiger Anwohner.

1991 trat der neue Flächennutzungsplan in Kraft.

1995 wurden die Unterlagen über den Bebauungsplan (d. h. der Detailplanung M 1) öffentlich ausgelegt. Durch die nun weit vom Wohngebiet abgerückte Planung schienen die wichtigsten Bedenken ausgeräumt. Da schlug wenige Tage vor Ende der Einwendungsfrist folgende Information wie eine Bombe ein:

Ausschnitt aus der Topographischen Karte 1:25 000, Blatt 3531 Oebisfelde, vergrößert

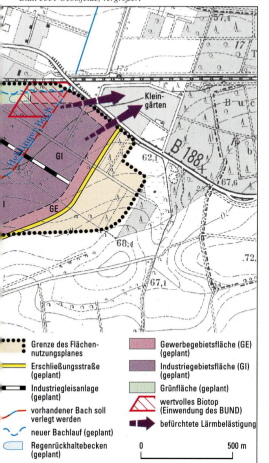

„Hiermit weisen wir Sie auf die extrem hohe Schutzwürdigkeit eines Teilgebietes des Planungsgebietes hin … Auf diesem Grünlandbereich … konnten allein bei einer einmaligen Kartierung vom 6. 5. 95 insgesamt 72 Pflanzenarten nachgewiesen werden. Dabei kommen alleine auf dieser Fläche insgesamt 10 Rote-Liste-Pflanzenarten vor. Allein durch die sehr hohe Anzahl der einzelnen Rote-Liste-Arten wie Knöllchensteinbrech … mit mehr als 10 000 Exemplaren und Quellkraut mit mehr als 1000 Exemplaren … ist diese Teilfläche … landesweit schützenswürdig …"

Bund für Umwelt und Naturschutz Deutschland (BUND), Kreisgruppe Wolfsburg

Die von der Stadt in Auftrag gegebene Biotopkartierung war offensichtlich von dem Gutachterbüro zur falschen Jahreszeit durchgeführt worden. Ein hochwertiges Biotop mitten in einem Industriegebiet?

Zu diesem Zeitpunkt hatte Wolfsburg die höchste Arbeitslosenquote aller niedersächsischen Großstädte. Die Verwaltung argumentierte: „Arbeitsplätze sind wichtiger als der Knöllchensteinbrech."

In zähen Verhandlungen zwischen den Vertretern der Stadt und des Naturschutzverbandes kam es zu folgendem Kompromiss:

„Um das Bebauungsplanverfahren insgesamt zeitlich nicht aufzuhalten (nur max. 5% der Fläche sind strittig) wird das Verfahren unter folgenden Bedingungen weiterbetrieben: Die Stadt Wolfsburg sichert dem BUND in einer öffentlich-rechtlichen Erklärung (einklagbar) zu, die innerhalb des Bebauungsplanes gelegenen strittigen Flächen so lange von einer Inanspruchnahme frei zu halten, bis auf einer größeren zusammenhängenden Ersatzfläche ein Grünland gleicher Qualität entwickelt worden ist. Schon vorab wird einvernehmlich festgelegt, welche Kriterien dazu erfüllt sein müssen. Bei Misslingen der Ersatzmaßnahme werden die betreffenden Flächen auf Dauer erhalten bleiben."

Auszug aus einem Schreiben der Stadt Wolfsburg an den BUND vom 13. 9. 95

Im Frühjahr 1996 wurde dieser Vertrag zwischen BUND und Stadt unterzeichnet, sodass der Bebauungsplan 1996 in Kraft treten konnte.

Bauleitplanung und Bürgerbeteiligung

Die größte Eigenständigkeit in ihren Gestaltungsmöglichkeiten besitzen die Gemeinden im Bereich der Bauleitplanung. Die Gemeinderäte diskutieren und beschließen die Flächennutzungs- sowie die Bebauungspläne, und sie entscheiden dabei auch zum Beispiel über „Maßnahmen zum Schutz, zur Pflege und zur Entwicklung von Natur und Landschaft" (Baugesetzbuch BauGB § 9). Allerdings sind die verabschiedeten Pläne der höheren Verwaltungsbehörde, also dem Landratsamt oder Regierungspräsidium, anzuzeigen. Sie müssen den Zielen der Raumordnung und Landesplanung entsprechen.

Das *Baugesetzbuch* enthält Möglichkeiten für die Bürgerinnen und Bürger, auf die Bauleitplanung Einfluss zu nehmen. Sie sind von deren Auswirkungen auch in vielerlei Hinsicht betroffen, sei es als Grundstückseigentümer, Bauherr oder Benutzer öffentlicher Einrichtungen.

Die *Bauleitplanung* hat die Aufgabe, die bauliche und sonstige Nutzung der Gemeindeflächen vorzubereiten und zu „leiten". Grundlage hierfür ist eine Erfassung des Ist-Zustandes, also der räumlichen Verteilung von Bevölkerung, Wirtschaft, Ver- und Entsorgungseinrichtungen, Verkehrs- und Grünflächen innerhalb einer Gemeinde. Auch deren finanzielle Möglichkeiten sind zu berücksichtigen. Als vorbereitende Bauleitplanung wird ein *Flächennutzungsplan* ausgearbeitet, der das gesamte Gemeindegebiet (meistens im Maßstab 1:10 000 oder 1:5 000) erfasst. Ihm liegen bestimmte Annahmen über die künftige Entwicklung der Gemeinde hinsichtlich der Einwohnerzahl, der Arbeitsplätze, des Bedarfs an Gemeindeeinrichtungen usw. zugrunde. Er verkörpert gleichsam das Leitbild der Gemeindeentwicklung, legt er doch für einen längeren Zeitraum (etwa 10 Jahre) die Grundzüge der Raumnutzung für das gesamte Gemeindegebiet fest. Der Flächennutzungsplan hat die Zielvorgaben und Planungsmaßnahmen der übergeordneten Instanz zu berücksichtigen. Auch die „Träger öffentlicher Belange", also z. B. das Straßenbau- und Fernmeldeamt, die zuständigen Stadtwerke oder die Industrie- und Handelskammer, sind an der Planung zu beteiligen.

Aus dem Flächennutzungsplan heraus sind die *Bebauungspläne* zu entwickeln. Sie legen für Teile des Gemeindegebietes detaillierte Nutzungsvorschriften fest. Für den Bauherrn schreiben sie verbindlich z. B. die Art und das Maß der baulichen Nutzung, die Bauweise sowie die überbaubaren und nicht überbaubaren Flächen seines Grundstücks vor.

Aus dem Amtsblatt der Gemeinde R.: „Bebauungsplan ‚Gänsäcker' einen Schritt weiter

Der Gemeinderat hat in seiner Sitzung vom 12. 3. 1996 dem Bebauungsplan und Grünordnungsplanentwurf ‚Gänsäcker' zugestimmt und den Auslegungsbeschluss gefasst. Durch eine frühzeitige Bürgerbeteiligung im Februar 1995 sowie die Beteiligung der ‚Träger öffentlicher Belange' konnten Anregungen in dem vorliegenden Bebauungsplanentwurf bereits zum Teil berücksichtigt werden.

In der letzten Gemeinderatssitzung trug ein Bauamtsmitarbeiter dem Gemeinderat die Planung vor. Im gesamten Geltungsbereich des Bebauungsplanes soll ein allgemeines Wohngebiet festgesetzt werden. In der Frage der seit Monaten heftig diskutierten Frischluftschneise konnte ein Kompromiss gefunden werden. So ist nun im nordwestlichen Teil des Plangebiets eine – im Gegensatz zum ursprünglichen Entwurf – wesentlich stärker aufgelockerte Bebauung vorgesehen. Damit werden auch die Bedenken der *Unteren Naturschutzbehörde*, einem der ‚Träger öffentlicher Belange', berücksichtigt.

Den erforderlichen Grünordnungsplan im Bebauungsplan hat ein Ingenieurbüro aufgestellt. Ein Vertreter dieses Planungsbüros trug vor, dass der Eingriff in Natur und Landschaft gut ausgeglichen worden sei. Eine größere Mulde wurde von der Bebauung frei gehalten, um die Kaltluftströmung in den Ort hereinzulassen."

Zusammengestellt nach dem Amtsblatt der Gemeinde R.

M 3 Weg eines Bebauungsplanes

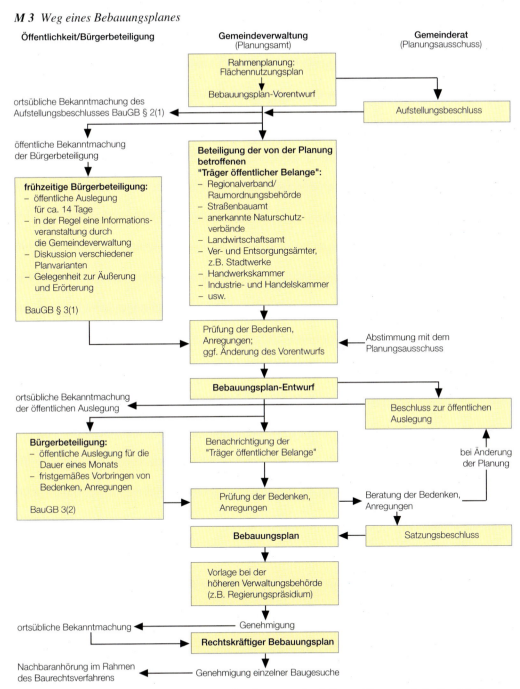

1. Stellen Sie fest, welche Möglichkeiten das Baugesetzbuch Ihnen bietet, auf die Bauleitplanung einer Gemeinde Einfluss zu nehmen.
2. Ordnen Sie das Fallbeispiel „Bebauungsplan ‚Gänsäcker'" in das Ablaufschema ein.
3. Verfolgen Sie anhand von Zeitungsmeldungen aus der Lokalpresse das Verfahren zur Fortschreibung eines Flächennutzungsplanes oder zur Erstellung eines Bebauungsplanes. Besuchen Sie ggf. eine Gemeinderatssitzung, in der über die Bauleitplanung diskutiert und beschlossen wird.

Gefährdung der Erdatmosphäre

M 1

Trotz aller Bestrebungen, alternative Energien zu entwickeln, werden in den nächsten Jahrzehnten die fossilen Energieträger den Hauptanteil des Weltenergiebedarfs decken. Ihre Verbrennung setzt aber verschiedene Schadstoffe wie Stickoxide und Schwefeldioxid sowie Kohlendioxid und Staub frei. Der Anstieg des CO_2-Gehalts in der Atmosphäre, aber auch anderer Spurengase, ist die Ursache für den sogenannten *Treibhauseffekt* und eine sich anbahnende globale Erwärmung. Nur: Für die meisten von uns ist die Problematik relativ abstrakt und vor allem räumlich wie zeitlich weit entfernt. Deshalb ist es dringend notwendig, die möglichen Ursachen und Auswirkungen zu beleuchten.

Wie kommt es zum Treibhauseffekt?

Die Glasscheiben eines Treibhauses lassen Sonnenlicht ins Innere strömen. Der Boden absorbiert das Licht und erwärmt sich durch die aufgenommene Energie. Er sendet unsichtbare, langwellige Wärme- oder Infrarotstrahlung aus. Diese kann aber Glas nicht durchdringen, sodass die Wärme im Treibhaus erhalten bleibt. Im globalen Klimahaushalt spielen die Spurengase Wasserdampf, CO_2, CH_4, O_3 und N_2O die Rolle des Wärme stauenden Glases, lassen die kurzwelligen Strahlen eindringen und verhindern eine Abstrahlung von Energie in den Weltraum (*natürlicher Treibhauseffekt*). Wären sie nicht vorhanden, so betrüge die durchschnittliche Jahrestemperatur der Erde –18 °C statt wie gegenwärtig 15 °C.

M 2 Der natürliche Treibhauseffekt

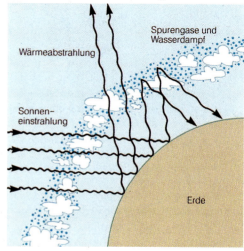

Spurengase in der Troposphäre können – trotz ihres geringen Anteils am Luftvolumen – in hohem Maße Strahlung aufnehmen (absorbieren) und abgeben (emittieren). Dabei werden nicht alle Wellenlängen gleichmäßig erfasst, vielmehr gibt es Beschränkungen auf enge Bänder. So fällt auf, dass die langwellige Ausstrahlung der Erde in die Atmosphäre nur durch einige wenige „Fenster" in den Weltraum entweichen kann, zum Beispiel durch das „große" (8-12 µm) und „kleine (3-4 µm) Wasserdampffenster". Man kann beide mit den offenen Fenstern eines gut isolierten Hauses vergleichen. Indem der Mensch immer weitere Spurengase freisetzt, engt er die „Fenster" ein. Damit bleibt in den unteren Schichten der Atmosphäre mehr Energie erhalten: Es wird wärmer.

Strahlungsabsorption durch atmosphärische Gase

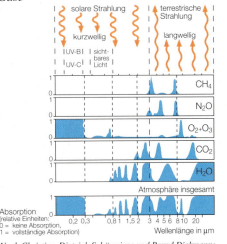

Nach Christian-Dietrich Schönwiese und Bernd Diekmann: Der Treibhauseffekt. Reinbek 1991, S. 117

Seit rund 100 Jahren steigt aber die Konzentration der *Spurengase,* vor allem die des Kohlendioxids in der Troposphäre kontinuierlich. Das ist in erster Linie auf menschliche Einflüsse und weniger auf natürliche Ereignisse, z. B. Vulkanausbrüche, zurückzuführen. Der wichtigste Eingriff ist dabei die Verfeuerung fossiler Brennstoffe wie Erdöl, Kohle, Gas oder Holz. Das dabei entstehende Kohlendioxid kann im Gegensatz zu anderen Stoffen durch keine technischen Maßnahmen verhindert werden. Während der Kohlendioxid-Ausstoß vor rund 100 Jahren noch in der Größenordnung von jährlich etwa 700 Millionen Tonnen lag, hat er inzwischen schon Werte von über 20 Milliarden Tonnen erreicht (1992: 22,3 Mrd.).

Verglichen mit der Gesamtmenge des atmosphärischen Kohlendioxids von rund 600–700 Milliarden, erscheint der anthropogen bedingte Eintrag relativ gering. Aber er ist in der Lage, das bisher bestehende natürliche Gleichgewicht zu stören. Man nimmt an, dass nur etwa die Hälfte davon durch die Pflanzen und die Ozeane – über das Plankton sowie durch Lösung und Einbindung in das Wasser – aufgenommen werden kann. Die andere Hälfte der anthropogenen Kohlendioxid-Emission verbleibt in der Atmosphäre – addiert sich von Jahr zu Jahr.

M 3 *Atmosphärische CO_2-Konzentration*

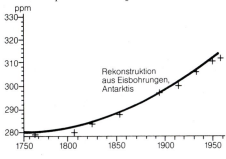

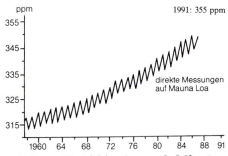

Nach Christian-Dietrich Schönwiese: a. a. O., S. 92 ergänzt

Seit 1957/58 messen die Meteorologen am Vulkan Mauna Loa Spurenstoffe in der Atmosphäre. Die Luft an dieser Stelle gilt als äußerst sauber und ist so gut durchmischt, dass lokale Verfälschungen auszuschließen sind. Die jahreszeitlichen Schwankungen des CO_2-Gehalts erklären sich durch saisonales Wachstum der Pflanzen.

Noch höhere Zuwachsraten als das CO_2 weisen die übrigen Spurengase auf. Ihr Beitrag zum Treibhauseffekt hängt nicht allein von ihrem Volumenanteil ab, sondern davon, wie viel ein Molekül an Wärme aufnehmen und somit treibhauswirksam machen kann.

M 4 Verursacher des anthropogenen Treibhauseffekts

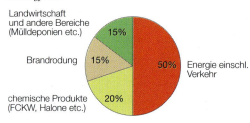

„Neue Form der Landwirtschaft nötig

Enquetekommission bezeichnet Zwischenbericht als 'Schrei nach Reform und Neuorientierung'

wok. Bonn. Einschneidende Änderungen in der Land- und Forstwirtschaft hat die Enquetekommission des Bundestages 'Schutz der Erdatmosphäre' verlangt. Darin (in dem Zwischenbericht) wird unter anderem verlangt, die agrarische Überschussproduktion zu vermindern, umweltgerechte Landwirtschaft stärker zu fördern und eine Abgabe auf mineralischen Stickstoffdünger zu erheben."

Stuttgarter Zeitung vom 11.8.1994, S. 2

M 5 Entwicklung des Weltprimärenergieverbrauchs

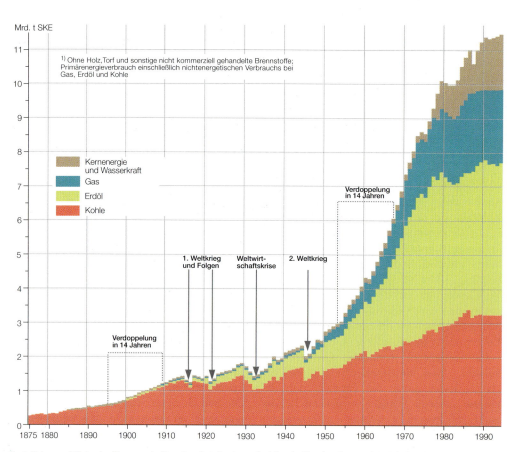

Nach Nutzen und Risiko der Kernenergie. Vorträge eines Seminars. Berichte der Kernforschungsanlage Jülich. Jul 17, 4. Auflage 1979, S. 8. Kernforschungsanlage Jülich GmbH; ergänzt nach verschiedenen Quellen

Gegenwärtige und künftige Auswirkungen

Anzeichen einer beginnenden Klimaveränderung könnte die Zunahme der globalen Durchschnittstemperatur um 0,7°C seit Beginn des letzten Jahrhunderts sein. Wer diesen Anstieg für unbedeutend hält, sollte wissen, dass seit der letzten Eiszeit die Temperaturschwankungen über die ganze Erde und viele Jahre gemittelt nie eine Schwankungsbreite von etwa 1,5 °C überschritten haben. Andere Indizien sind
- der Anstieg des Meeresspiegels um etwa 10–20 cm innerhalb der letzten 100 Jahre
- der Temperaturrückgang in der nordhemisphärischen Stratosphäre um 0,5 °C innerhalb der letzten 20 Jahre
- der Rückgang vieler Alpengletscher
- der Anstieg der Temperatur in der Arktis um 1,7 °C im Jahresmittel bzw. in den Wintermonaten um 4 °C innerhalb der letzten 100 Jahre.

Aber es finden sich auch einige Indizien, die einer Verstärkung des Treibhauseffektes widersprechen. Beispielsweise hat die Oberflächentemperatur der Ozeane seit 1940 eher ab- als zugenommen, auch ist die Eisbedeckung in der Arktis seit 1980 eher größer geworden.

Nach Einschätzung der Enquetekommission des Deutschen Bundestages zum Schutz der Erdatmosphäre gilt ein sich verschärfender zusätzlicher Treibhauseffekt als „wissenschaftlich gesichert". Und nach einer viel zitierten Prognose des im Rahmen der UNO bestehenden internationalen Komitees für Klimaveränderungen vom Jahr 1990 werden sich die weltweiten Durchschnittstemperaturen bis zum Jahr 2100 um 2°C bis 5°C erhöhen.

Wie wird sich der Treibhauseffekt zukünftig auf das globale Klima und die Lebensbedingungen der Menschen auswirken? Es liegt auf der Hand, dass jede Temperaturänderung auch Veränderungen anderer Klimaelemente – Niederschläge, Verdunstung, Windverhältnisse – bewirkt. Folglich ist mit weit reichenden Auswirkungen auf die Nahrungsmittel-, Wasser- und Energieversorgung zu rechnen. In einer Modell-Rechnung wurde beispielsweise untersucht, wie sich die Flächenanteile der Waldtypen und Ökosysteme ändern könnten.

M 6 Modellrechnung – Änderung der Flächenanteile der Waldtypen und Ökosysteme bei einer CO_2-Verdopplung

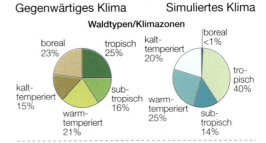

Nach W. R. Emanuel et al. 1985

Fast alle Klimaforscher sagen für die nächsten Jahrzehnte einen deutlichen Anstieg des Meeresspiegels voraus (30 bis 100 cm). Als Gründe werden die Wärmeausdehnung des Meerwassers, das Abschmelzen der Gebirgsgletscher und des südlichen grönländischen Eisschildes genannt. Für viele Küstenbereiche droht dadurch die Gefahr der Überflutung, des Eindringens von Salzwasser in das Grundwasser und der verstärkten Küstenerosion. Besonders betroffen wäre vor allem das bevölkerungsreiche Bangladesh, in dem ein Anstieg um einen Meter etwa ein Viertel der Bevölkerung existenziell gefährden würde. In Ägypten gingen 12 % des bebaubaren Landes verloren. Niedrige Inseln, ja sogar ganze Staaten Ozeaniens wären in ihrer Existenz bedroht.

Ein Verschwinden des Eises an den Polkappen ist wohl aufgrund verstärkter Schneefälle in den vermutlich wärmeren Wintern nicht zu befürchten. Generell werden die Niederschläge zunehmen, vor allem in den höheren, im Winterhalbjahr auch in den mittleren Breiten der Nordhemisphäre. Viele Berechnungen deuten auch darauf hin, dass sich die Gegensätze zwischen den Regen- und Wüstengebieten verstärken. Alle Ergebnisse und die daraus abgeleiteten Aussagen sind aber mit vielen Unsicherheiten belastet und sollten mit Vorsicht interpretiert werden.

Unter großem Aufwand versucht die Forschung Modell-Rechnungen zum künftigen Klimageschehen zu erstellen. Die 1988 von der Welt-Meteorologen-Organisation und dem Umweltprogramm der Vereinten Nationen einberufene Arbeitsgruppe legte sich bei ihrem Bericht zur Umweltkonferenz 1992 in Rio auf folgende Kernaussage fest: Eine Verdopplung des atmosphärischen CO_2-Gehalts auf 560 ppm wird zu Temperaturerhöhungen zwischen 1,5 °C und 4,5 °C führen. Große Fragezeichen gibt es aber noch über Ausmaß, zeitlichen Verlauf und regionale Auswirkung des Treibhauseffekts. Der zukünftige CO_2-Gehalt der Atmosphäre lässt sich aber nur dann hinreichend genau abschätzen, wenn bekannt ist, wie viel Kohlendioxid Atmosphäre, Ozeane und Landbiosphäre miteinander austauschen. Fest steht, dass ohne Ozeane der Treibhauseffekt ins Grenzenlose wachsen würde. Auch wenn ein zwingender Nachweis weltweiter Klimaänderungen durch den Menschen noch nicht möglich ist, sollte sich die Weltgemeinschaft zu raschen und energischen Abwehrmaßnahmen zusammenfinden. Vor allem die Hauptverursacher sind gefordert.

M 7 Energiebedingte CO_2-Emissionen, Auswahl (in Mio. t)

	1970	1980	1994
Welt (gesamt)	16 238	19 544	22 588
Afrika	344	491	712
Nordamerika	5 114	5 916	6 501
USA	4 747	5 183	5 696
Südamerika	653	634	802
Asien/Ozeanien	2 783	3 772	6 504
China	1 071	1 526	2 711
Japan	867	1 023	1 288
Europa (OECD)	3 275	3 783	3 668
Deutschland (alte u. neue Bundesländer)	1 072	1 126	941
Frankreich	467	507	403
Großbritannien	705	633	598
übriges Europa	–	4 522	3 559
GUS/UdSSR	2 564	3 339	2 701

Bundesministerium für Wirtschaft: Energiedaten. Bonn, verschiedene Jahrgänge

Die Ozonproblematik

„Ozonloch droht auch im Norden

Forschungsminister Krüger:
Schutzschicht drastisch verdünnt

Berlin (Reuter) – Deutsche Wissenschaftler halten es für möglich, dass unter ungünstigen Wettereinflüssen auch über der Nordhalbkugel ein Ozonloch entsteht. Bundesforschungsminister Paul Krüger (CDU) berichtete am Freitag in Berlin von einem drastisch verstärkten Abbau der schützenden Ozonschicht über Europa. Bislang war vor allem über der südlichen Halbkugel eine starke Abnahme der Ozonschicht beobachtet worden.

Krüger bezifferte den Ozonverlust über Europa auf jährlich 1,6 Prozent. Diese „relativ starken Verluste" machten weitere erhebliche Forschung notwendig. Im Herbst werde ein internationales Untersuchungsprogramm mit einem weltweit einmaligen Höhenforschungsflugzeug zur Erkundung der Atmosphäre beginnen. Krüger wandte sich dagegen, technisch in die Ozonveränderungen einzugreifen. Dazu gebe es zwar bereits Vorstellungen. Da nicht alle Zusammenhänge erforscht seien, berge ein solcher Eingriff aber Risiken. Zudem dürfte er sehr energieaufwendig sein.

Reinhard Zellner, Koordinator der deutschen Ozonforschung, rechnet damit, dass die Ozonverluste sich in den kommenden Jahren noch verstärken. Bis 2000 sei ein Rückgang um 20 bis 30 Prozent in Europa möglich. Vergleichsgröße für diese Entwicklung sei die Ozonsituation vor Freisetzung von Fluorchlorkohlenwasserstoffen durch den Menschen. Diese FCKW gelten als bedeutendste Verursacher des Ozonabbaus. Zellner zufolge spielen aber auch FCKW-Ersatzstoffe eine Rolle, der Flugzeugverkehr sowie der Treibhauseffekt, also die ebenfalls vom Menschen mitverursachte Aufheizung der Atmosphäre."

Süddeutsche Zeitung vom 9. 4. 1994

Ozon-Konzentration in der Antarktis (antarktischer Frühling). Die Datenmessung erfolgte durch ein Spectrometer eines Satelliten. Vergleichswerte: In den 70er-Jahren lagen die Werte gewöhnlich bei 300 Einheiten; ein Rekordtief mit 125 gab es 1989.

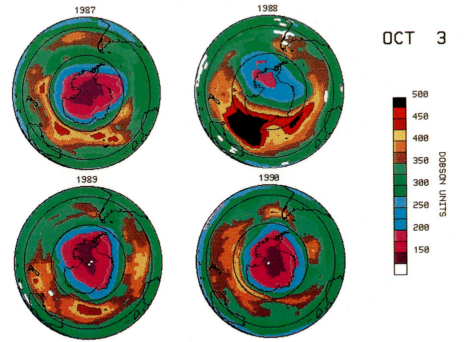

Eine Dobson-Einheit (D.U.) entspricht einem Hundertstel Millimeter und bezieht sich auf die Dicke einer Ozonschicht, die entstünde, wenn das atmosphärische Ozon auf Standardbedingungen gebracht würde.

Konrad Mauersberger: Das Ozonloch über dem Südpol.In: Die Geowissenschaften 1991, H. 11, S. 353

1985 entdeckten Forscher des British Antarctic Survey völlig Unerwartetes: Von 1977 bis 1984 hatte die im Frühling beobachtete Ozonsäule über der Forschungsstation Halley Bay um über 40 % abgenommen. Andere Forscher bestätigten den Befund und wiesen nach, dass sich die Ozonausdünnung über den antarktischen Bereich hinaus und in große Höhe erstreckte. Die Entdeckung des „Ozonlochs" alarmierte: Handelt es sich um eine antarktische Anomalie oder ein erstes Zeichen, dass die globale Ozonschicht in Gefahr ist?

Der Ozongehalt über der Antarktis geht jeden Winter auf natürliche Weise zurück, denn wegen fehlender Einstrahlung kann kein Ozon neu gebildet werden. Zu Beginn des Frühjahrs (Oktober) erreicht er dann ein Minimum und ab November steigt er wieder an. Ungeklärt ist, warum gerade im Frühjahr, wenn die Sonne auftaucht und eine neue Ozonproduktion anregen sollte, das Ozonloch am stärksten ist.

Dass sich das Ozonloch ausgeweitet und vertieft hat, wird mit den emittierten Spurengasen, vor allem den chlorhaltigen FCKW, in Zusammenhang gebracht. Warum und wie diese Gase das Ozon gerade über der Antarktis in dramatischer Weise abbauen, ist noch nicht genügend geklärt. Eine Rolle spielen sicherlich die besonderen meteorologischen Bedingungen auf dem Südkontinent, zum Beispiel die außerordentlich niedrigen Temperaturen und das Vorhandensein von stratosphärischen Wolken aus Eis und Salpetersäure. Von Bedeutung sind sicherlich auch die während eines großen Teils des Jahres um die Antarktis kreisenden Winde (zirkumpolare Wirbel). Sie schirmen den Kontinent vom globalen atmosphärischen Geschehen ab, sodass keine O_3-haltige Luft einströmen kann. Über dem Nordpolargebiet bestehen dagegen vergleichsweise höhere Temperaturen und die Wirbel sind weniger stark ausgebildet.

Das Spurengas Ozon (O_3) ist die dreiatomige Form des Sauerstoffs. Der Meteorologe Hartmut Graßl bezeichnet es als „die schillerndste Substanz in der gesamten Atmosphärenküche", denn es wird als einziges Treibhausgas nicht emittiert, sondern bildet sich in der Stratosphäre auf natürliche Weise aus Sauerstoff und Licht; in der Troposphäre entsteht es in einer komplizierten Abfolge von Reaktionen verschiedener Spurengase. Die gegenwärtige Ozonproblematik ist ein Problem der Ozonverteilung und lässt sich auf einen einfachen Nenner bringen: In der Stratosphäre, in der Ozon lebenswichtig ist, schwindet das Gas – und dort, wo es schädlich ist, in den erdnahen Luftschichten, gibt es zu viel davon: Oben zu wenig, unten zu viel!

Stratosphärisches Ozon bildet in etwa 15 bis 50 km Höhe die sogenannte *Ozonschicht*. Die Ozon-Konzentration ist dort etwa hundertfach größer als in den bodennahen Schichten. Sie ist von großer Bedeutung, denn Ozon absorbiert die schädliche kurzwellige, energiereiche UV-B-Strahlung. Ozonmoleküle werden in dieser Zone ständig auf- und abgebaut.

Messungen erweisen aber, dass die Konzentration des stratosphärischen Ozons abnimmt. Besonders deutlich wird das im sogenannten „Ozonloch", das sich während des Septembers und Oktobers über der Antarktis öffnet. Die Ursachen für die Ausdünnung der Ozonschicht werden in der Verwendung von Fluorchlorkohlenwasserstoffen (FCKW) gesehen. Diese galten noch bis in die 70er- und 80er-Jahre als besonders fortschrittliche Produkte der chemischen Industrie, weil sie viele Anforderungen an ein Industriegas erfüllten: Sie waren ungiftig, unbrennbar, stabil, unsichtbar und leicht zu verdichten. Verwendung fanden sie als Kühl- und Lösungsmittel, zum Aufschäumen von Kunststoffen und vor allem als Treibmittel, um Haarspray, Farben, Deos, Medikamente und andere Stoffe zu versprühen. Einmal freigesetzt, steigen die FCKW in die Stratosphäre auf, wo sie durch die starken, weil „ungefilterten" *UV-Strahlen* zersetzt werden. Das dabei frei werdende Chlor (Cl), aber auch andere Komponenten wie z. B. Brom (Br) und Stickstoffmonoxid (NO), zersetzen katalytisch die O_3-Moleküle. Ein Katalysator „zerstört" auf diese Weise Tausende O_3-Moleküle, bevor er selbst chemisch umgewandelt wird.

M 8 Katalytische Ozonzerstörung (schematisch)

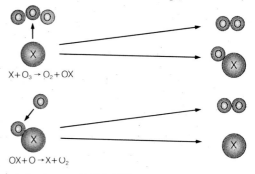

$X + O_3 \rightarrow O_2 + OX$

$OX + O \rightarrow X + O_2$

(X = Katalysator: z. B. Cl, Br, NO)

Da der Transport der FCKW in die Ozonschicht viele Jahre dauert, kann erst in den kommenden Jahrzehnten das Ausmaß der Schäden erkannt werden. Durch die Zerstörung der Ozonschicht wird mehr UV-Strahlung auf die Erde gelangen. Das wird die Vegetation und vor allem das Phytoplankton in den Weltmeeren bedrohen. Welche Folgen für die Menschen zu erwarten sind, wissen wir aus Ländern, wo die Ozonschicht heute schon eine geringere Schutzwirkung hat (z. B. Australien, Süd-Argentinien): Hautkrebs- und Augenerkrankungen treten vermehrt auf. Auch das Immunsystem wird gestört.

Ozon in der Troposphäre. An die steigende Ozonkonzentration in den bodennahen Luftschichten werden wir ständig erinnert, wenn die Medien an schönen Sommertagen vor hohen Werten warnen. Personen, die empfindlich auf Ozon reagieren – das sind immerhin etwa zehn Prozent der Bevölkerung –, sollten dann bei bestimmten Grenzwerten ungewohnte körperlich anstrengende Tätigkeiten im Freien vermeiden, und allen Personengruppen wird von besonderen sportlichen Belastungen abgeraten. Die Warnungen erfolgen deshalb, weil erhöhte Mengen Ozon die Zellen von Mensch und Tier in vielfältiger Weise schädigen können. Das aggressive Gas reizt die Schleimhäute, schädigt die Lungen und lässt die Augen tränen. Die stark oxidierenden Eigenschaften des Ozons wirken sich außerdem negativ auf die Pflanzenzellen aus.

M 9 PKW und LKW in der Bundesrepublik Deutschland

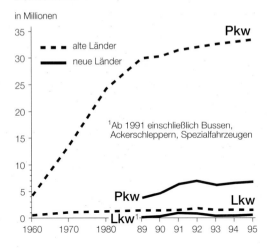

M 10 Ozonmesswerte an einem Frühsommertag im städtischen und ländlichen Gebiet

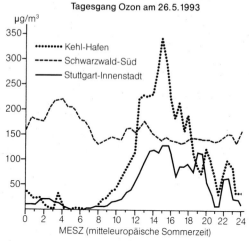

Nach Landesanstalt für Umweltschutz Baden-Württemberg: Die Luft in Baden-Württemberg. Jahresbericht 1993, Abb. 8.2

Schönes klares Sommerwetter und viel Autoverkehr sind – verkürzt gesagt – die entscheidenden Voraussetzungen für die Bildung des bodennahen Ozons. Bei seinem Zustandekommen in der Troposphäre sind nicht nur Sauerstoffmoleküle, sondern auch Stickoxide, Kohlenwasserstoffe (u. a. Benzol) und Kohlenmonoxid (CO) beteiligt. Stickstoffdioxid (NO_2), überwiegend aus den Auspuffen, wird unter Lichteinwirkung zersetzt (Fotolyse), wobei Stickstoffmonoxid (NO) und ein freies Sauerstoffatom entstehen. Dieses reagiert sofort mit einem Sauerstoffmolekül (O_2) zu Ozon (O_3). Aber auch NO sucht sich einen Reaktionspartner, und zwar – wenn vorhanden – Ozon. Auf diese Weise wird eben erst entstandenes Ozon zerstört, es bildet sich NO_2 und Sauerstoff; es entsteht ein Gleichgewicht. Zu einer Ozonanreicherung kann es nur dann kommen, wenn der NO_2-Nachschub hoch ist und wenn zu den Stickoxiden Kohlenwasserstoffe (etwa aus Benzindämpfen) und Kohlenmonoxid (aus Autoabgasen) hinzukommen und diese zusammen chemische Reaktionen eingehen.

Die zunehmende Ozonkonzentration ist demnach eine Folge der steigenden Emissionen des Verkehrs, der Industrie und der Haushalte. Kein Wunder, dass daher in den letzten Jahrzehnten die Ozonkonzentration stark zugenommen hat.

Seit Beginn der Messungen im Jahr 1967 hat sich beispielsweise an der Wetterstation Hochpeißenberg (Bayern) die Ozonkonzentration in der Luft um jährlich etwa 2 Prozent erhöht.

Die Ozonwerte sind wegen der unterschiedlichen Sonneneinstrahlung im Sommer stärker als im Winter, bei Tag stärker als bei Nacht. Paradox erscheint zunächst, dass die höchsten Ozonwerte nicht immer direkt in Verdichtungsgebieten gemessen werden, sondern in deren Randbereichen. Begründbar ist das dadurch, dass die Winde das bei der Ozonbildung beteiligte Gasgemisch und das gerade entstandene Ozon auf das Land verfrachten. Dort fehlt es wegen der geringeren Emissionen an „Ozon killendem" NO, das schon in den Stadtgebieten weitgehend verbraucht wurde. Erhöhte Ozonwerte können demnach in allen Schönwettergebieten auftreten, unabhängig davon, ob dort auch die „Verursacher" sind.

Ob die Ozonzunahme in der Troposphäre imstande ist, verstärkt auftretende schädliche UV-Strahlung zu absorbieren, ist zu bezweifeln, da die Reaktionsprozesse und -partner sich in Troposphäre und Stratosphäre unterscheiden. Jedenfalls erhöht die Zunahme auch den Treibhauseffekt, denn Ozon absorbiert gut infrarote Strahlung.

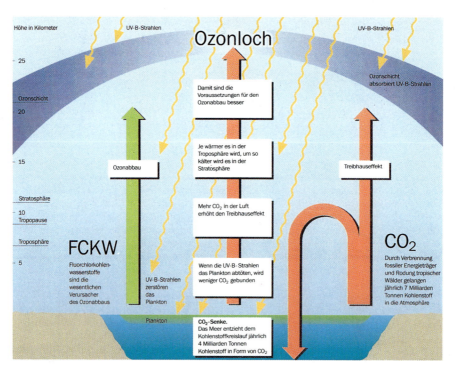

M 11 *Zusammenhang von Ozonloch und Treibhauseffekt* — Bild der Wissenschaft 1994, H 2, S. 70/71

Ozonloch und Treibhauseffekt

Die Wissenschaftler haben lange Zeit angenommen, dass Ozonloch und Treibhauseffekt zwei Phänomene sind, die sich völlig unabhängig voneinander entwickeln. Die Prozesse, die zu ihrer Entstehung führen, spielen sich ja in unterschiedlichen Stockwerken der Atmosphäre ab. Inzwischen gibt es aber Vermutungen über einen Zusammenhang beider Vorgänge.

Eine aktuelle wissenschaftliche Hypothese sieht folgenden Zusammenhang von Ursachen und Wirkungen. Der Mensch produziert Fluorchlorkohlenwasserstoffe (FCKW) und zerstört dadurch die Ozonschicht. Das so entstehende Ozonloch lässt die gefähliche UV-B-Strahlung hindurch, die das Plankton in den Weltmeeren schädigt. Dadurch können diese Einzeller weniger Kohlendioxid aufnehmen. Das wäre aber dringend notwendig, weil durch die Verbrennung fossiler Energieträger immer mehr CO_2 in die Atmosphäre gelangt. Der Treibhauseffekt wird verstärkt, die globale Oberflächentemperatur steigt schneller.

1. Erläutern Sie den Gang der solaren und der terrestrischen Strahlung durch die Atmosphäre.

2. 1816 war in Europa und in Nordamerika ein schlimmes Hungerjahr, das „Jahr ohne Sommer" (Junimittel um etwa 5°C niedriger als sonst). Die Forschung ist sich sicher, dass dieses auf den Ausbruch des Vulkans Tambora (Indonesien) zurückzuführen ist. Erläutern Sie, inwiefern Vulkanausbrüche meteorologische Vorgänge beeinflussen können.

3. Begründen Sie, warum die Brandrodung auf zweierlei Weise den Treibhauseffekt verstärkt.

4. Informieren Sie sich, gegebenenfalls mit Hilfe der Chemielehrerin oder des Chemielehrers, über die Wirkung der FCKWs und die Entstehung des Ozonlochs.

5. Erklären Sie Zusammenhänge zwischen Treibhauseffekt und Ozonproblematik.

6. Das Ozonloch – ein Problem nur für die Pinguine?

7. Überlegen Sie, welche Maßnahmen von politischer Seite vorgenommen werden müssten, um den Treibhauseffekt zu verringern.
Was kann der Einzelne dazu beitragen?

Anhang

Weiterführende Literatur

Kapitel „Die Erde – ein gefährdetes Ökosystem"

Firor, John: Herausforderung Weltklima. Ozonloch, globale Erwärmung und saurer Regen. Heidelberg, Berlin, Oxford: Spektrum Akademischer Verlag 1993
Geographische Rundschau: Klima. 1993, Heft 2
Jonas, Hans: Das Prinzip Verantwortung. Versuch einer Ethik für die technologische Zivilisation. Frankfurt/M.: Insel Verlag 1979
Nisbet, Euan G.: Globale Umweltveränderungen. Ursachen, Folgen, Handlungsmöglichkeiten. Klima, Energie, Politik. Heidelberg, Berlin, Oxford: Spektrum Akademischer Verlag 1994
Praxis Geographie: Global denken – Menschheit wohin? 1995, Heft 4
Spektrum der Wissenschaft: Verständliche Forschung. Sammelband: Atmosphäre, Klima, Umwelt. Heidelberg: Spektrum der Wissenschaft 1990

Kapitel „Die Atmosphäre – Aufbau und klimawirksame Vorgänge"

Frankenberg, P.: Moderne Klimakunde. Braunschweig: Westermann 1991
Geo-Special: Wetter. 1982, Heft 2
Geo-Wissen: Klima, Wetter, Mensch. 1987, Heft 2
Graßl, Hartmut; Klingholz, Reiner: Wir Klimamacher. Frankfurt/M.: S. Fischer 1990
Praxis Geographie: Unruhige Atmosphäre. 1989, Heft 6

Kapitel „Böden"

Diez, Theodor; Weigelt, Hubert: Böden unter landwirtschaftlicher Nutzung. München: BLV Verlagsgesellschaft 1987
Heinrich, Dieter; Hergt, Manfred: Atlas zur Ökologie. München: Deutscher Taschenbuch Verlag 1990
Schroeder, Diedrich: Bodenkunde in Stichworten. Kiel: Hirt 1972
Semmel, Arno: Grundzüge der Bodengeographie. Stuttgart: Teubner 1977

Kapitel „Vegetation"

Ellenberg, H.: Vegetation Mitteleuropas mit den Alpen. Stuttgart: Ulmer 1986
Larcher, W.: Ökologie der Pflanzen. Stuttgart: Ulmer 1980
Leser, H.: Landschaftsökologie. Stuttgart: Ulmer 1986
Walter, H.: Allgemeine Geobotanik. Stuttgart: Ulmer 1986
Walter, H.; Breckle, Siegmar.-W.: Ökologie der Erde. Stuttgart: Gustav Fischer Verlag 1983

Kapitel „Landschaftszonen"

Kap. Tropen

Bender, Hans-Ulrich u.a.: Fundamente. Neubearbeitung. Stuttgart: Klett 1995
Geographie und Schule: Tropische Räume. 1988, Heft 60/8
Müller-Hohenstein, Klaus: Die Landschaftszonen der Erde. Stuttgart: Teubner 1981
Praxis Geographie: Savannen. 1985, Heft 11
Praxis Geographie: Wüsten und Halbwüsten. 1986, Heft 10
Weischet, Wolfgang: Die ökologische Benachteiligung der Tropen. Stuttgart: Teubner 1977
– Tropischer Regenwald: Gefährdung komplexer Ökosysteme und Zerstörung des Tropischen Regenwaldes
Bundesministerium für wirtschaftliche Zusammenarbeit (Hrsg.): Entwicklungspolitik – Erhaltung der tropischen Regenwälder (BMZ aktuell 1988)
Geographische Rundschau: Tropen. 1989, Heft 7/8
Geographie und Schule: Wald und Waldnutzung. 1992, Heft 79/10
Herkendell, Josef; Koch, Eckehard: Bodenzerstörung in den Tropen. München: Beck 1991
Praxis Geographie: Dritte Welt – Ökonomie und Ökologie im Konflikt. 1992, Heft 9
Sioli, Harald: Amazonien. Stuttgart: Wissenschaftliche Verlagsgesellschaft 1983
Weischet, Wolfgang: Die ökologische Benachteiligung der Tropen. Stuttgart: Teubner 1977
– Erschließungsprojekte in Amazonien
Börner, Ulrich: Tucuri – ein Energieriese im tropischen Regenwald Brasiliens. In: Zeitschrift für den Erdkundeunterricht 1992, Heft 4, S. 128–130
Herrnleben, Hans-Georg: Entwicklungsprogramm 'Grande Carajás'. In: Praxis Geographie 1986, Heft 9, S. 30–35

Kohlhepp, Gerd: Amazonien. Problemräume der Welt. Bd. 8. Köln: Aulis 1986.
Schacht, Siegfried: Brasilien zwischen sozialen und ökologischen Problemen. In: Praxis Geographie 1995, Heft 11, S. 4–10
– Sahel: Problemraum in den Wechselfeuchten Tropen
Bundesministerium für wirtschaftliche Zusammenarbeit (Hrsg.): Desertifikationsbekämpfung und Ressourcenmanagement in den Trockenzonen (BMZ aktuell Sept. 1993)
Geographie und Schule: Nutzung von Trockenräumen. 1981, Heft 81
George, Uwe: Eine Reise nach Afrika. In: Geo, 1985/9
Mensching, Horst: Nordafrika und Vorderasien (Fischer Länderkunde 4). Frankfurt/M.: Fischer Taschenbuchverlag 1988
Mensching, Horst: Die Sahelzone (Problemräume der Welt 6). Köln: Aulis 1991
Manshard, Walther: Afrika – südlich der Sahara (Fischer Länderkunde 5). Frankfurt/M.: Fischer Taschenbuchverlag 1988
Manshard, Walther: Entwicklungsprobleme in den Agrarräumen des tropischen Afrika. Darmstadt: Wissenschaftliche Buchgesellschaft 1988

Kap. Subtropen
Geographische Rundschau: Subtropen. 1991, Heft 7/8

Kap. Gemäßigte Zone
Hofmeister, Burkhard: Gemäßigte Breiten. Braunschweig: Höller und Zwick 1985
Praxis Geographie: Laubwälder der gemäßigten Breiten. 1988, Heft 12
Praxis Geographie: Steppengürtel. 1984, Heft 11

Kap. Kalte Zone
Schultz, Jürgen: Die Ökozonen der Erde. UTB 1514. Stuttgart: Ulmer 1988, S. 79–167
Walter, Heinrich; Breckle, Siegmar-W.: Ökologie der Erde Band 3. UTB für Wissenschaft, große Reihe. Stuttgart: Fischer 1986, S. 362ff.
– Westsibirien
Bender, Hans-Ulrich; Weber, Heinz: Die westsibirische Erdöl- und Erdgasprovinz. In: Praxis Geographie 1990, Heft 3, S. 39ff.
– Hydroenergie Kanadas
Lenz, Karl: Der boreale Nadelwaldgürtel Kanadas: In: Geographische Rundschau 1990, Heft 7–8, S. 408–414
Soyez, Dietrich: Hydro-Energie aus dem Norden Qebecs. In: Geographische Rundschau 1992, Heft 9, S. 494–501

Kap. Ökosystem Nordsee
Brameier, Ulrich: Der Atlantische Ozean. In: Praxis Geographie 1996, Heft 2, S. 4–11
Buchwald, K.: Nordsee – Ein Lebensraum ohne Zukunft. Göttingen 1991
Claaßen, Klaus: Offshore-Plattformen – Ein Entsorgungsproblem im Nordatlantik. In: Praxis Geographie 1996, Heft 2, S. 43–46
Hickel, Wolfgang; von Westernhagen, Hein: Die Nordsee heute: Ökologie und Nutzungsaspekte. In: Geographische Rundschau 1996, Heft 7/8, S. 450–457
Liersch, Klaus-Martin: Nordseeschutz – Wie geht es weiter? Ergebnisse der 4. Internationalen Nordseeschutzkonferenz von Esbjerg. In: Geographische Rundschau 1996, Heft 7/8, S. 458–460
North Sea Task Force, Oslo and Paris Commissions (Hrsg.): North Sea Quality Report 1993. London 1993
Rachor, Eike: Meeresverschmutzung und ihre Auswirkungen in der Nordsee. In: Geographische Rundschau 1983, Heft 6, S. 292–298
Der Rat von Sachverständigen für Umweltfragen: Umweltprobleme der Nordsee. Sondergutachten Juni 1980. Stuttgart, Mainz 1980
Reise, Karsten: Das Ökosystem Wattenmeer im Wandel. In: Geographische Rundschau 1996, Heft 7/8, S. 442–449
Sturm, Bernhard: Überwachung anthropogener Schadstoffeinträge. Beispiel: Nordostatlantik. In: Praxis Geographie 1996, Heft 2, S. 38–42
Wührl, Engelbert: Müllkippe Nordsee. In: Praxis Geographie 1990, Heft 10, S. 45–48

Kapitel „Stadtökologie"

Adam, Klaus: Stadtökologie in Stichworten. Hirt's Stichwortbücher. Uterägeri 1988
Baumüller, Jürgen u.a.: Städtebauliche Klimafibel, Hinweise für die Bauleitplanung, Folge 2. Hrsg. vom Wirtschaftsministerium Baden-Württemberg 1993
Fezer, Fritz: Das Klima der Städte. Gotha: Perthes 1995
Helbig, Alfred; Baumüller, Jürgen; Kerschgens, Michael (Hrsg.): Stadtklima und Luftreinhaltung. Berlin, Heidelberg: Springer Verlag, 1996 (in Vorbereitung)
Knoth, P.; Stricker, B.: Lebensraum Stadt: Raum zum Leben? Oberstufen-Geographie. München: Bayerischer Schulbuchverlag 1995
Kuttler, Wilhelm: Planungsorientierte Stadtklimatologie. In: Geographische Rundschau 1993, Heft 2, S. 95ff.
Praxis Geographie: Siedlungsökologie – Mehr Natur in Stadt und Dorf. 1995, Heft 9

Stottele, Tillmann; Ruf, Sonja: Kein Herbst ohne Blätter. Jugendaktionen gegen Umweltzerstörung. Stuttgart: Spektrum Verlag 1992
Umweltbundesamt (Hrsg.): Umweltdaten Deutschland 1995 (kostenlose Broschüre)
– Energieversorgung der Städte
Bundeszentrale für Politische Bildung (Hrsg.): Energie. Informationen zur politischen Bildung, Heft 234. Bonn 1992 (kostenlos; Bezug: Franzis-Druck, München)
Greenpeace (Hrsg.): Tat-Ort Schule: Energie. Berlin 1994. (kostenlos; Bezug: Greenpeace, Hamburg)
Praxis Geographie: Energie. 1996, Heft 11
Seifried, D.: Gute Argumente: Energie. Becks Reihe Nr. 318. München: Beck 1991
– Wasser
Umweltbundesamt (Hrsg.): Was Sie schon immer über Wasser und Umwelt wissen wollten. Berlin (kostenlos)
Umweltbundesamt (Hrsg.): Wasser ist zum sparen da. Berlin (Faltblatt, kostenlos)
Vereinigung Deutscher Gewässerschutz (Hrsg.): Grundwasser. Bonn (Broschüre)
– Abwasser
Abwassertechnische Vereinigung (Hrsg.): Abwasser im Klartext. Hennef 1994 (Broschüre)
– Abfall
Projekt „Total tote Dose" (Hrsg.): Jugendaktionshandbuch Abfall. Göttingen 1994
Umweltbundesamt (Hrsg.): Was Sie schon immer über Abfall und Umwelt wissen wollten. Berlin 1991
– Stadtklima
Niedersächsisches Sozialministerium (Hrsg.): Mensch – Stadt – Klima. Auswirkungen städtebaulicher Strukturen auf das lokale Klima. Hannover 1994
– Verkehr
Deutsche Angestellten-Krankenkasse (Hrsg.): Wieviel PS braucht der Mensch? Hamburg (Broschüre, kostenlos)
Greenpeace (Hrsg.): Tat-Ort Schule: Verkehr. Berlin 1994 (kostenlos; Bezug: Greenpeace, Hamburg)
Mobil ohne Auto (Hrsg.): Jährlich neue Broschüren. Nürnberg
Seifried, D.: Gute Argumente: Verkehr. Becks Reihe Nr. 411. München: Beck 1991
Umweltbundesamt (Hrsg.): Was Sie schon immer über Auto und Umwelt wissen wollten. Berlin
WWF (Hrsg.): Verkehrte Welt – Aktionsbroschüre 1995 (kostenlos; Bezug: WWF, Bremen)
– Ökologische Stadtplanung
Niedersächsisches Sozialministerium (Hrsg.): Aspekte des ökologischen Bauens. Hannover 1995

Kapitel „Gefährdung der Erdatmosphäre"

Arbeitskreis Schulinformation Energie (Hrsg.): Perspektiven der Energieversorgung in der Bundesrepublik Deutschland. Frankfurt/M. 1992
Bach, Wilfried: Klimabeeinflussung durch Spurengase. In: Geographische Rundschau 1986, Heft 2, S. 58-70
Bach, Wilfried: Wie entwickelt sich das Weltklima? In: Praxis Geographie 1989, Heft 6, S. 22-27
Bund: Umweltbilanz. Hamburg: Rasch und Röhring 1987
Bundeszentrale für politische Bildung (Hrsg.): Informationen zur politischen Bildung. Heft 234: Energie. Bonn 1992
Frisch, Franz: Klipp und klar. 100 x Energie. Mannheim: Bibliographisches Institut 1989
Geiger, Michael: Klima in Gefahr. In: Praxis Geographie 1989, Heft 6, S. 18-21
Geographie und Schule: Stadtklima. 1985, Heft 36
Geographische Rundschau: Energie. 1990, Heft 10
Heinrich, Dieter; Hergt, Manfred: Atlas zur Ökologie. München: Deutscher Taschenbuch Verlag 1990
Information zur Elektrizität: Energiewirtschaft 1991, H. 24: Erneuerbare Energie. Ihre Nutzung durch die Elektrizitätswirtschaft.
Informationen zur Elektrizität (IZE) (Hrsg.): StromDiskussion. Dokumente und Kommentare zur energiewirtschaftlichen und energiepolitischen Diskussion
Kelletat, Dieter: Meeresspiegelanstieg und Küstengefährdung. In: Geographische Rundschau 1990, Heft 12, S. 648-652
Kuttler, Wilhelm: Planungsorientierte Stadtklimatologie. In: Geographische Rundschau 1993, Heft 2, S. 95ff.
Pletschow, Ulrich; Meyerhoff, Jürgen; Thomasberger, Claus: Umweltreport DDR. Frankfurt/M.: S. Fischer 1990
Schönwiese, Christian-Dietrich; Diekmann, Bernd: Der Treibhauseffekt. Reinbek: Rowohlt Taschenbuch Verlag 1991
Spektrum der Wissenschaft: Verständliche Forschung. Sammelband: Atmosphäre, Klima, Umwelt. Heidelberg: Spektrum der Wissenschaft 1990
Wirtschaftsministerium Baden-Württemberg (Hrsg.): Städtebauliche Klimafibel. Folge 2. Stuttgart 1993
Wood, Robin (Hrsg.): Klima Aktionsbuch. Was tun gegen Ozonloch und Treibhauseffekt? Göttingen: Die Werkstatt 1992

Register

Agrarische Tragfähigkeit	82
Agroforesting	53
Albedo	60, 87
Antizyklonen	10
Ausgangsgestein	46
Autofreie Wohnviertel	162
Azonale Vegetation	33
Baugesetzbuch	168
Bauleitplanung	168
Baumscheibe	159
Bebauungspläne	168
Begrünung	159
Belebungsbecken	126
Benthos	104
Benzol	148
BHKW	115
Biologische Stufe	126
Block-Heiz-Kraftwerke	115
Bodenacidität	46
Bodenarten	22
Bodenfruchtbarkeit	28
Bodengare	28
Boreale Biomasse	87
Boreale Nadelwaldzone	84
Bowen	60
Brennwerttechnik	115
Busbeschleunigung	154
Carsharing	162
Chemische Verwitterung	22
Corioliskraft	11
Denitrifikation	126
Desertifikation	65
Dreischichttonminerale	23
Duales System	130
Dürrekatastrophen	65
Dürren	65
Eiswüste	84
Emission	148
Entsiegelung	159
Erneuerungszeiträume	103
Eutrophierung	106
Fahrgastbeiräte	157
Faulturm	126
Fernwärmenetz	115
ferrallitisch	46
Ferrallitischer Boden	27
Flächennutzungsplan	168
Frontalzone	11
Frostschutzzone	88
Gegenstrahlung	8
Gradientkraft	10
Gradientwinde	10
Grauwasser	126
Gründüngung	24
Halbnomaden	70
Haline Schichtungen	103
Hochdruckgebiete	10
Huminkolloide	24
Huminstoffe	24
Immission	148
inert	136
Innenraumbelastung	147
Innertropische Konvergenzzone	12
Isobaren	10
ITC	12
Jahreszeitenklima	88
Jetstreams	12
Kalte Zone	84
Kaolinite	46
Kläranlage	126
Klärgas	126
Klima	6
Klimaelemente	6
Klimafaktoren	6
Kohlenmonoxid	148
Kohlenstoffhaushalt	87
Kondensationskraftwerke	115
Korngröße	22
Kraft-Wärme-Kopplung	115
Krümelstruktur	28
Kurzgeschlossener Nährstoffkreislauf	46
Land-Seewind-Phänomen	10
Landdegradation	74
Laterite	46
Luftdruck	10
Lufthygiene	143
MBV	136
Mechanisch-biologische Vorbehandlung	136
Mechanische Stufe	126

Mineralische Bodensubstanz	22	Stadtklima	142
Mineralisierung	24	Stadtplanungsamt	157
Mischverfahren	126	Standortertragsfähigkeit	28
MIV	148	Stickstoffverbindungen	129
Modal split	148	Subpolare Tiefdruckrinne	12
		Subpolare Zone	84
Nachklärbecken	126	Subsistenzwirtschaft	42
Nahwärme	115	Südostpassat	12
Natürlicher Treibhauseffekt	8, 170f.		
Nitrifikationsbecken	126	Tageszeitenklima	38
Nördliche Nadelwaldzone	84	Taiga	84
Nordostpassat	12	Terrestrische Strahlung	8
		Thermalaufnahmen	142
ÖPNV	148	Thermische Schichtungen	103
Organische Kohlenwasserstoffe	129	Tiefdruckgebiete	10
Organische Schmutzstoffe	126	Tonminerale	23
Ozonschicht	176	Treibhauseffekt	170ff.
		Trennverfahren	126
Parabraunerde	26	Troposphäre	6
Parkraumbewirtschaftung	154	Tundra	84
Permafrostböden	85, 89	Tundrazone	88
Pflanzenkläranlagen	126	Tundren-Gleyboden	89
PH-Wert	25		
Phytoplankton	104	Überweidung	71
Planetarische Frontalzone	12	Umweltspuren	154
Podsol	26, 85	Untere Naturschutzbehörde	168
Polare Zone	84	UV-Strahlen	176
Primärschlamm	126		
		Variabilität der Niederschläge	66
Radwegebeauftragte	157	versiegeln	142
Rechen	126	Versiegelung	158ff.
Regenrückhaltebecken	158	Vollnomaden	70
Rohstoffliches Recycling	130	Vorbehandlung	136
Rossbreiten	12	Vorklärbecken	126
Roterden	46		
Runder Tisch Verkehr	157	Wanderfeldbau	48
		Wärmeinsel	142
Sandfang	126	Werkstoffliches Recycling	130
Schichtsilikate	23	Wetter	6
Schwarzerde	27	Witterung	6
Schwermetalle	129		
Sekundärschlamm	126	Zonale Vegetation	33
Shifting cultivation	48	Zooplankton	104
Solarkonstante	7	Zweischichttonminerale	23
Sommersmog	143	Zyklonen	10
Spurengase	171		

Bildnachweis

Akhtar, Berlin: S. 73; BASF, Limburgerhof: S. 20 li; Beuermann, Göttingen: S. 127; Bilderberg/Burkard, Hamburg: S. 95; CDZ, Stuttgart: S. 13; Deutsche Landwirtschafts-Gesellschaft Verlags-GmbH, Frankfurt: S. 27 u; Diller, Bielefeld: S. 154; Duales System Deutschland GmbH, Köln: S. 132; Focus/Blaustein, Hamburg: S. 40; Franz, Bremen: S. 100 o; Gerster, Zumikon: S. 79 li,; Greenpeace, Hamburg: S. 100 u; Gruner + Jahr, Hamburg: S. 64 o (Barth), 64 u (George); Hass-Klau, Brighton (GB): S. 152; Heitmann, Stabio: S. 52 u; Jugendumweltbüro, Göttingen: S. 139 o u. u; Jürgens, Köln: S. 92; Kahnt, Stuttgart: S. 23, 24 re; Koch, Zollikon: S. 85, 88; Korby, Korb: S. 8, 14; Kreisel, Lüneburg: S. 153; Kümmerle, Saulgau: S. 79 re; Landschaftsverband Hildesheim: S. 161; Landwirtschaftliche Beratung Thomasdünger, Düsseldorf: S. 20 re, 24 li, 26 o u. u, 27 o, 29; Lineair derde wereld fotoarchief/Giling, Arnhem (Niederlande): S. 69; Löbach-Hinweiser, Bern: S. 151; Magnum/ McCurry, Hamburg: S. 5; Mauritius, Mittenwald: S. 110 o (Bartel), 110 u (Pelka); Mensching, Hamburg: S. 72, 75; NASA/USIS, Bonn: S. 44; Okapia, Frankfurt/M.: S. 42 (Christian Grzimek), 111 (Svensson); Philipp, Stuttgart: S. 32 li o u. li u, 35 li u; Reinhard - Tierfoto, Heiligkreuzsteinach: S. 35 re o; Schreiber, Wilhelmshafen: S. 136; Schröder: S. 125; Seitz, Freiburg: S. 47; Silvestris GmbH, Kastl: S. 32 re o (Albinger), 32 re u (Hoffmann); SKN Druck & Verlag GmbH & Co., Norden: S. 121; Soyez, Köln: S. 99; Stein, Wolfsburg: S. 133, 150; Umweltamt Braunschweig: S. 159 re u. li; Verlag Heinrich Vogel, München: S. 146; von der Ruhren, Aachen: S. 48; Wilczek, München: S. 57 (von Atzingen), 59 (Pabst); Wössner, Berlin: S. 170; ZEFA/Schmied, Düsseldorf: S. 52 o

Vervielfältigt mit Erlaubnis des Herausgebers: Niedersächsisches Landesverwaltungsamt – Landesvermessung – B4–1037/96: Kartengrundlagen S. 112/113, 123, 141 m, 160, 161, 166/167
Vervielfältigt mit Genehmigung des Instituts für Angewandte Geodäsie, Frankfurt am Main, Nr. 25/96 vom 01.08.1996: Kartengrundlage S. 141 o
Vervielfältigungserlaubnis erteilt am 01.07.96 Gz.: A 6007/96 durch den Herausgeber: Vermessungs- und Katasterbehörde Hannover – Katasteramt – : Kartengrundlage S. 163